소프트웨어
스펙의 모든 것

소프트웨어 스펙의 모든 것

프로젝트를 성공으로 이끄는 소프트웨어 스펙 작성법

초판 1쇄 발행 2021년 1월 5일
초판 2쇄 발행 2023년 8월 8일

지은이 김익환, 전규현 / **펴낸이** 김태헌
펴낸곳 한빛미디어(주) / **주소** 서울시 서대문구 연희로2길 62 한빛미디어(주) IT출판2부
전화 02-325-5544 / **팩스** 02-336-7124
등록 1999년 6월 24일 제25100-2017-000058호 **ISBN** 979-11-6224-373-2 93000

총괄 송경석 / **책임편집** 홍성신 / **기획 · 편집** 이윤지 / **교정** 김묘선
디자인 표지 this-cover.com, 최연희 내지 박정화 / **전산편집** 이경숙
영업 김형진, 장경환, 조유미 / **마케팅** 박상용, 한종진, 이행은, 김선아, 고광일, 성화정, 김한솔 / **제작** 박성우, 김정우

이 책에 대한 의견이나 오탈자 및 잘못된 내용에 대한 수정 정보는 한빛미디어(주)의 홈페이지나 아래 이메일로
알려주십시오. 잘못된 책은 구입하신 서점에서 교환해드립니다. 책값은 뒤표지에 표시되어 있습니다.

한빛미디어 홈페이지 www.hanbit.co.kr / **이메일** ask@hanbit.co.kr

지금 하지 않으면 할 수 없는 일이 있습니다.
책으로 펴내고 싶은 아이디어나 원고를 메일(**writer@hanbit.co.kr**)로 보내주세요.
한빛미디어(주)는 여러분의 소중한 경험과 지식을 기다리고 있습니다.

소프트웨어 스펙의 모든 것

프로젝트를 성공으로 이끄는
소프트웨어 스펙 작성법

김익환, 전규현 지음

한빛미디어
Hanbit Media, Inc.

추천사

저자는 소프트웨어를 만들 때 시작점이자 기준점이 되는 '스펙'을 예리하게 통찰한다. 책을 펼쳐 맨 처음 만나는 머리말에 일갈했듯이, "소프트웨어 프로젝트에서 가장 중요한 것은 스펙을 작성하는 일이다"라는 말에 이 한 권의 내용이 응축됐다.

소프트웨어를 구상하고 완성하기까지 스펙이 처음 모습을 그대로 유지하는 경우는 거의 희박하다. 대규모 소프트웨어를 폭포수 방식으로 개발하는 국방 프로젝트조차도 변화 관리를 하지 않는가. 하물며 앱 비즈니스가 성행하고 있는 오늘날 스펙은 '양자역학처럼 손으로 잡을 수 없는 영역일지도 모른다'고 개발자들은 뒤풀이에서 고충을 토로하곤 한다.

이 책은 이론에만 충실한 책이 아니다. 오히려 실전 경험으로 이론을 탄탄히 뒷받침하고 있다. 만일 개발에 관심이 있는 독자라면 회사가 부서나 팀으로 나뉘져 있더라도 개발의 전 공정을 이해하는 폭이 빠르게 넓어질 것이고, 이제 막 발을 들인 신입이거나 소프트웨어에 관심 있는 독자라면 이론적 배경을 머릿속에 그려넣을 좋은 기회가 될 것이다. 눈코 뜰 새 없이 바쁘더라도 1부 1장 '소프트웨어 스펙의 개요'만은 꼭 읽어보기를 권한다. 오해할 만한 부분을 깔끔하게 정리해서 시행착오를 줄이고 성공으로 가는 지름길에 서게 될 것이다

소프트웨어는 스펙을 만들고 이에 대해 관계자와 부서 간에 소통하면서 구현해가는 과정에서 탄생하며, 이 과정에서 스펙은 단연 가장 중요한 '선택지'가 된다. 우리나라는 개발 현장에서 참고할 만한 현실적인 소프트웨어 공학 서적이 드문 만큼, 이 책이 매우 뜻 깊고 요긴하게 회자되리라 생각한다.

규모가 크건 작건 이 책에서 제시하는 관점은 한결같이 유용하다. 특히 소규모 개발 조직에서 스펙을 건너뛰거나 끄적거린 메모처럼 다루는 경우가 종종 있는데 조직이 조금씩 성장하면서 스펙 역시 거쳐야 할 공정임을 몸소 느끼게 될 때 이 책은 진가를 발휘할 것이다. 스타트업에서 개발 요구사항이나 소프트웨어의 영향권 내에 있는 모든 이가 실질적인 도움을 받고 승승장구하기를 바란다.

신현묵, 뉴로핏주식회사 부사장

누구나 관심은 있지만 잘 알려지지 않은 이야기를 두 고수가 전한다. 실전 경험이 있어야만 풀어낼 수 있는 이야기이며 PM, 아키텍트, 팀장이라면 꼭 알아야 하는 내용으로 가득하다. 스펙을 정한다는 것은 요구사항을 고객과 협의하고 정한다는 것과 같다. 지루한 과정 같지만 스펙이 구체적으로 진행될수록 고객의 요구사항이 시각화되고, 이는 계약서처럼 R&R의 경계를 나누는 선이 된다. 고객이 제시하는 과도한 요구사항은 낮추고 반대로 부족한 부분은 서로 보완을 하면서 협상을 해나가야 한다. 고객과 협의해야 하는 팀장과 PM이 꼭 알아야 하는 내용을 다루고 있으며 실무 개발자 입장에서 당장은 필요하지 않다 생각하더라도 알아두면 도움이 된다. 정독하며 외운다는 생각으로 읽기보다는 가벼운 마음으로 읽고 필요할 때 다시 펴보기 좋은 책이다.

손영수, 어니컴 최고제품책임자 상무, Hillside Group(패턴 학회) 이사회 위원

저자소개

김익환 ikkim707@gmail.com

서울대학교 공과대학을 졸업하고 미국 산호세 주립대학교에서 전산학 학사, 스탠퍼드 대학교에서 전산학 석사를 취득했다. 17년간 미국 실리콘밸리에서 GE, 썬 마이크로시스템즈, GTE Government Systems 등 세계 최고의 국방과 상용 회사에서 소프트웨어 실무 경력을 쌓았고 세계 150여 개 기업에 인터넷 통합 메시지 솔루션을 제공하는 '스탠퍼드 소프트웨어(Stanford Software Corp, USA)'를 설립해 회사를 운영하며 제품을 개발했다.

2000년 귀국 후에는 컨설턴트로 활동하다가 안철수연구소 부사장 및 최고기술경영자(CTO)를 지냈고 카이스트(KAIST) 소프트웨어 대학원 겸임교수를 역임했다. 한국 대기업부터 중소기업까지 수십 개의 다양한 소프트웨어 회사에 경영과 개발 컨설팅을 하며 실리콘밸리의 선진 소프트웨어를 한국에 전파하고 있다. 기업, 정부산하기관, 협회, 언론사 등의 자문역을 맡았으며 서울중앙지방법원 소프트웨어 전문위원, NIPA 평가위원, SW 중심대학 평가위원, GCS 평가위원, 대통령직속 중소기업특별위원회 위원, 중소벤처기업협회 외국인고용자문위원장으로 활동했다.

저서로는 『대한민국에는 소프트웨어가 없다』, 『소프트웨어 개발의 모든 것』, 『글로벌 소프트웨어를 꿈꾸다』, 『글로벌 소프트웨어를 말하다, 지혜』, 역서로는 『세상을 바꾼 32개의 통찰』이 있으며 소프트웨어 공학 블로그 ikwisdom.com을 운영하고 있다.

전규현 gracegyu@gmail.com

소프트웨어 개발자이자 소프트웨어 공학/개발 컨설턴트다. 연세대학교 공과대학 재학시절 타자연습 프로그램인 한글타자1.0을 개발해 대학생 신분으로 한글과컴퓨터에 입사해서 학업과 상용 소프트웨어 개발을 병행했고, 26년간 한글과컴퓨터, 안철수연구소(안랩) 등 여러 기업에서 수많은 소프트웨어를 개발했다.

소프트웨어 엔지니어, 프로젝트 리더, 프로젝트 매니저, 수석 아키텍트, CTO, CEO 등 소프트웨어 개발 분야의 다양한 역할과 직무를 두루 경험했다. 그 과정에서 익힌 실리콘밸리 개발 문화를 국내 대기업부터 중소기업에 이르는 수많은 회사에 전파하고 글로벌 수준의 소프트웨어 역량을 갖출 수 있도록 선도했다. 현재는 abctech.software를 통해 소프트웨어 역량을 향상하기 위한 컨설팅 서비스를 온라인으로도 제공하고 있다.

저서로는 『소프트웨어 개발의 모든 것』이 있으며 소프트웨어 공학 블로그인 allofsoftware.net을 운영하고 있다.

머리말

소프트웨어 프로젝트에서 가장 중요한 것은 스펙을 작성하는 일이다. 가장 어려운 것도 스펙을 작성하는 일이다. 프레드릭 브룩스는 이렇게 말했다. "소프트웨어 개발에 있어서 가장 어려운 일은 개발 자체가 아니라 무엇을 개발할지 결정하는 일이다." 이 말은 과거에도 유효했고, 현재도 유효하며, 미래에도 유효할 것이다.

소프트웨어 프로그래머는 인공지능으로 대체될 확률이 매우 높은 직업이다. 하지만 소프트웨어 스펙을 작성하는 분석 아키텍트는 인공지능으로 대체될 확률이 매우 낮은 직업 중 하나다. 아무리 인공지능이 발전해도 스펙을 대신 작성해주는 세상이 올 가능성은 매우 희박하다. 그래서 스펙을 작성하는 일은 어렵지만 가치가 더욱 빛난다.

스펙을 잘 쓰는 방법을 정립해놓은 것을 요구공학requirement engineering이라고 한다. 공학이라고 하면 왠지 이론적인 것으로 생각된다. 하지만 공학은 실전에서 비롯됐다. 과학을 현실에 적용하면서 과학과 현실의 간극을 좁혀주는 것이 공학이며 현실에서 발생한 문제를 해결하면서 공학은 발전해간다. 즉, 공학은 이론의 뒷받침도 필요하지만 실전이 먼저다. 요구공학도 실전을 기반으로 발전해왔다. 하지만 현대에는 요구공학 이론에 대한 연구가 상당히 많이 진행되어 이론적 토대도 방대해졌다.

이런 방대한 요구공학 이론을 웬만한 소프트웨어 회사에서 배우고 따라 한다는 것은 거의 불가능하다. 피아노 대백과사전으로 피아노를 배우려는 것과 비숫하다. 아직 소프트웨어 공학이 자리잡지 못한 소프트웨어 회사에서 요구공학 이론을 적용하는 것은 의미 없는 몸부림이다. 그렇게 한다면 오히려 주먹구구식 개발보다 효율이 더 떨어질 것이 자명하다. 이는 실제 우리나라 소프트웨어 회사들이 많이 겪고 있는 문제다.

요구공학, 즉 스펙을 잘 작성하는 방법은 가르칠 수는 있는데 배울 수는 없다. 이 무슨 뚱딴지 같은 소리인가. 하지만 이를 다른 분야에 빗대어보면 이해하기가 쉽다. 피아노를 잘 치는 방법을 말로 배워서는 잘 칠 수 없다. 골프를 잘 치는 방법도 이론으로 배워서는 잘 칠 수가 없다. 가르치는 것이 지식을 전달한다는 면에서는 의미 있지만 피아노를 잘 연주하고 골프를 잘 치려면 훈련을 해야 한다. 1, 2년이 아니고 수년 이상 훈련하면서 코칭을 받아야 비로소 피아노와 골프를 잘 칠 수 있다.

요구공학 책을 여러 권 보고 배운 것만으로 스펙 작성 실력이 늘지 않는 것은 바로 이런 이유에서다. 특히 이론에 충실한 책일수록 현실에 적용하기가 더 어렵다. 회사 경영진에게 시간은 금이다. 그래서 그들은 꾸준한 투자와 훈련으로 10년 걸려 이룩할 일을 1, 2년 안에 성취하려 한다. 피아노를 아무리 많이 연습해도 1, 2년 안에 늘 수 있는 실력에 한계가 있듯이, 스펙을 작성하는 일에 조급해지면 오히려 역효과가 난다. 그래서 많은 회사에서 스펙 작성 역량 확보에 실패한다. 그리고 '해봤더니 안 되더라', '요구공학은 엉터리다'라고 말한다. 피아노 1, 2년 연습하고 쇼팽의 피아노 연주곡을 못 친다고 실망하는 것과 다름없다.

스펙을 잘 작성하기 위해서는 실전을 통한 노하우의 축적이 필요하다. 노하우 대백과사전을 만들고 이 사전을 통달해도 노하우를 발휘할 수는 없다. 노하우는 스스로 현실에서 익히는 것, 즉 경험치다. 그러나 방법이 잘못되면 경험이 좋은 노하우로 이어지지 않는다. 오히려 왜곡된 생각으로 성을 쌓게 될 것이다. 그래서 좋은 코치가 필요하다. 코치와 같이 실전 프로젝트를 수행하면서 스펙을 직접 써보고 피드백을 받아야 한다. 피아노, 골프 모두 이런 식으로 배운다. 스펙 작성에서 보통 코치는 회사의 고참 개발자, 경력이 많은 분석 아키텍트다. 하지만 우리나라 소프트웨어 업계에서는 그런 역량을 갖춘 인물을 찾아보기 힘든 것이 현실이다. 그래서 코칭을 제대로 받을 수가 없다.

스펙을 작성하는 요령만 알아서는 스펙을 잘 쓸 수 없다. 개발 문화, 관행, 습관, 프로세스, 원리, 원칙을 알고 접근해야 한다. 그래서 이 책은 스펙을 작성하는 요령과 함께 이와 관련된 여러 분야를 망라한다.

운동은 원리를 몰라도 코치가 가르쳐주는 대로 반복 훈련하면 효과를 볼 수 있다. 하지만 소프트웨어 개발은 원리를 모르고 기계적으로 따라 해서는 성과를 낼 수 없다. 오히려 엉뚱한 함정에 빠져 고치기 힘든 나쁜 습관이 몸에 밸 것이다. 그래서 이 책에서는 원리를 이해하는 데 도움되는 많은 얘기를 할 것이다.

이 책은 소프트웨어 개발자, 소프트웨어 회사의 관리자와 경영자, 소프트웨어 개발자가 되고자 하는 학생을 대상으로 다음과 같이 크게 두 부분으로 나누어 썼다.

1부 소프트웨어 스펙이란?

소프트웨어 스펙의 원리를 이해하고 이를 잘 작성하는 역량을 확보하는 방법을 설명한다.

2부 SRS 작성법

실제 SRS 템플릿을 기준으로 각 챕터에 작성할 내용을 설명하고 작성 예를 구체적으로 보여준다. 작성 예는 그것만 보고 따라 하는 위험성을 내포한 양날의 검이지만 SRS 작성 원리를 이해하는 데 도움을 주고자 제시했다.

소프트웨어 개발에서는 '적절히'가 매우 중요하다. '적절히'를 제대로 이해하는데 10년, 20년이 걸리는 만큼 처음부터 완벽하게 이해하려는 것은 욕심이다. 시행착오를 거치면서 원리를 하나씩 깨우칠 때 '적절히' 하는 노하우를 하나씩 터득하게 된다. 이 책이 모든 것을 알려주지는 않지만 노하우를 터득하는 데 길잡이는 되어줄 것이다.

저자 일동

용어

본격적으로 책을 읽기 전에, 책에서 반복적으로 사용하는 중요한 용어를 정리하려 한다. 일반적으로 통용되는 용어지만 회사마다 서로 다른 의미로 사용할 수 있으므로 혼란을 방지하기 위해 이 책에서 사용하는 용어의 의미를 설명한다.

문서

* MRD^{Market Requirements Document}, MRS^{Market Requirements Specification} 제품 기획서다. 마케팅팀에서 작성하며 SRS 작성에 필요한 내용이 담긴 문서다.

* PRD^{Product Requirements Document} 회사에 따라 MRD와 같은 의미로 사용되기도 하지만 market보다는 product를 우선시하는 문서다. MRD와 마찬가지로 마케팅팀에서 작성하며 개발팀에서는 MRD와 구별할 필요가 없다.

* SOW^{Statement Of Work} 개발이 아닌 프로젝트 매니지먼트의 입장에서 본 프로젝트 작업 요구사항을 설명한다. SOW의 작성 목적상 SRS 상위 제목에서 일부 겹칠 수 있으나 완전히 다른 용도로 작성하는 문서다.

* SRS^{Software Requirements Specification} 소프트웨어 스펙 문서다. 'specification' 또는 '스펙'이라고 짧게 부르기도 한다. 기능 명세서, feature list, 시방서 등과는 의미가 다르다. SRS 또는 스펙이라는 용어는 글로벌 소프트웨어 업계에서 널리 통용되는 표준 용어다.

* SDS^{Software Design Specification} 소프트웨어 설계 문서다. 표준 문서가 있는 것이 아니라서 회사마다 문서 형식과 이름이 다르다. 자유도가 상당히 높은 문서다.

* IRS^{Interface Requirements Specification} SRS의 일부이기도 하며 인터페이스만 별도로 작성한 문서를 말한다. 여러 시스템에 걸친 인터페이스를 별도로 작성해 여러 프로젝트에서 참조하기도 한다.

사람 또는 팀

- **제품 기획자, 기획자, 마케터** 소프트웨어를 기획하는 사람을 이른다. 기획 산출물인 '제품 기획서', 'MRD', 'MRS'와 같은 문서를 만들어낸다. 종종 제품을 홍보하는 사람을 마케터라고 하지만 여기서는 마케터를 제품 기획자와 동일한 의미로 사용한다.

- **아키텍트** 여러 종류의 아키텍트를 총칭하는 말이다. 한 사람이 여러 아키텍트 역할을 겸하는 경우가 많다.

- **분석 아키텍트** 소프트웨어 스펙을 작성하는 사람을 말한다.

- **기술 아키텍트** 특정 소프트웨어 기술 전문가를 말한다.

- **설계 아키텍트** 소프트웨어 아키텍처를 설계하는 사람을 말한다.

- **개발자, 소프트웨어 엔지니어** 소프트웨어를 개발하는 사람을 일컫는 광범한 개념으로 사용된다. QA엔지니어, 아키텍트를 포함한 말이기도 하다.

- **프로그래머** 주어진 스펙대로 소프트웨어를 구현하는 사람을 말하는, 약간 좁은 의미의 개발자다.

- **QA팀** 소프트웨어 개발 전반에 걸쳐 소프트웨어 품질을 보증하는 일을 하는 팀을 말한다.

- **테스터** 소프트웨어가 스펙대로 개발됐는지 검증하는 일을 하는 사람을 말한다.

- **테스트 리더** 소프트웨어 테스트 계획을 세우고 테스트 설계를 하는 사람을 말한다. 또한 테스트 진행을 주도하고 관리한다.

행위

- **분석** SRS, 즉 소프트웨어 스펙을 작성하는 행위를 말한다.

- **설계** 소프트웨어 아키텍처를 설계하는 행위를 말한다. SDS 문서를 만들기도 하지만 산출물은 프로젝트에 따라 다르다.

- **상위 설계** 기본 설계를 말한다. 전체 시스템 구조를 규명하고 상위 컴포넌트를 식별하며 인터페이스를 정의한다. SRS에 일부가 포함되는 경우가 많다.

- **하위 설계** 상세 설계를 말한다. 프로젝트마다 상세화 정도가 다르며 시스템을 점차 상세화해 추상화 수준을 낮춘다.

템플릿 내려받기

책에서 설명하는 템플릿 문서는 아래 주소의 저자 홈페이지에서 내려받을 수 있다.

- https://www.abctech.software/download-templates

저자와 소통하기

저자에게 문의하고 싶은 내용이 있다면 아래 주소의 저자 홈페이지를 방문하기 바란다.

- https://www.abctech.software/contact-us/

목차

7 장 Who?

8 장 What?

9 장 How?

10 장 도구

2 부   SRS 작성법

1 장   Introduction^{개요}

2 장   Overall Description 전체 설명

1부

소프트웨어 스펙이란?

소프트웨어 스펙의 개요

1.1 소프트웨어 프로젝트 실패의 원인

우리 주변에서 실패한 소프트웨어 프로젝트를 보는 것은 어려운 일이 아니다. 프로젝트를 성공시키려면 프로젝트를 효율적으로 진행하는 방법을 연구해야 겠지만 역으로 거슬러 올라가 프로젝트가 왜 실패했는지 그 원인을 살펴보는 것도 유용하다.

프로젝트 실패의 판단 기준은 제각각 다르지만 다음의 경우 프로젝트가 실패했다고 할 수 있다.

- 약속된 일정 내 제품 또는 서비스를 출시하지 못했다.
- 소프트웨어가 요구되는 품질(기능 요구사항, 성능, 안정성, 사용성, 확장성 등)을 충족하지 못했다.
- 프로젝트에 꼭 필요한 기술 개발에 실패했다.
- 아키텍처가 뒤죽박죽이 되어서 유지보수가 어려워졌다.
- 애초 예산보다 훨씬 더 많은 비용이 지출됐다.
- 연이은 야근으로 조직 사기가 떨어지고 많은 사람이 그만뒀다.

직접적인 실패와, 억지로 일정을 맞추려다가 또 다른 문제를 야기하는 간접적인 실패에 이르기까지, 이런저런 이유로 실패하는 프로젝트가 많다. 나는 그중에서 가장 중요하다고 생각하는 한 가지 원인에 대해 이야기하려 하는데, 이에 앞서 프로젝트가 실패하는 다양한 원인부터 살펴보자.

- 고객의 요구사항을 충분히 파악하지 못했다.
- 초기에 제품의 방향을 빨리 정하지 못하고 우왕좌왕하며 보낸 시간이 많아서 정작 개발 시간이 부족했다.
- 스펙과 설계를 꼼꼼하게 작성하지 않고 코딩을 시작해서 엉뚱한 방향으로 개발했다.
- 작성된 스펙을 프로젝트 이해관계자들이 철저히 검토하지 않아서 잘못된 스펙으로 개발됐다.
- 진행할수록 새로운 요구사항이 계속 생겨서 프로젝트가 한없이 늘어졌다.
- 변경된 요구사항을 일관되게 관리하지 못해서 프로젝트 팀원들이 서로 다른 기준으로 개발했다.
- 상명하달된 출시 일정에 맞추기 위해 급하게 코딩부터 시작했다. 나중에 잘못된 코드를 재작성하느라 시간이 더 많이 소비됐다.
- 훈련이 덜 된 개발자들을 투입해서 초반에 갈팡질팡하느라 시간을 지체했다.
- 느슨한 일정 관리로 프로젝트가 지연되고 있다는 징후를 알아채지 못했다.
- 리스크 관리를 하지 않아서 프로젝트에 큰 문제가 발생해 실패했다.
- 프로젝트 막판에 경영진이나 주요 고객이 프로젝트 방향을 완전히 틀어서 처음부터 다시 개발해야 했다.
- 지속적인 팀워크 불화로 프로젝트가 산으로 갔다.
- 외부에서 도입한 필수 기술이 기대처럼 동작하지 않는다는 사실을 막바지에 알게 됐다.
- 테스트팀에 스펙을 제대로 전달하지 못해서 테스트 준비를 충분히 하지 못했다.
- 회사의 표준 프로세스를 강요해 문서를 많이 만들다 보니 정작 개발에는 소홀해졌다.

이외에도 실패 원인은 끝도 없이 많은데 이를 크게 나누면 스펙, 팀, 관리, 고객, 기술 등으로 분류할 수 있다. 내가 이중에서 가장 중요하게 생각하는 것은

'스펙'이다. 프로젝트의 가장 많은 실패 원인이 스펙과 관계되며 소프트웨어 버그의 절반 이상이 부실하거나 잘못 작성된 스펙 때문에 발생한다고 알려졌다.[*]

프로젝트 규모가 작을 경우, 스펙을 제대로 적지 않고 요구사항 몇 줄로 개발해도 무난히 완성하곤 한다. 경험이 많은 몇몇 개발자가 주도하는 경우, 요구사항을 대충 알려줘도 잘 알아듣고 개발을 잘하기도 한다. 하지만 수십 명의 개발자가 투입되는 대규모 프로젝트에서는 체계적으로 정리된 스펙 문서가 반드시 필요하다. 외국에 외주를 줄 경우, 상세하게 적힌 스펙 문서와 인수 테스트 계획은 필수다.

요구사항이 누락되거나 어설프게 분석된 스펙도 문제지만 너무 상세하게 적거나 스펙 문서가 방대해지는 것도 문제다. 대규모 방법론을 따르는 회사에서는 종종 이런 함정에 빠진다. 소규모 프로젝트의 성공 경험을 대규모 프로젝트에 적용해서 실패하기도 하고, 반대로 중소규모 프로젝트에 대규모 방법론을 적용하는 것이 프로젝트 실패의 원인이 되기도 한다. 개발은 문서대로 진행되지 않을 뿐만 아니라, 문서가 너무 많아서 수시로 바뀌는 요구사항을 전부 문서에 반영하지도 못한다. 따라서 엄격한 프로세스로 규제하는 것도 어렵다. 자율에 맡겨도 쉽지 않다.

그래서 내가 생각하는 최선의 방법은 '원칙만 지킬 수 있는 최소한의 프로세스 환경에서 좋은 문화를 공유'하는 것이다. 빨리빨리 문화를 지양하고 적절한 분석과 설계를 거쳐 프로젝트를 진행하는 것이 지름길이라는 인식을 공유해야 한다. 이 방법이야말로 세계적인 소프트웨어 선구자들이 인정한 가장 빠

---

[*] 세계적인 요구사항 테스트 회사 Bender RBT INC. 통계에 따르면 소프트웨어 버그의 56% 이상이 요구사항에서 발생한다고 한다.

른 방법이다. 모든 이해관계자들이 스펙을 철저히 검토하고, 사소한 이유로 쉽게 요구사항을 바꾸지 말아야 한다. 이런 문화와 관행을 정착시켜가는 것이 프로세스보다 더 중요하다. 그래야 역량이 축적되고, 좋은 문화 토양에서 축적된 역량이 충분해야 어떠한 프로젝트든 성공으로 이끌 수 있다.

좋은 환경이라도 스펙을 작성하는 역량이 부족하다면 소프트웨어 프로젝트의 성공은 보장하기 어렵다. 스펙을 제대로 적는 역량은 소프트웨어 개발에서 가장 어려운 능력이며 소질 있는 개발자도 10년 이상의 경험과 노력으로 터득하는 기술이다. 자신에게 꾸준히 투자하는 것 외에 다른 비법은 없다.

1.2 스펙에 대한 오해

소프트웨어 프로젝트에서 스펙 작성이 중요하다고 말하면 공감하는 사람도 있지만 부정하는 사람도 많다. 이런 부정은 대부분 스펙에 대한 오해에서 비롯되는데 이 오해를 해소하는 것은 매우 중요하다. 오해가 풀려야 스펙 작성의 중요성을 이해하고 스펙 작성에 공을 들일 수 있기 때문이다. 주변에서 흔히 듣는 오해에 대해 알아보자.

스펙을 적는 것이 좋은 줄 몰라서 안 적는 게 아니다

스펙을 제대로 적고 소프트웨어를 개발하는 것이 좋은 줄은 아는데 어떤 사정 때문에 스펙을 제대로 적지 못한다는 얘기다. 필요하면 언제든지 제대로 적을 수 있다고 주장하기도 한다. 하지만 일단 이렇게 주장하는 사람들은 스펙 작성이 소프트웨어 프로젝트에서 얼마나 중요하고 필요한지 확실히 모를 공산이 크다. 스펙은 누가 시켜서 해야 하기 때문에 작성하는 것이 아니라 프로젝트를 성공으로 이끄는 주된 요소이기 때문에 작성하는 것이다. 그러니 이 사실을 확실히 알고 있다면 스펙을 작성하지 않을 리가 만무하다. 단, 스펙의 양과 작성법은 프로젝트 성격에 따라 달라질 수 있다. 스펙을 작성하지 않는다면 스펙 작성이 프로젝트 성공에서 얼마나 결정적 요인인지 모르는 것이다.

소프트웨어를 만들어보기 전에는 천재도 그 내용을 다 알 수 없다

일리 있는 말이다. 하지만 100% 모든 것을 아는 것만 프로젝트로 수행하지는 않는다. 성공을 장담할 수 없는 알고리즘을 개발하기도 하고, 한 번도 사용해보지 않은 상용 라이브러리로 소프트웨어를 개발하기도 한다. 또 프로젝트 중후반까지 고객의 요구사항을 다 파악하지 못하기도 하고, 요구사항이 몇 번이고 번복되기도 한다. 이외에 소프트웨어 프로젝트는 어려움투성이다. 그래서 일단 개발부터 해봐야 한다는 주장도 있지만, 나는 오히려 그 반대를 주장한다. 바로 그렇기 때문에 스펙을 제대로 작성해야 한다! 제대로 작성한다는 것은 자세히 작성하는 것을 말하는 것이 아니다. 스펙에는 이런 어려움과 미지수까지 사실을 그대로 적시해야 하며, 스펙을 작성하면서 검증을 통해 불확실성을 줄여가야 한다. 어려운 프로젝트를 수행하면서 프로젝트 성공 확률을 높이는 가장 좋은 방법은 스펙을 제대로 작성하는 것이다.

나도 작성할 줄 아는데 쓸 시간이 없다

시간이 없어서 스펙을 작성하지 못한다는 것은 모순이다. 스펙을 제대로 작성하는 이유는 최단 기간에 소프트웨어를 개발하기 위해서다. '스펙' 하면 방대한 문서가 먼저 떠오르지만, 적은 양으로도 스펙을 제대로 작성하는 경우가 많다. 일정이 촉박한 탓에 스펙을 건너뛰고 프로젝트를 진행한다면, 대개의 경우 스펙을 제대로 작성하고 진행하는 것보다 더 오래 걸린다. 모든 프로젝트는 적절한 인력과 시간이 필요한데 시간이 절대적으로 부족한 비즈니스 상황에 처했다면, 스펙을 생략하는 것보다 효율적으로 신속하게 작성하는 것이 훨씬 더 낫다. 스펙을 항상 일정한 절차를 거쳐 상세하게 많이 작성해야 한다는 것은 오해다. 비즈니스 상황과 프로젝트 여건에 맞게 프로젝트를 가장 빨리 끝낼 수 있는 방법으로 작성하는 것이야말로 스펙을 제대로 작성하는 방법이다.

나도 작성해봤는데 우리 경우는 달라서 적기 어렵다

많은 회사에서 말하길, 자사 소프트웨어는 일반적인 것이 아니라서 스펙을 작성할 수 없다고 한다. 게임이라서, 펌웨어라서, 라이브러리라서, 매주 업데이트를 해야 해서, 회사 내부용이라서 일반적인 상황과는 다르다고 한다. 그러나 달라서 스펙을 작성할 필요가 없다고 주장하는 것은 핑계이고 뭘 모르고 하는 말이다. 스펙 관점으로 보면 모든 소프트웨어는 같다. 모든 소프트웨어에는 스펙이 있고 스펙을 제대로 작성하는 것은 소프트웨어 프로젝트의 성패를 가를 만큼 중요하다. '스펙을 제대로 작성하는 것'의 진짜 의미가 무엇인지 이 책을 통해 제대로 알아보자.

기획팀에서 주는 문서로는 스펙을 적을 수가 없다

기획팀에서 기획서를 잘 작성해주면 물론 소프트웨어 스펙을 작성하는 데 많은 도움이 된다. 하지만 기획팀에서 고객 요구사항을 충분히 파악하지 못하거나 소프트웨어 비전과 전략을 꼼꼼하게 정리해서 전달하지 못하는 경우가 비일비재하다. 심지어 기획도 거치지 않은 요구사항 몇 줄만으로 개발팀이 스펙을 작성해야 하는 경우도 있다. 그렇다고 기획팀을 탓하며 스펙 작성에 소홀하면 그 피해는 고스란히 개발팀이 떠안게 되고 프로젝트는 실패를 향해 달리게 된다. 기획이 부실하다면 소프트웨어 분석 담당 아키텍트가 기획에서 해야 할 역할도 일부 수행하는 것이 좋다. 소프트웨어 비전과 전략, 고객 요구사항을 면밀히 파악하고 스펙에서 전략에 해당하는 내용은 기획팀의 확인을 받아야 한다. 기획팀 핑계를 대봤자 결국 문제는 부메랑이 되어 개발팀에게 돌아온다.

폭포수 모델과 달리 우리는 애자일이라서 잘 적을 필요가 없다

스펙 작성은 폭포수 모델에서나 하는 것이라는 생각은 오해다. 그런데 안타깝게도 스펙 작성이 어렵다는 귀에 익은 소문을 듣고 애자일Agile을 선택하는 회사도 있다. 이 또한 애자일을 적용하면 어렵게 스펙을 작성하지 않아도 된다는 잘못된 생각에서 비롯된 것이다. 실무에서 폭포수 모델을 사용하는 소프트웨어 회사는 거의 없다. 방법론과 상관없이 소프트웨어 스펙은 중요하다. 애자일이라 하더라도 스펙 내용은 바뀌지 않는다. 적는 방법이 달라질 뿐이다. 폭포수 모델에서 소프트웨어 스펙을 잘 작성할 수 있다면 애자일을 적용한 프로젝트에서도 효율적으로 스펙을 작성할 수 있다. 애자일을 적용한 프로젝트에서도 스펙은 잘 작성해야 한다.

잘된 샘플을 보고 싶다

우리는 프로그래밍을 배울 때 좋은 샘플을 보면서 배웠고 이 방법은 매우 유용했다. 그래서 스펙 작성을 배울 때도 샘플을 보여달라고 한다. 그리고 샘플에 적힌 내용을 그대로 옮겨와 자기 프로젝트에 맞게 바꾼다. 이런 식으로 스펙을 작성한다면 100% 실패한다. 세상의 모든 프로젝트가 서로 다른데 샘플을 보고 그대로 작성한다니, 그야말로 어불성설이다. 샘플만 보고서는 각 항목의 숨겨진 뜻과 생략된 내용, 적는 과정을 알 수 없다. 10년 동안 피아노를 연습한 피아니스트의 연주 동영상을 보고 그대로 따라 하려는 것과 다름없다.

많은 경우 샘플은 도움이 되기보다 방해가 된다. 샘플에 적혀 있는 내용은 그 상황에만 맞는 것이다. 또 샘플에 잘못된 방법으로 적힌 내용이 있다면 더 큰 문제다. 올바른 줄 착각하고 계속 잘못된 방법으로 흉내 내서 적다가 나쁜 습관으로 굳어지기 때문이다. 일반적으로 남이 만들어놓은 샘플을 보는 것보다 스스로 많은 생각을 하면서 직접 맨땅에 부딪쳐보는 것이 더 현명하다. 그럼에도 대부분의 사람들은 샘플을 보고자 하는 유혹을 물리치질 못한다.

실리콘밸리에서는 한번 적으면 스펙이 변경되지 않는가?

프로젝트 도중에 스펙이 변경되지 않는 경우는 거의 없다. 따라서 스펙 변경을 기정 사실로 인정하고 매번 스펙을 제대로 작성해야 한다. 변경이 잦으면 이해관계자들이 서로 다른 스펙을 참조하는 실수도 발생한다. 두 개발자가 서로 다른 스펙을 보고 개발한다면 나중에 소프트웨어를 통합하지 못하거나 버그를 만들게 될 것이다. 또한 영업팀에서 구버전의 스펙을 참조하면 엉뚱한 영업을 할 수도 있다. 그래서 스펙의 변경 관리는 매우 중요하다. 변경이 잦은 프로젝트에서는 스펙 작성법도 바뀔 수 있다. 변경을 쉽게 받아들이는 노하우를 적용하고 제각각 다른 프로젝트의 특성에 맞춰 작성법도 달리해야 한다.

1.3 스펙의 역할

지금까지 프로젝트 실패의 원인을 짚고 스펙에 대한 오해를 풀며 스펙의 중요성을 알아보았다. 그렇다면 이번에는 스펙이 과연 소프트웨어 프로젝트에서 어떤 역할을 하는지 알아보자.

모든 프로젝트 이해관계자를 연결하는 프로젝트의 중심이다

스펙은 프로젝트의 모든 요구사항을 취합해 프로젝트의 중심이 되는 문서다. 프로젝트의 모든 이해관계자가 스펙을 참조하거나 작성에 참여하고 스펙은 다시 여러 이해관계자들에게 전달되어 본연의 역할을 수행한다. 프로젝트에서 가장 중요한 문서 하나를 꼽으라고 하면 단연 스펙이다.

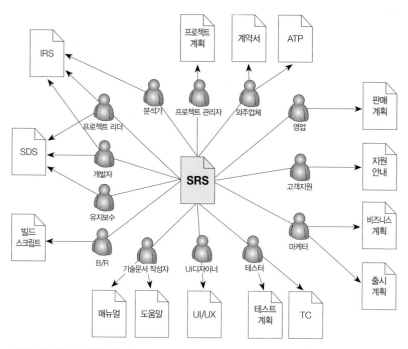

프로젝트의 모든 이해관계자가 참조하는 SRS

고객, 마케팅, 영업팀은 어떤 제품이 만들어질지 미리 알 수 있다

스펙이 없거나 부실한 상태로 진행되면 개발이 완료되기 전까지 어떤 소프트웨어가 개발될지 알기 어렵다. 그러면 영업팀은 소프트웨어 개발이 완료되기 전에 판매 준비를 하거나 계약을 할 수 없다. 반면에 스펙이 잘 작성되면 스펙만 보고도 최종적으로 개발될 소프트웨어가 어떤 것인지 정확히 알 수 있다. 그러면 영업팀은 판매에 돌입할 준비, 이를테면 판로 확보나 홍보 자료 준비 등을 할 수 있다. 또 고객을 만나서 개발도 완료되지 않은 소프트웨어를 팔 수도 있다. 소프트웨어 개발이 완료된 후에야 부랴부랴 판매 준비에 나선다면, 이미 상당한 판매 기회를 놓친 셈이다.

그 외에 안전, 의료, 보안 등의 인증이 필요한 경우, 스펙이 잘 작성됐다면 소프트웨어 개발이 완료되기 전이라도 인증을 신청해 획득할 수 있다. 인증은 종류에 따라 1년 또는 수년이 걸리기도 한다. 개발 후 인증을 받으려다 수년의 영업 기회를 날려버릴 수 있다.

프로젝트 관리자에게는 스펙이 관리(일정 산정, 인력 배분, 리스크 분석 등) 기준이다

스펙이 제대로 작성되지 않았다면 프로젝트 관리자는 할 일이 별로 없다. 일정을 예측하기도, 리스크를 파악하기도 어렵다. 적절한 리소스 계획도 세우지 못한다. 프로젝트의 정확한 진척률을 확인할 수도 없다. 그래서 1년짜리 프로젝트가 8개월 진행된 시점에서도 언제 프로젝트가 종료될지 가늠하지 못한다. 이쯤 되면 프로젝트 관리자는 프로젝트 성공을 위해 무엇을 더 해야 하는지 알 수가 없다. 마음을 졸이며 운에 맡길 뿐이다. 프로젝트 성격에 따라서는 단계를 나누어 진행하면서 짧은 주기로 여러 차례 업그레이드하는 경우도 있다. 이때도 주기만 짧을 뿐이지 주기에 해당하는 스펙을 제대로 작성하는 것은 똑같이 필요하다.

개발팀은 스펙을 통해 개발해야 할 제품이 무엇인지 정확히 안다

스펙을 제대로 작성하지 않았다면 개발팀은 정확하게 무엇을 개발해야 하는지 파악하지 못한다. 기획자나 분석 아키텍트에게 수시로 물어야 해서 시간 낭비가 크다. 개발자가 임의로 생각해 기능을 구현하면 기획 의도와 전혀 다른 제품이 만들어진다. 개발자에게 주어진 재량이 과도하면 소프트웨어 아키텍처가 부실하게 만들어지기도 한다. 개발자에게 재량은 필요하지만, 소프트웨어 전체 아키텍처가 분석, 설계에서 정해져서 개발자에게 한정된 재량만 주어져야 한다. 그래야 기획에서 의도한 대로 소프트웨어가 개발된다.

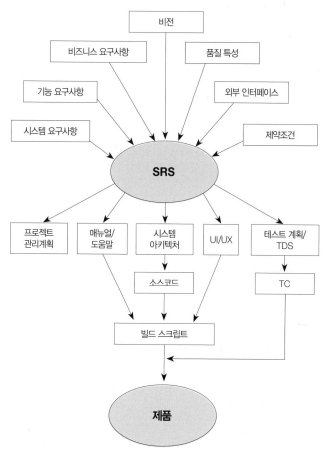

프로젝트에서 SRS의 위치

테스트팀은 스펙을 통해 테스트 계획 및 테스트 케이스를 작성한다

보통은 스펙 작성 후에 개발자들이 구현하는 동안 테스트팀이 테스트 준비를
한다. 이때 개발 중인 소프트웨어를 보면서 테스트 계획을 세우고 테스트를
설계하는데, 스펙이 없거나 부실하다면 그에 맞는 준비를 할 수 없다. 그래서
테스트 일정을 예측하기가 어려워지며 테스트도 체계적으로 진행되기보다는
주먹구구식으로 진행된다. 이에 따라 소프트웨어 품질이 떨어지는 것은 당연
하고 프로젝트 일정도 지연된다.

기술문서팀은 스펙을 보고 매뉴얼과 도움말을 작성한다

스펙이 완성된 후에는 많은 사람이 바빠진다. 기술문서팀은 스펙을 보고 매뉴
얼부터 작성한다. 그리고 나중에 개발된 소프트웨어를 동작해보면서 화면 캡
처를 추가해 매뉴얼을 완성한다. 그뿐만이 아니다. 고객지원팀과 교육팀도 스
펙을 보고 일을 시작한다. 따라서 스펙 없이 소프트웨어를 개발하는 것은 개
발자 중심 방식이며 프로젝트의 효율적 진행에도 도움되지 않는다.

외주 업체는 스펙을 통해 업무를 정확하게 파악하고 SRS를 기준으로 계약한다

사실 우리나라에서는 많은 소프트웨어 프로젝트가 스펙 없이 진행된다. 대략
의 요구사항을 기반으로 계약하고 진행되는 프로젝트는 순풍을 탄 듯 매끄럽
게 나아가기가 어렵다. 고객이 수시로, 무리하게 요구사항을 바꿔도 하소연
하기가 어렵다. 또 분석을 제대로 하지 않아서 요구사항만으로는 프로젝트 규
모를 정확히 산정하기가 쉽지 않다. 그래서 계약할 때는 샴페인을 터뜨리지만
프로젝트를 진행할수록 손해가 커지는 경우가 허다하다. 우리나라도 스펙을
기준으로 계약하는 관행이 정착되어야겠다.

1.4 스펙을 제대로 작성하지 않으면

소프트웨어를 개발할 때 꼭 알아야 하는 규칙이 하나 있다. 바로 '1:10:100 규칙'이다. 성숙한 개발 문화가 자리잡은 회사에서는 전 직원이 진정으로 이 규칙의 의미를 알고 따른다. 하지만 우리나라의 크고 작은 소프트웨어 회사의 임직원은 그 의미를 모르거나 알고 있더라도 피상적일 뿐 진정으로 이해하고 있지는 못하다. 소프트웨어를 개발하는 과정에서 발생하는 숱한 비효율과 문제가 바로 여기에 도사리고 있는 것이다.

1:10:100 규칙을 설명한 다음 그래프를 보자.

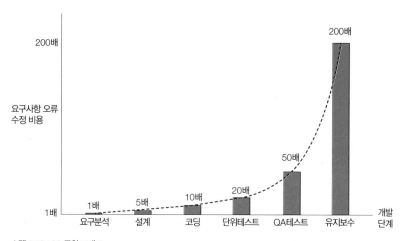

스펙 1:10:100 규칙 그래프

스펙을 작성할 때 요구사항을 바꾸면 '1'이라는 비용이 들지만, 고객에게 전달된 다음에 바꾸면 수백 배의 비용이 들어간다. 요구사항이든 설계든 한 단계 뒤에서 고칠 경우 2~5배의 비용이 들어가서 단계를 거치고 시간이 흐를수록 수정 비용은 기하급수로 증가한다. 따라서 개발의 사전 단계인 기획과 분석, 설계가 적절하게 잘돼야 한다. 만의 하나 한창 개발하는 중에 기획이나 요구사항이 바뀌면 치러야 할 대가가 막대하다는 사실을 명심해야 한다.

개발자는 기획팀에서 정확한 요구사항을 알려주지 않는다고, 나중에 요구사항을 바꾼다고 볼멘소리를 한다. 하지만 이런 사태를 현실로 받아들이고 이를 개선하려는 노력은 별로 하지 않는다. 오히려 그러려니 하는 타성에 젖어 분석과 설계를 충실히 하지 않고 대충 개발하면서 악순환을 반복한다.

이런 악순환을 끊어내기 위해 여러 방법론이 나오고 한때는 애자일이 각광받았지만, 방법론이나 기법으로는 이를 해결하지 못한다. 정공법 외에는 방법이 없다. 기획을 충실히 하고 분석, 설계를 적절하게 효율적으로 하면 된다. 또 그 과정에서 모든 이해관계자가 책임지고 검토하도록 해서 나중에 딴소리를 하거나 무리한 요청을 하지 못하게 한다. 정말 중요한 변경이 아니라면 다음 버전으로 미루는 것이 현명하다. 애자일을 적용하더라도 적절한 분석, 설계는 필요하다.

1.5 스펙과 프로젝트의 성공

스펙을 부실하게 작성하고 진행하는 프로젝트는 매우 흔하다. 그런데 개중에는 성공하는 프로젝트도 있다. 그런 경우 스펙을 잘 작성했다고 착각하거나 반대로 스펙 작성의 필요성을 부정하기도 한다. 과연 그럴까? 이들이 맞는지는 프로젝트가 열 배 커지고 개발자가 열 배 투입됐을 때 어떤 일이 벌어질지 상상해보면 알 수 있다.

첫 번째 버전에서 성공한 많은 프로젝트가 이를 업그레이드하는 두 번째 프로젝트에서 실패를 맛본다. 이를 '두 번째 버전 신드롬'이라고 한다. 첫 번째 버전은 소규모에 최소 인원으로 진행해서 성공 확률이 높았지만, 이를 기반으로 차기 버전을 만들 때는 규모가 커지고 첫 버전과의 호환을 위해 복잡성이 몇 배로 증가하기 때문에 '실패' 확률이 부쩍 높아진 것이다. 부실한 스펙으로 개집 만들기에 성공해놓고 마천루를 개발할 수 있다고 자신해선 안 된다.

스펙과 프로젝트 성공 확률의 상관관계를 그래프로 알아보자. 감을 잡기 위해 개념을 설명하는 것이지 숫자에 의미를 부여하는 것이 아니다. 프로젝트 성공과 관련된 수많은 요소가 있지만 여기서는 스펙과의 관계만 살펴본다.

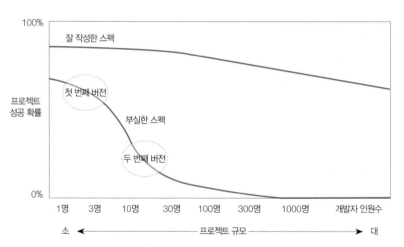

프로젝트 규모와 프로젝트 성공 확률의 상관관계

스펙을 부실하게 작성하면 프로젝트 규모가 커지면서 프로젝트 성공 확률이 급격히 떨어지지만 스펙을 제대로 작성하면 프로젝트 규모가 커져도 프로젝트 성공 확률이 크게 줄지 않는다.

SRS

2.1 SRS란 무엇인가?

소프트웨어 요구사항을 분석하고 이를 정리해 작성하는 스펙 문서는 셀 수 없을 만큼 다양하다. 개발 방법론에 따라 제시하는 문서 종류가 다르고 그 개수도 천차만별이다. 그중에서 이 책에서 주로 다룰 문서는 SRS^{Software Requirements Specification}다. SRS는 specification 혹은 spec(스펙)이라고도 한다. IEEE830에 SRS 문서를 작성하는 가이드가 정의되어 있고 DoD(미국 국방부) 표준 문서다.

어떠한 형태의 스펙 문서를 작성하더라도 스펙 작성의 원리를 이해하는 것은 매우 중요한데, 이때 요긴한 것이 바로 SRS다. SRS에는 스펙을 작성할 때 생각하는 방법, 작성하는 프로세스, 기록해야 할 내용, 각 내용의 작성 가이드가 모두 수록된다. SRS는 역사가 오래됐지만 스펙을 작성하는 원리는 지금도 변함없고 앞으로도 크게 변하지 않을 것이다. 그래서 SRS를 작성하는 원리를 깨우친다면 어떠한 방법론에서도 스펙을 잘 작성할 수 있을 것이다.

각 회사는 IEEE에서 만든 SRS 표준 템플릿과 작성 가이드를 자사에 맞게 수정한 별도의 템플릿을 가지고 있지만 서로 엇비슷하므로 SRS가 전 세계 표준이라고 보면 된다. 소프트웨어 회사라면 각 회사와 개발하는 제품의 특성에 맞게 커스터마이징해 사용하는 것이 좋다.

2.2 어떻게 소프트웨어를 빠르게 개발할 것인가?

소프트웨어는 빠르게 개발하는 것이 중요하다. 소프트웨어 개발에 오랜 시간이 걸리면 시장 진입 시점을 놓칠 수 있다. 소프트웨어 시장은 급물살을 탄 듯 빠르게 변해서 오랜 개발 끝에 제품을 출시하면 어느새 시장 상황이 달라져 있다. 또는 그 사이 경쟁사들이 신제품을 내놓는 바람에 자사에서 개발 막바지에 이른 새 제품이 빛을 보지 못한다.

또한 프로젝트가 장기화되면 개발자와 프로젝트 참여 인원들이 점점 지치고 의욕을 잃는다. 이런 일들이 프로젝트 진행을 더욱 더디게 하는데, 설상가상으로 기간이 길어질수록 새로운 요구사항이 추가될 공산이 크다. 기획자는 변화하는 시장 상황을 무시할 수가 없기 때문이다. 이쯤 되면 프로젝트는 더 늘어지고 품질은 더 떨어진다.

최근 대부분의 개발 방법론은 소프트웨어의 발 빠른 개발을 중시하며 회사에서도 이를 위해 각고의 노력을 기울인다. 그럼 어떻게 해야 소프트웨어를 빠르게 개발할 수 있을까? 이를 위해 고려해야 할 것이 매우 많지만, 여기서는 스펙을 중심으로 살펴본다.

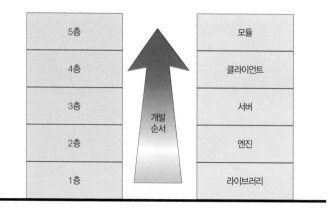

느린 순차적 개발

예를 들어보자. 빌딩을 쌓을 때는 1층을 쌓고 2층을 쌓아야 한다. 1층을 쌓기 전에 2층을 쌓는 사람은 없다. 조립식 빌딩이라면 얘기가 다르지만 모름지기 빌딩은 순차적으로 쌓아나간다. 소프트웨어도 이런 식으로 순차적으로 개발해야 한다면 매우 오랜 시간이 걸릴 것이다. 거대한 소프트웨어라면 수십 년이 걸리지 않을까?

다행히도 소프트웨어는 빌딩처럼 1층이 완성되기를 기다렸다가 2층을 쌓을 필요가 없다. 1층과 2층의 인터페이스만 잘 정하면 따로따로 만들어 나중에 합치면 된다. 각각 만들고 나중에 합치는 방법도 있지만, 1층과 2층의 골조만 만들어 합친 후 동시에 만드는 방법을 더 선호한다. 나중에 합치면 그 과정에서 문제가 발생하지만 처음부터 합쳐놓고 동시에 만들면 그런 문제가 줄기 때문이다.

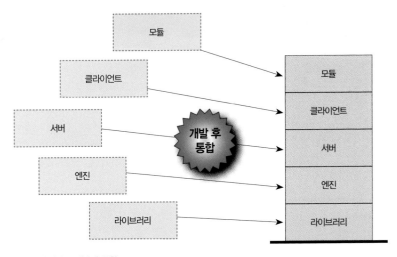

빠른 병행 개발 – 개발 후 통합

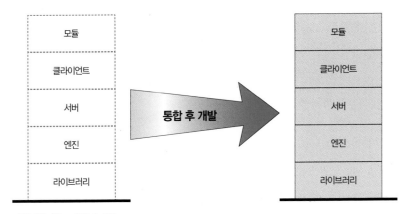

빠른 병행 개발 – 통합 후 개발

이렇게 소프트웨어를 동시에 개발해 프로젝트 기간을 단축하려면 사전 단계
인 분석, 설계가 정교하게 되어야 한다. 특히 컴포넌트를 잘 나누고 인터페이
스를 견고하게 정의해야 한다. 인터페이스는 간결하게 정의해서 모듈 간의 연
동을 쉽게 하고 확고하게 정해서 함부로 바꾸지 않도록 한다. 물론 한번 정의
한 인터페이스가 프로젝트 종료 시까지 변경되지 않는다면 가장 바람직하겠

지만, 쉽지 않다. 개발 도중에 인터페이스를 변경하면 처음에 잘 정의한 경우보다 수십 배의 비용이 더 들어간다. 따라서 분석, 설계 시 최대한 세심한 노력을 기울여 인터페이스가 변경되지 않도록 정의해야 한다.

프로젝트 규모가 크고 참여 인원이 많을수록 순차적 개발보다 병렬 개발이 더 효과적이다. 수십 명의 개발자가 참여하는 프로젝트라면 순차적 개발은 거의 불가능하다. 이들 개발자가 처음부터 잘 통합된 소스코드를 기반으로 병렬로 개발해야 프로젝트를 빨리 끝낼 수 있다.

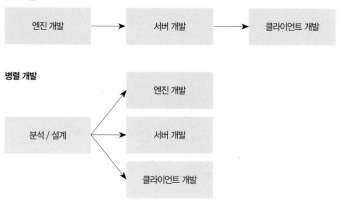

순차 개발과 병렬 개발 비교(병렬 개발이 더 빠르게 끝낼 수 있음)

인터페이스는 상호 간의 약속이다. 클라이언트와 서버 모듈을 병렬 개발할 때 인터페이스는 클라이언트 개발팀과 서버 개발팀 간의 약속이다. 인터페이스를 확정하면 서로 약속한 것이니, 헤어져서 따로 개발해도 문제가 없을 정도로 신뢰도가 높아야 한다.

프로젝트 기간 내내 인터페이스를 잘 유지하기 위해서는 지속적인 통합이 필요하며 이를 위해서는 유닛 테스트, 테스트 자동화가 유용하다. 개발자는 자신이 작성한 모듈을 완성한 후에 소스코드 관리시스템에 등록하는 것이 아니라 좀 더 잦은 주기로 등록해서 프로젝트 주기 내내 소스코드가 정상적으로 빌드되도록 유지해야 한다. 너무 늦게 통합할 경우 많은 문제를 일으키는 '통합의 지옥'을 맛보게 된다.

커밋은 전체 클래스 또는 전체 컴포넌트를 모두 구현할 때까지 기다릴 필요 없이 기능이 하나 완성될 때마다 한다. 하지만 항상 빌드는 되어야 한다. 또한 내가 소스코드를 수정하는 동안 다른 곳을 수정한 동료들의 소스코드와 머지merge가 잘 되어 제대로 빌드되는지 확인해야 한다. 보통은 적어도 하루에 한두 번 이상 커밋을 한다. 며칠씩 커밋을 하지 않고 지나가지는 않는다.

지속적인 통합을 위해서는 툴을 사용해도 되고, 직접 스크립트를 작성해 구축해도 된다. 지속적인 통합을 도와주는 툴을 CIContinuous Integration 툴이라고 하며 Jenkins, Bamboo 등이 있다. CI 툴은 자체가 중요하지는 않지만 지속적인 통합을 쉽게 해준다. 무엇보다 중요한 것은 지속적인 통합 활동을 '꾸준히' 하는 것이다.

지속적인 통합을 위해 반드시 필요한 것은 주기적인 빌드다. 빌드 온 커밋build on commit을 하기도 하고 데일리 빌드daily build를 하기도 한다. 밤에 빌드를 한다고 해서 나이틀리 빌드nightly build라고도 한다. 프로젝트 기간 내내 데일리 빌드는 실패가 없어야 한다. 데일리 빌드가 실패했다면 인터페이스가 깨졌거나 어떤 개발자가 깨진 소스코드를 올렸을 수 있다. 빌드가 깨지면 여러 개발자들이 개발에 차질을 빚게 된다. 데일리 빌드가 깨진 것을 브로큰트리broken tree라고 하며 이는 즉각 해결해야 개발에 차질이 없다.

시스템 규모가 클수록 병렬 개발은 필요하다. 거대 시스템 구조를 얼마나 단순화하는지가 설계의 관건이다. 아키텍트는 복잡한 시스템을 최대한 간결하게 해서 시스템 개발과 유지보수 효율을 높여야 한다. 병렬 개발을 할 때 어려운 점은 내가 필요로 하는 컴포넌트가 아직 구현되지 않아서 기능을 확인할 수 없다는 것이다.

예를 들어보자. 나는 사용자 관리 화면을 개발하고 있고 getUserList()라는 함수가 필요하다. 나는 사용자 목록을 출력하는 화면을 만들고 있는데 다른 개발자는 아직 이 함수를 구현하지 못한 상태다. 그럼 나는 getUserList() 함수가 개발되기 전까지는 내가 만든 사용자 목록 화면을 테스트해볼 수가 없다. 그럴 때는 getUserList() 함수에 가짜 코드를 추가하면 된다. 실제로는 DB에 쿼리를 해서 사용자 목록을 가져와야 하지만 가짜로 하드 코딩을 해서 사용자 목록을 넘겨주는 것이다. 물론 이런 가짜 코드는 필요에 따라 언제든지 넣고 뺄 수 있어야 한다.

C언어로 개발한다면 다음과 같은 형태가 될 것이다. 아주 간단한 예를 든다.

```c
#define USE_FAKE

RET getUserList(userdata *pData[], int &num)
{
#ifdef USE_FAKE
  // make fake data
  num = 2;
  pData[0]->userid = 1;
  pData[0]->username = "John";
  pData[1]->userid = 2;
  pData[1]->username = "Tom";
#else
  // get data from database
#endif
  return RET_SUCCESS;
}
```

병행 개발을 위한 소스코드 예

이와 비슷하게, 개발 언어에 따라 적절한 방법으로 병렬 개발하는 아이디어를 적용하면 된다. 병렬 개발을 할 때 위와 같이 각자 서로 다른 모듈을 개발하는 경우가 있고 하나의 모듈을 여러 개발자가 개발하는 경우도 있다. 잘 분석, 설계된 소프트웨어라면 이와 같은 방법으로 병렬 개발을 진행해 소프트웨어를 빨리 개발할 수 있다.

2.3 스펙 문서의 유형

소프트웨어 프로젝트는 하루짜리부터 수년짜리도 있다. 이런 프로젝트에 동일한 스펙 문서를 적용하는 것은 당연히 비효율적이다. 스펙 문서 형태는 아래와 같이 매우 다양하므로 상황에 맞는 문서를 적절히 골라 사용하도록 한다.

이슈 관리시스템의 한 줄 또는 몇 줄의 설명

스펙이라고 하면 수십에서 수백 페이지 문서를 먼저 떠올리지만 상황에 따라서는 지라Jira나 레드마인Redmine과 같은 이슈 관리시스템의 이슈 하나 또는 한 줄이 스펙이 되기도 한다. 주로 작은 유지보수를 위한 변경 시 적용되지만, 무엇을 개발해야 하는지 명확하게 정의한 것이라면 한 줄이나 몇 줄의 글도 훌륭한 스펙이 된다.

엔지니어링 one-pager

SRS 등 제법 큰 템플릿을 가진 문서에 정식으로 스펙을 작성하기에는 프로젝트 규모가 작거나 이슈가 별로 없을 경우에 작성한다. 이슈 관리시스템에 이슈를 정리하고 진행하면 간단한데, 굳이 엔지니어링 one-pager라는 문서를 작성하는 이유는 스펙을 작성하는 정식 절차를 밟기 위함이다. one-pager라도 스펙을 일단 작성하면 공식 리뷰를 거쳐 여러 사람의 의견이나 도움을 받을 수 있다. 그러면 개발하려는 방향이 맞는지, 이미 다른 팀에서 비슷한 것을 개발하거나 검토한 것이 있는지, 더 좋은 방법은 없는지 등 의견을 주고받을 수 있다. 또한 one-pager 내용은 공식적으로 다른 사람, 다른 팀에게 공개되어 회사 내 지식 공유에 보탬이 된다.

보통 다음과 같은 경우에 엔지니어링 one-pager를 작성한다.

- 메모리를 50% 절약하는 알고리즘 구현 시도
- 최신 버전의 비주얼 스튜디오로 이식하는 프로젝트
- 새로운 그래픽 엔진으로 교체하는 일주일짜리 프로젝트

수십 페이지의 SRS

스펙을 작성하는 가장 일반적인 방법이다. 비즈니스 전략, 환경, 기능, 비기능, 성능 등 소프트웨어를 개발하면서 고려해야 할 대부분의 내용을 기술한다. 이 책에서는 SRS에 대해 자세히 다룰 것이다.

수백, 수천 페이지의 거대 방법론 스펙 문서

거대 방법론에서는 문서를 수십 개 이상 작성하기도 한다. 이런 방법론에서는 스펙을 문서 하나로 정리하는 것이 아니라 여러 개 문서에 분산해 작성한다. 장점은 프로젝트에 투입된 역할별로 필요한 문서를 보면 된다는 것이다. 단점은 많이 중복되고 업무 하나를 하기 위해 여러 문서를 봐야 한다는 것이다. 또한번 작성하고 나면 수정하기가 매우 어렵다. 이런 유형의 스펙 문서는 아래와 같은 문서들이다.

- 요구사항 정의서
- 업무기능 분해도
- 업무 흐름도
- 액터 카탈로그
- 유스케이스 다이어그램
- 논리 ERD
- 도메인 엔티티 정의서
- 분석 패키지 다이어그램
- 코드 정의서
- 인터페이스 정의서
- 컴포넌트 명세서
- 화면 정의서
- 메뉴 구조도

이외에 다음과 같은 것들도 스펙 문서가 된다.

- 테스트 코드로 작성한 스펙
- 소스코드로 작성한 스펙
- 유저 스토리

2.4 요구사항과 스펙의 차이

스펙에 대해 얘기할 때 종종 혼동하는 것이 요구사항이다. 영어로는 각각 specification과 requirement(s)다. 두 용어는 같은 것일까, 아니면 다른 것일까? 가끔은 구분 없이 사용하지만, 여기서는 스펙의 원리를 정확하게 이해하기 위해 두 용어를 명확하게 구분한다.

'요구사항'이란 말은 소프트웨어 업계 안팎에서 일반적 의미, 즉 고객이나 이해관계자가 요구하는 것으로 통용된다. 하지만 소프트웨어 '스펙'은 쓰는 사람에 따라 의미가 조금씩 다르다. 그래서 수많은 회사에서 또 여러 개발자들이 생각하는 의미에 미묘한 차이가 있을 수밖에 없다. 또 스펙이란 말은 독자적으로 소프트웨어 업계 밖에서도 많이 사용된다. 취업 지원자의 경력을 소개할 때, 스마트폰 등 디바이스 매뉴얼에도 스펙이 등장한다.

하지만 소프트웨어 '스펙'이라고 하면 머릿속에 그려지는 모습이 있다. 그리고 그 모습은 전 세계 개발자들이 공통으로 생각하는 것이다. 적어도 이런 내용이 포함됐고 이런 절차를 통해 만들었으리라는 생각이 자동으로 떠오르는 것이다.

그래서 요구사항은 한 줄이나 몇 줄에 불과하지만 그 요구사항을 잘 분석해서 스펙을 작성하면 몇 페이지 또는 수십, 수백 페이지 문서가 될 수도 있다. 그러니 스펙을 제대로 작성하지 않고 요구사항만 가지고 프로젝트를 시작하면 큰 재앙이 닥칠 수 있다. 특히 외주 프로젝트라면 그 재앙은 회사의 존속을 위태롭게 한다.

내부에서 진행하는 프로젝트든 외주나 SI로 진행하는 프로젝트든 스펙을 제대로 작성하지 않고 요구사항 수준의 요청으로 처리하면, 분석이 제대로 되지 않는다. 프로젝트를 진행하는 내내 숱한 문제가 나타나고 난상토론, 불 끄기, 고치기 등을 반복하게 된다. 물론 스펙을 적절히 잘 작성하면 이런 문제 상황은 훨씬 줄어든다.

지금도 많은 사람들이 요구사항과 스펙을 혼동해 사용하고 있다. 이 두 용어의 차이를 사전적으로 아무리 잘 설명해도 그 차이를 실감하기는 불가능하다. 외울 수는 있어도 금세 잊고 실전 개발 프로젝트에 적용하지 못한다. 유일한 방법은 소프트웨어 스펙의 원리를 이해해서 스펙을 요구사항과 뚜렷이 구별하게 되는 것이다. 그래서 이 책에서는 스펙의 원리에 대해 자세히 다룬다.

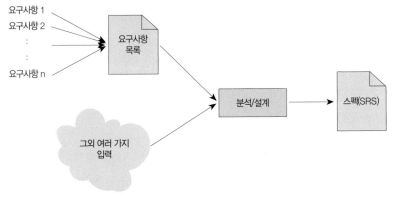

요구사항과 스펙의 차이

2.5 스펙 문서에 대한 착각

많은 회사에서 소프트웨어 프로젝트를 진행할 때 스펙 문서를 작성한다. 정확하게 말하면 '스펙 문서'라는 이름의 문서를 작성한다. 하지만 회사에서 작성한 스펙 문서를 보면 진짜 스펙 문서인 것은 매우 드물다. 이름만 스펙 문서이지 스펙과 관계없는 내용을 담고 있는 경우가 많다. 어떤 경우가 해당하는지 예를 들어보자.

문서 이름의 문제

일단 여러 가지 이름의 문서가 사용되고 있다. 기능 명세서, 요구사항 기술서, 시방서 등이 그것이다. 하지만 이런 문서는 이름만 봐도 스펙 문서라는 생각이 안 든다. 아니나 다를까. 실제로 들여다보면 이름에 걸맞게 내용도 반쪽짜리 또는 극히 일부만이 기술됐다. 나름 노력해서 스펙 문서를 작성하고 이를 토대로 프로젝트를 진행하지만, 주먹구구식 프로젝트보다 단지 한 발 앞설 뿐이다. 스펙 문서는 이름도 중요하다. 누가 봐도 스펙 문서임을 알도록 문서 이름에 SRS나 specification을 넣자.

문서 내용의 문제

기능 명세서, 요구사항 기술서, 시방서 등의 문서는 대부분 요구사항이나 기능 중심으로 작성된다. 그래서 이런 문서를 스펙이라 한다면, 반쪽짜리 문서다. 스펙 문서는 비전, 전략, 기능, 환경, 비기능, 시스템 특성 등 여러 가지를 포함해야 한다. 또한 요구사항도 그대로 옮겨 적는 것이 아니라 면밀하게 분석해 여러 기능이나 비기능으로 분해해야 한다. 이런 문서에서 누락된 내용은 프로젝트를 진행하면서 수많은 문제와 혼동을 야기할 것이다.

절차의 문제

스펙 문서라면 일반적으로 인정하는 프로세스가 있다. 바로 작성, 리뷰, 승인이다. 그래서 이를 책임지고 작성할 '분석 아키텍트'가 정해지고 적절한 분석 시간이 할당된다. 인터뷰, 워크숍, 관찰, 토론 등 공식적인 분석 활동을 진행할 때 이해관계자들의 협조를 받으며, 공식 리뷰 시 많은 관계자들이 의무를 다하기 위해 신중하고 꼼꼼하게 검토하며, 상당한 중압감을 갖고 승인한다. 개발자는 스펙이라는 말을 듣는 순간 일련의 프로세스를 거쳤을 것이라 전제한다. 이런 프로세스 없이 개발팀에서 알아서 작성해서 진행하면 안 된다. 방법론이 달라도 원리는 똑같다. 애자일을 적용하더라도 이 프로세스를 짧게 반복하거나 간소화할 뿐이다.

나는 스펙, 소프트웨어 스펙 또는 SRS라는 용어를 사용하길 권한다. 이런 용어를 사용해 대화한다면 서로 같은 의미로 소통하고 있을 확률이 크다. 특히 외국인 개발자를 채용하거나 글로벌 업체와 협업할 때 글로벌 표준 용어 사용은 중요하다. 스펙, SRS라는 용어로 소통하며 문서를 작성할 때 외국 업체와의 협업이 훨씬 더 원활할 것이다. 물론 말만 가려 쓴다고 되는 것은 아니다. 스펙, SRS를 제대로 작성할 수 있어야 한다.

2.6 스펙인 것과 스펙이 아닌 것

스펙 문서에 스펙에 해당하지 않는 내용을 적는 예는 매우 많다. 스펙이 무엇인지 알기 위해서 역으로 스펙이 아닌 것이 무엇인지 알아보자. 앞으로 소프트웨어 스펙에 대해 자세히 살펴볼 것이니, 여기서는 스펙에 포함되는 내용과 스펙에 포함되지 않는 내용에 각각 어떤 것이 있는지 알아본다.

스펙에 포함되는 내용
- 프로젝트 비전
- 비즈니스 전략
- 기능 요구사항
- 사용자 계층
- 하위 호환성
- 외부 인터페이스
- 시스템 인터페이스
- 유저 인터페이스
- 운영 환경
- 배포 방법
- 비즈니스 규칙
- 설계 제약사항
- 시스템 특성
- 가정과 종속관계
- 성능

스펙에 포함되지 않는 내용

- 프로젝트 일정
- 프로젝트 조직도
- 프로젝트 참여 인원
- 개발자 확보 계획
- 개발자 교육 계획
- 개발 프로세스
- 테스트 일정 및 계획
- 사용자 매뉴얼
- 국제화 프로세스 및 일정
- 번역 프로세스 및 계획
- 빌드 자동화 계획
- 프로젝트에 필요한 하드웨어, 소프트웨어 구매 절차 및 확보 계획
- 아웃소싱 계획
- 상용 라이브러리 구매 계획
- 서비스 인력 교육 계획

이 중 많은 내용이 프로젝트 관리에 대한 것이다. 이런 내용은 스펙 문서에 기술하지 않고 별도로 관리해야 한다.

스펙 문서에 스펙이 아닌 것이 포함되면, 프로젝트 계획이 일부 바뀌더라도 스펙 문서를 변경해야 하는 번거로운 문제가 생긴다. 따라서 이런 내용은 스펙에 기술해서는 안 된다. 하지만 때로는 예외적으로 이런 내용을 의도적으로 스펙에 적기도 한다. 스펙을 수십 년 써보고 원리를 깨달으면 그 예외 순간이 언제인지 저절로 알게 되므로 지금 예외를 고민하지는 말자. 원칙을 아는 것으로 충분하다.

2.7 스펙과 프로젝트 일정의 관계

소프트웨어 프로젝트에서 스펙을 제대로 작성해 얻는 큰 이익 하나는 프로젝트 일정을 상당히 정확하게 예측할 수 있다는 것이다. 프로젝트 일정을 정확하게 예측하는 것은 매우 중요하다. 일정 예측이 정확하다면 회사의 자원과 예산을 계획하고 프로젝트 완료 전에 판매 활동을 개시할 수 있다. 무엇보다 비즈니스 계획을 차질 없이 일정대로 추진할 수 있다.

약속된 출시 일정에 맞춰 계약을 체결하거나 영업을 위해 물밑 작업을 해놨는데 일정대로 제품이 출시되지 않으면 금전적 손해는 물론이고 시장에서 신뢰를 잃는 막대한 손실이 발생한다. 정확한 일정 예측 없이, 부실한 스펙에, 어림짐작으로 일단 시작하고 본 프로젝트는 진행하면서 기간, 투입 인력, 비용이 수십 %에서 수백 %까지 증가하기도 한다.

스펙을 잘 작성하면 프로젝트 종료 일정을 10~20% 오차 내로 정확하게 예측할 수 있다. 일정 예측의 정확도를 높이는 방법을 알아보자.

- 스펙을 프로젝트 특성에 알맞게 작성하기 위해 세심한 노력을 기울인다.
- 작업 내용을 세분화해 WBS^{Work Breakdown Structure}를 작성한다.
- 프로젝트를 진행하면서 작업 세부 내용의 일정 예측, 실행, 일정 변경, 피드백을 꾸준히 수집해 경험치를 축적한다.
- 투입 인력에 따라 작업 수행 기간이 다르므로 이를 고려해 일정을 예측한다.
- 개발자 테스트 기간도 일정에 포함한다. 코딩 기간만 포함하는 우를 범해선 안 된다.
- 유닛 테스트는 일정을 지키는 데 유용하다. 유닛 테스트 작성 시간도 일정에 포함한다.
- 리더급 개발자는 구현 업무에 100% 투입되기 어렵다. 보통 50% 정도가 적당하다. 나머지 시간에는 설계, 코드 리뷰, 문제 해결, 코칭에 주력한다.
- 개발자는 하루에 4~6시간 개발하는 것으로 한다. 그 이상의 집중은 현실적으로 어렵다. 회의나 리뷰, 그 외 활동도 해야 한다. 그렇지 않으면 해결책은 야근밖에 없다. 장기 야근은 사기

저하로 시작해 생산성과 품질 저하로 끝난다. 이런 일이 되풀이되면 초기에 일정 예측을 과도하게 부풀리는 부작용도 생길 수 있다.

- 개발자의 휴가, 교육 등을 고려해 실질적인 투입 기간을 산정한다.
- 프로젝트를 종합적으로 관리해서 타 프로젝트의 투입 수요도 감안한다.
- 리스크를 잘 발굴하고 관리한다.

다음 그림은 분석, 설계가 제대로 진행된 프로젝트에서 일정 예측 정확도가 80~90%까지 올라가는 것을 보여준다.

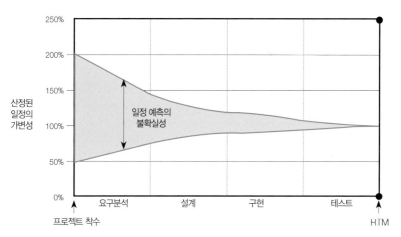

프로젝트 단계별 일정 예측의 불확실성 변화

그럼 분석, 설계가 완료되기 전까지는 일정을 얘기할 수 없는가? 그렇지 않다. 언제든지 일정을 얘기할 수 있다. 하지만 프로젝트 단계에 따라 일정의 정확도가 크게 다르다는 사실을 기억하자.

이 그림을 보면 초기에는 50~200% 범위로 부정확한 일정을 얘기할 수밖에 없고 이를 듣는 사람도 부정확한 일정이라는 것을 염두에 둬야 한다. 그렇지 않으면 초기에 제시한 부정확한 일정에 발목이 잡혀 무리하게 프로젝트를 진행하다가 일을 망치고 사기도 저하된다. 그 후에는 일정 제시에 소극적이고 방어적이게 되어 유기적 협업 체제가 깨지고 만다.

일정을 예측하는 방법에는 상향식과 하향식이 있으며 각각의 특징은 다음과 같다.

상향식 bottom-up

- 주로 WBS를 작성하며 개발 항목을 매우 작게 쪼개야 한다.
- 최대 2일, 최소 1일 단위로 업무를 세분화한다.
- 업무 크기를 예측하는 방법에는 function point, story point, use case point 등 여러 가지가 있다. 하지만 나는 경험이 많은 개발자가 내용을 파악한 후 개발자의 감으로 일정을 예측하는 방법을 선호한다. 업무가 세분화되면 일정 예측이 용이하며, 일정 예측도 자주 시도해야 실력이 는다.
- 일정 산정 시 초기 예측값 외에 현재 일정과 최종 일정(소요 시간)도 관리한다.
  - 이 데이터는 개발자가 예측 역량을 향상하는 데 도움이 된다.
  - 프로젝트 관리자는 개발자의 예측값 신뢰도가 얼마나 높은지 파악해 이를 프로젝트 관리에 활용할 수 있다.
  - 예측값 신뢰도는 예측을 하는 개발자마다 다르기 때문에 개발자별로 따로 관리해야 한다.

    예) John은 예측보다 평균 50%의 시간이 더 걸린다.

    Tom은 예측보다 평균 20% 빨리 끝낸다.
  - 개발자별 일정 예측 신뢰도는 프로젝트마다 달라지기 때문에 매번 통계를 내는 것이 좋다. 일반적으로 개발자의 일정 예측 신뢰도는 프로젝트를 거듭할수록 향상된다.

하향식 top-down

- 전문가 의견, 델파이 방식, 비용 모델 등이 있다.
- 과거의 유사한 프로젝트에 견주어 예측하는 방법도 있다.

분류	할당	Org Est	Cur Est	Elapsed	Remain	Status	요약
보고서	홍길동	8	8	8	0	완료	보고서에 차트 Tool 접목
보고서	홍길동	8	6	6	0	완료	일별, 주별, 월별 통계 구현
보고서	홍길동	8	8	0	8		보고서 엑셀 파일로 Export 구현
보고서	홍길동	4	8	8	0	완료	보고서 워드 파일로 Export 구현
로그	홍길동	12	12	12	0	완료	로그 모듈 구현
장비관리	홍길동	6	6	6	0	완료	장비관리 모듈 구현
정책설정	홍길동	8	4	4	0	완료	그룹별 정책 관리 구현
네트워크	홍길동	16	12	8	4	해결중	네트워크 관리자 구현
정책설정	홍길동	4	4	4	0	완료	네트워크 침입 차단 처리 정책 구현
정책설정	홍길동	8	8	0	8		사용자 정의 정책 관리자 구현
정책설정	홍길동	8	8	0	8		정책 검색 모듈 구현
이벤트처리	홍길동	8	4	4	0	완료	이벤트 처리 모듈 구현
업데이트	강감찬	8	8	8	0	완료	업데이트 서비스 멀티스레드로 구현
업데이트	강감찬	8	0	0	0	취소	FTP를 통한 업데이트 구현
업데이트	강감찬	6	6	4	2	해결중	업데이트 롤백 모듈 구현
업데이트	강감찬	8	8	0	8		업데이트 UI 구현
DB	강감찬	6	6	4	2	해결중	DB 관리자 구현
Config	강감찬	8	12	12	0	완료	Config 표준 모듈 구현
프로토콜	강감찬	8	8	8	0	완료	정책 적용 프로토콜에 XML 적용
프로토콜	강감찬	8	8	8	0	완료	SMTP 프로토콜 구현
프로토콜	강감찬	6	6	6	0	완료	IMAP4 프로토콜 구현
개발자별 합계	홍길동	98	88	60	28	진행률	68.2%
개발자별 합계	강감찬	66	62	50	12	진행률	80.6%
전체 합계		164	150	110	40	진행률	73.3%

- Org Est: 초기에 산정한 소요 시간
- Cur Est: 변경되어 다시 산정한 소요 시간
- Elapsed: 지금까지 투입한 시간
- Remain: 완료하기 위해 추가로 투입해야 하는 시간. 엑셀 수식으로 자동 계산됨(Remain = Cur Est - Elapsed)
- Status: 미할당, 취소, 해결중, 완료. 엑셀 기능으로 자동 선택됨

엑셀을 이용한 WBS 작성 예

다음 그림은 상향식으로 WBS를 통해 일정을 예측하고 프로젝트 기간 내내 일정 변동을 나타낸 그래프다. X축은 날짜, Y축은 MD$^{\text{Man} \times \text{Day}}$(개발자의 하루 치 일)이다.

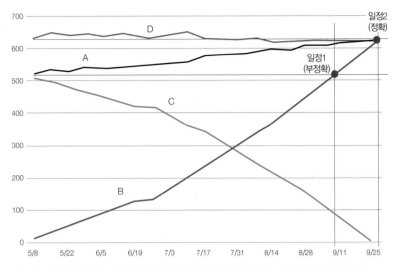

- Cur Est.(A): 현재 예측되는 일의 총량. 시간이 지날수록 추가 요구사항이나 리스크 발현으로 인해 증가한다.
- Elapsed(B): 지금까지 완료한 일의 총량
- Remaining(C): 현재 남아 있는 일의 총량
- Cur Est. w/Risk(D): 리스크를 감안해 추가 투입될 것으로 예측되는 일의 총량

리스크를 고려한 일정 예측

초기에 WBS상에서 예측되는 일의 총량은 약 510MD이다. 그리고 개발자들의 일별 투입 일정을 감안해 Elapsed 예상 그래프를 그려보면 9월 10일 정도에 모든 작업이 끝난다. 하지만 리스크를 감안하면 일정은 크게 바뀐다. 총 투입 예상 공수는 510MD가 아니라 620MD 정도가 예측되며 많은 리스크를 해결하지 않으면 10월 말경에나 구현이 완료될 것이다. 그러나 이 그래프는 리스크 관리에 최선을 다하고 적절한 추가 인력 투입 계획을 수립해 계획된 9월 말까지 구현을 완료한 예를 보여준다.

그래프 읽기

- A선은 WBS상에서 예측된 전체 투입 MM 또는 MD다.
- B선은 개발자 투입 계획이었다가 해당 날짜가 지나면 투입된 MM 또는 MD가 된다.
- C는 A−B로 남아 있는 일의 양이 된다.

- 리스크를 전혀 고려하지 않으면 A선의 초기 예측치(5/8)에 B선이 도달하는 지점인 일정1이 예상 구현 완료일이 된다. 하지만 실제 프로젝트에서는 리스크를 고려하지 않으면 일정은 진행할수록 계속 늘어진다.
- A선에 리스크로 인한 일정 증가 예측치를 더한 D선이 실질적인 프로젝트 규모라고 볼 수 있다. 리스크로 인한 일정 증가 예측치를 계산하는 방법은 다음과 같다.
  - 리스크로 인한 일정 증가 예측치 = $\sum_{i=1}^{n}$ 리스크i의 확률 × 리스크i의 파급효과
  - 리스크는 매주 재평가하고 변동분을 계속 업데이트해야 한다.
- D선과 B선이 만나는 점을 구하면 리스크를 고려해 좀 더 정확하게 프로젝트가 끝나는 일정2를 예측할 수 있다.

리스크를 고려하지 않고 낙관적으로 예측한 일정으로 프로젝트를 진행하면 일정을 지키기가 어렵다. 리스크를 고려한 좀 더 정확한 프로젝트 일정을 예측하기 위해서는 꾸준히 리스크를 재평가하고 철저히 관리해야 한다. 리스크는 프로젝트 진행에 따라 계속 바뀌며 발생 확률도 변한다. 이런 요소들을 지속적으로 검토하고 일정에 반영해야 정확한 일정을 수시로 업데이트하고, 문제를 조기 발견해 대처하며 결국 프로젝트 일정을 준수할 확률이 높아진다.

2.8 스펙과 설계의 구분

스펙과 설계를 칼로 무 자르듯 나누는 사람들이 있다. 이들은 말하길, 스펙은 무엇을 만드느냐, 즉 'what'에 대한 것이고, 설계는 어떻게 만드느냐, 즉 'how'에 대한 것이라고 한다. 얼핏 들으면 반은 맞는 말이지만, 실효가 없는 말이다. 스펙과 설계의 경계는 생각만큼 뚜렷하지 않다.

잘 분석된 스펙은 상당 부분 설계 영역까지 다루기 마련이다. 그럼 설계 정보를 어느 정도 포함하는 것이 좋을까? 절대 법칙은 없다. 소프트웨어 종류, 프

로젝트 특성, 개발자 수준, 외주 여부 등에 따라 적정 수준이 다르다는 것이다. 대부분의 스펙에서는 크든 작든 설계까지 다룬다. 그러나 설계를 너무 자세하게 하면 설계, 구현에 투입되는 개발자의 고유 권한을 침범하게 되며, 개발 자유도가 많이 떨어져 문제가 되곤 한다.

스펙을 작성한다는 것은 허황된 소설을 쓰는 것이 아니라 실제로 구현 가능한 소프트웨어에 대해 적는 것이다. 그렇기 때문에 스펙을 작성하면서 구현 가능성 검증feasibility test을 위한 프로토타입을 개발하게 되는데, 이때 개발한 프로토타입의 결과는 상당 부분 설계에 반영된다.

또 마케팅 담당자가 보기에는 설계에 관한 내용이 개발자가 보기에는 스펙에 해당하는 내용인 경우도 많다. 클라이언트 서버 소프트웨어를 개발하는 프로젝트의 예를 들어보자. 스펙을 작성할 때 클라이언트와 서버의 인터페이스는 전체 시스템 관점에서는 설계에 속하지만, 서버 프로젝트에 투입되는 개발자에게는 꼭 지켜야 하는 외부 인터페이스 스펙이 된다. 인터페이스 스펙은 꼭 지켜야 하는 것이고 서버 개발자에게 자유도가 주어지는 설계 영역이 아니다. 서버 개발자는 이 인터페이스를 지키는 한도 내에서 자유도를 가지고 서버 내의 설계를 진행할 수 있다.

개발자가 설계에 대해 무한대의 자유도를 가지는 것은 아니다. 스펙에서 설계에 제약을 가할 수 있다. 데이터베이스만 하더라도 스펙에서는 논리적 스키마만 정의하는 것이 일반적이지만 데이터베이스에 제약을 걸기도 한다. 예를 들어 라이선스 문제로 특정 데이터베이스를 사용해야 한다든지, 향후 모바일 확장을 위해 모바일 확장성이 좋은 데이터베이스를 지정할 수도 있다. 이외에 특정 알고리즘이나 라이브러리 사용 등 다양한 설계, 구현에 대한 제약을 지정할 수 있다.

지금까지 설명한 내용을 토대로 스펙과 설계를 한눈에 비교해 정리해보자.

- 스펙과 설계는 명확하게 구분되지 않는다.
- 스펙에는 크고 작은 설계 내용이 포함된다.
- 스펙에 모든 설계 정보가 포함되는 것은 아니다.
- 스펙 작성 후에 별도의 설계 문서를 반드시 만들어야 하는 것은 아니다. 별도로 설계할지 스펙 문서만 가지고 구현할지는 다음과 같은 프로젝트 특성에 따라 다르다.
  - 프로젝트의 규모에 따라 다르다.
  - 프로젝트에 참여하는 개발자의 경험에 따라 다르다.
  - 외주인지 내부 개발인지에 따라 다르다.
  - 웹, 모바일, 라이브러리 등 프로젝트의 세부 특징에 따라 다르다.
  - 프로젝트의 난이도에 따라 다르다.
- 설계 정보를 문서로 작성할지 소스코드로 작성할지도 프로젝트에 따라 다르다.
- 프로젝트에서 스펙 문서는 필수지만 설계 문서는 선택이다.

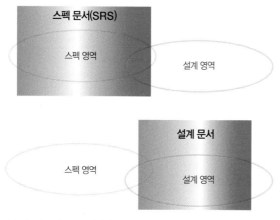

스펙 문서와 설계 문서의 커버리지

스펙에서 설계 정보를 어느 정도 깊이까지 다룰지는 프로젝트의 규모, 성격, 특성에 따라 다르다. 프로젝트 규모가 크다면 좀 더 깊게 컴포넌트를 나눠 진행하는 것이 리스크가 적다. 반면에 간단한 프로젝트라면 너무 작게 쪼갤 필요는 없다.

스펙 작성의 현주소, 현실과 관행

3.1 현재의 관행과 문제점

스펙이 부실하다

가장 흔한 케이스다. 대략적인 요구사항으로 부실하게 정리한 문서를 가지고 프로젝트에 착수한다. 많은 경우 경험이 풍부한 개발자들이 프로젝트를 주도하기 때문에 프로젝트가 잘 진행되는 것처럼 보인다. 하지만 프로젝트 이해관계자들과 합의해 결정했어야 할 내용을 개발자가 구현하다가 맞닥뜨리고 그때그때 임의로 결정하면서 개발해 나간다. 그래서 기획 의도와 다른 방향으로 개발하기도 하고 뒤늦게 심각한 오류를 발견해 전체 시스템을 뒤집어 엎기도 한다. 또한 프로젝트가 막바지에 이를 때까지 어떤 제품이 나올지 알 수 없다. 스펙 작성을 건너뛰거나 서둘러 코드를 짜면서 초반에 시간을 절약했을지 모르겠지만, 후반으로 갈수록 절약한 시간의 몇 배를 소비할 수 있다.

과도한 산출물을 요구한다

부실한 스펙을 가지고 주먹구구식으로 소프트웨어를 개발하다가 프로젝트 실패, 지연 등의 고충을 겪은 회사가 이를 타개하기 위해 개발 프로세스를 체계화하면서 빠지는 함정이다. 가장 좋은 방법론을 찾다 보니 역량은 안 되는데 좋다는 방법론을 무조건 따라 한다. 공공 프로젝트를 수행하는 경우, 발주처에서 방대한 산출물을 요구하기 때문에 어쩔 수 없이 따라야 하는 경우도 있다.

마치 예기치 못한 일에 대비해 든든한 보험을 들어두는 것처럼, 프로젝트가 종료된 후 문제가 생길 때를 대비해 최대한 많은 문서를 요구하는 것이다. 막상 그때가 되면 이렇게 철저히 했는데도 문제가 생겼다고 항변할 수 있기 때문이다. 그런데 이렇게 하면 문서 작성과 개발에 각각 주력하기가 힘들어서 '개발 먼저, 문서 나중' 전략으로 밀어붙이게 된다. 그러나 이런 궁여지책마저도 발주처에서 단계별로 문서를 요구한다면 사용할 수가 없다.

고객이 요구사항을 잘 알려주지 않는다

범용 소프트웨어가 아니라 특정 고객을 대상으로 하는 소프트웨어라면 고객은 개발팀에 요구사항을 정확하고 성실히 알려줄 의무가 있다. 범용 소프트웨어라면 고객을 기획팀, 영업팀이라고 생각해도 무관하다. 그런데 고객이 의무를 다하지 않는 경우가 허다하다. 일단 대략의 요구사항을 알려주고, 개발팀이 개발해 가져오면 그때서야 자세히 알려주겠다고 한다. 이런 고객은 요구사항을 알려주려는 노력은 하지 않고 개발된 소프트웨어를 보고 즉흥적으로 생각난 말을 툭툭 던지곤 한다. 스펙은 고객과 개발팀의 계약이자 개발팀과 마케팅팀의 계약이기도 하다. 고객은 개발팀이 스펙을 제대로 작성할 수 있도록 성실히 정보를 제공해야 한다. 그렇지 않고 나중에 요구사항을 알려주면 고치기도 어렵고 결국 원했던 소프트웨어를 못 받게 된다.

스펙 문서는 있지만 문서만 보고는 개발할 수 없다

스펙 문서를 부실하게 작성한 경우에도 해당되지만, 너무 자세히 많은 산출물을 작성한 경우에도 해당된다. 개발은 개발, 문서는 문서라고 생각하고 의무적으로 문서를 작성했지만 개발에는 별 도움이 안 되는 경우가 많다. 이 경우 스펙 문서가 있어도 업무를 꿰뚫고 있는 전문가가 개발팀과 협업하지 않으면 프로젝트가 진행되지 않는다. 그러나 회사 입장에서는 전문가가 한 프로젝트에 매달리면 다른 일을 할 수 없기 때문에 강제로 전문가의 근무지를 바꿔 원격으로 스펙을 보고 일하게 하거나 팀을 옮기기도 하지만, 물리적 조치로 해결될 일은 아니다. 스펙을 제대로 작성할 수 있는 역량을 갖춰야 해결된다.

시니어 개발자는 관리자가 되어야 한다

부실한 스펙을 가지고 프로젝트를 진행하다 보면 지식과 노하우를 축적한 시니어 개발자에게 의존하게 된다. 그러다 보면 시니어 개발자는 점차 관리자 역할을 요구받게 된다. 관리자가 개발자보다 연봉과 영향력 등 더 좋은 대우를 받기 때문에, 개발자는 관리 업무가 싫더라도 자의 반 타의 반으로 관리자가 되어간다. 개발과 관리라는 양다리를 걸치기도 하는데, 결국 관리도 못 하고 개발도 못 하는 어정쩡한 상태가 지속된다. 개발자로 머물고 싶다면, 관리 업무 없이 개발하는 일에만 주력할 수 있어야 한다. 물론 그에 걸맞은 실력도 있어야 한다. 소프트웨어 선진국에서는 개발자가 연봉이 더 높고 정리해고 될 위험이 적으며 이직하기도 더 쉽다. 관료 문화가 뿌리 깊은 우리나라에서는 아직 그렇지 않지만 언젠가는 이렇게 바뀔 것이다. 가장 뛰어난 시니어 개발자가 관리자가 된다면 가장 우수한 개발자를 버리는 셈이다. 회사 차원에서 개발자의 커리어를 보장해야 한다.

3.2 스펙에 대한 잘못된 통념

(경영자) 문서를 작성하느라 일정을 못 맞추는 것 아닌가?

많은 경영자들은 문서 작성 때문에 프로젝트가 더 오래 걸린다고 생각한다. 그래서 개발자들이 문서를 쓰고 개발하겠다고 하면 오히려 문서는 생략하고 빨리 개발부터 해달라고 넌지시 요구하는 경영자가 의외로 많다. 이들은 문서 작업이 개발과 상관없이 시간을 잡아먹을 뿐이라고 잘못 배웠기 때문이다.

스펙을 써보지도 않고 일정이 빠듯하다는 것을 안다니, 이것이야말로 모순이다. 스펙이 부정확하면 일정을 산정하는 의미가 없기 때문이다. 하지만 어림 짐작만으로도 턱없이 시간이 모자란 프로젝트도 있긴 하다. 진짜 스펙을 쓸 시간조차 없다면 애초에 시작하지 않는 것이 좋다.

개발 문서는 일정을 단축하기 위해 작성하는 것이므로 이 목적에 위배되는 문서는 작성하지 않는 것이 좋다. 예외적으로, 생명을 다루거나 우주선을 띄울 목적이라면 개발 시간 단축 외에 더 많은 것이 요구되므로 시간이 더 오래 걸리는 문서도 작성한다. 하지만 대부분의 프로젝트에서는 개발 일정을 단축하는 문서만 작성해야 한다.

(개발자) 일정이 부족하니 당장 코딩부터 시작하자

개발자들 사이에 만연한 생각이다. 개발자들은 윗선에서 일정을 촉박하게 잡기 때문에 무조건 일정을 맞춰야 하고 그러므로 빨리 코딩부터 시작해야 한다고 한다. 제대로 된 스펙과 설계 없이 코딩을 시작한 프로젝트는 백이면 백, 중간에 엄청난 재작업이 길을 가로막는다. 통합에 막대한 시간이 소요되고 많은 버그가 양산되며 이를 고치는 데 더 엄청난 시간이 들어간다.

"코딩을 늦게 시작할수록 프로젝트가 빨리 끝난다"는 말이 있다. 스펙과 설계가 충분할수록 코딩 기간이 단축되고 프로젝트 초기에 일정이 부족한 것을 알면 개발자를 더 투입할 수 있으며 일정 단축을 위해 일부 기능을 다음 버전으로 미루는 것도 가능해진다.

(고객) 지금은 잘 모르겠으니 일단 개발해주면 보고 나서 요구사항을 알려주겠다

고객은 일단 개발된 제품을 보면 아이디어가 마구 떠오르고, 이렇게 저렇게 의견을 말하면 개발자가 뚝딱 고칠 수 있다고 착각한다. 아키텍처에 영향을 주지 않는 소소한 것은 그럭저럭 바꿀 수 있어도 대부분은 고치거나 추가하려면 애초에 계획한 경우보다 몇 배에서 몇십 배의 비용과 시간이 더 들어간다. 고객 자신이 원하는 것이 무엇인지 잘 모르면 개발자들은 난처해진다. 그래도 개발자들은 이런 일이 워낙 다반사여서 고객의 요구가 불충분해도 으레 자신이 아는 한도에서 개발해주고 고치기를 반복한다. 그런데 이런 식으로 개발 작업이 진행되면 아키텍처는 엉망이 되기 일쑤이고, 개발자들은 일하는 기쁨 없이 회의만 들게 된다.

(개발자) 일정이 정해져 있어서 어쩔 수 없다

개발자들은 경영자가 무리한 일정을 일방적으로 강요한다고 한다. 일부 그렇게도 하지만 그렇지 않은 경우가 더 많다. 표면적으로는 경영자가 독단적으로 일정을 정해 지시한 것처럼 보이지만 그 내부를 들여다보면 또 다른 모습이 보인다. 개발자들이 제대로 스펙을 작성해서 합리적인 일정을 제시하지 못하니 경영자가 일방적으로 도전적인 일정을 밀어붙이게 되고, 거꾸로 경영자가 강하게 나오니 개발자들은 어쩔 수 없이 따르게 된다. 이는 일방의 책임이 아니다. 개발자들은 합리적으로 일정을 산정해 정확한 데이터를 근거로 제시할 때 경영자에게 일정에 대해 목소리를 높일 수 있다.

(경영자) 우리 회사는 달라서 일반적인 원칙이 적용되지 않는다

사람들은 말하길, 고객이 요구사항을 너무 자주 바꾼다, 고객이 요청하면 당장 들어줘야 한다, 개발 기간이 상상할 수 없을 만큼 짧다, 고객이 부르면 무조건 달려가야 한다, 그래서 일반적인 소프트웨어 공학이 적용되지 않는 것이라고 한다. 하지만 이것도 명백한 오해다. 고객이 그렇기 때문에, 환경이 열악하기 때문에, 소프트웨어 공학을 적용해야 하는 것이다. 소프트웨어 공학은 최단 기간 내에 최소 비용으로 개발하기 위해 존재하기 때문이다. '우리만 그렇다'고 생각하는 것도 오해다. 많은 회사들이 정도가 다를 뿐 처한 상황은 비슷하다. 이러한 잘못된 통념은 회사가 한 단계 진전하기 위한 변화를 가로막고 뒤처지는 데 일조한다.

(개발자) 스펙은 문서만 보고 개발할 수 있을 정도로 자세히 적는 것이 좋다

대부분의 경우 스펙을 너무 자세히 적는 것은 좋지 않다. 또한 프로젝트에 따라 자세히 적어야 하는 부분이 다르다. 프로젝트 성격에 따라 기능을 간단히 적기도 하고 사용자 인터페이스를 상세히 적기도 하며 비기능과 전략을 잘 적어야 하기도 한다. 상황에 따라 다르다.

경험이 많은 개발자들이 투입된 프로젝트에서는 개발자들이 이해할 수 있을 정도로 최대한 간단히 적어야 프로젝트가 일찍 끝난다. 하지만 외주를 주거나 신입 개발자들이 투입되는 경우에는 처음 내용을 접하는 사람도 상당 부분 이해할 수 있을 정도로 자세히 적어야 한다. 이때도 모든 챕터를 다 자세히 적으면 내용이 중복되므로 이를 주의해야 한다. 새로운 분야의 프로젝트라서 결과를 예측하기 어려울 때는 '자세히, 간단히'를 논하기보다 실현 가능성을 타진

해보기 위해 프로토타입을 진행하는 것이 좋다.

(개발자) 요구사항이 계속 바뀌니 스펙을 적을 필요가 없다

"우리 소프트웨어는 요구사항이 계속 바뀌는 특징이 있어서 스펙을 작성해봤자 금방 변경해야 한다. 그러니 스펙을 작성하는 것은 시간 낭비다"라고 주장하는 사람들이 있다. 소프트웨어 프로젝트의 99%는 분석 기간은 물론이고 설계, 구현 중에도 요구사항이 바뀐다. 단지 바뀌는 정도의 차이가 있을 뿐이다. 요구사항은 시장 상황 변화, 경쟁 업체의 신제품 출시, 기술 변화, 비즈니스 요구사항 발견, 예상치 못한 개발 문제 등으로 변하기 마련이다. 스펙을 제대로 적어놓지 않으면 이러한 변경 요구를 제대로 관리하지 못한다. 반면에 변경 프로세스를 적용하면 좀 더 합리적인 변경 관리가 가능하다.

3.3 부실한 스펙 후 설계는 사상누각

소프트웨어 스펙을 작성하는 일은 소프트웨어 개발에서 가장 어려운 일이다. 설계는 그 자체만 놓고 보면 스펙 작성보다는 쉽다. 여기서 설계는 상위 설계, 하위 설계를 모두 포함하는 뜻이다. 소프트웨어 프로젝트 중에 스펙은 하는 둥 마는 둥 대충하고 설계만 열심히 하는 경우가 있다. 그러면 시스템을 바르게 이해하지 못하고 개발자가 임의로 판단해 왜곡된 설계를 하게 된다.

스펙에서 다음과 같은 요구사항이 누락된 경우를 상상해보자.

- 현재 예상 사용자는 천 명이지만 3년 안에 백만 명이 사용할 수 있다.
- 당장은 한국어만 지원하지만 1년 안에 30개 언어를 추가 지원해야 한다.
- 절대로 크래시가 나서는 안 되며 크래시 발생 시 막대한 손해 배상을 해야 한다.
- 지금은 iOS만 지원하지만 1년 안에 안드로이드도 지원해야 한다.

이런 요구사항은 비전, 비즈니스 전략에서 나오며 이외에 요구사항의 종류는 일일이 헤아릴 수 없을 만큼 많다. 그러니 이런 요구사항을 철저히 분석해 스펙에 기록해놓지 않으면 설계 담당자가 요구사항을 놓치게 되는 것은 자명하다. 이처럼 부실한 스펙을 기반으로 하는 설계는 사상누각에 불과하다. 그 피해는 막대하며 잘못을 바로잡는 데 드는 비용만 스펙을 제대로 작성하는 데 드는 비용의 수백, 수천 배가 될 수 있다.

3.4 시간만 있으면 누구나 스펙을 쓸 수 있는가?

흔히 프로젝트 일정이 촉박해 스펙을 제대로 쓸 시간이 없다고 한다. 정말 그런지 알아보기 위해 이 말을 바꿔 생각해보자. 충분한 시간만 주어지면 누구나 제대로 스펙을 쓸 수 있을까? 그렇지 않다. 스펙도 써봐야 실력이 는다. 시행착오도 겪고 뛰어난 분석 아키텍트의 리뷰를 받으면서 배워야 경험치와 함께 실력이 쌓인다.

시중에서는 여러 가지 방법론이 사용된다. 스펙 작성이 엄격한 방법론도 있고 그렇지 않은 방법론도 있다. 그런데, 예를 들어 애자일의 스크럼 방식으로만 일해온 소프트웨어 개발자에게 갑자가 SRS를 쓰라고 하면 제대로 쓸 수 있을까? 그렇지 않다. 또한 오랫동안 폭포수waterfall 방법론으로 개발하면서 스펙을 작성해온 개발자에게 애자일의 스크럼 방식으로 개발하자고 하면 유저스토리를 잘 작성할 수 있을까? 그렇다. 오히려 더 잘 쓸 수 있다.

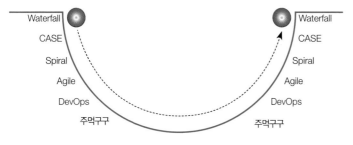

폭포수 모델에 익숙한 개발자의 적응 범위

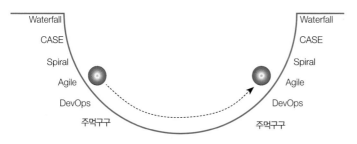

애자일에 익숙한 개발자의 적응 범위

폭포수 모델

- 용^{dragon}과 같다. 다들 알고 말도 많지만 본 사람은 없다.
- 국방, 우주, 원자력발전소 이런 곳에서 종종 사용하는 방법이다.
- 나도 폭포수 방법론을 제대로 경험해본 적이 없다.
- 동네 뒷산만 다니는 사람이 히말라야도 쉽게 오를 수 있을 줄 안다. 폭포수 방법론이 바로 히말라야다.

스펙 작성 역량은 열역학 제2법칙과 비슷하다. 복잡하고 어려운 방법으로 해 본 사람은 간단하고 쉬운 방법에 곧 적응하지만, 그 반대는 불가하다. SRS를 제대로 작성하면서 스펙 작성의 원리를 깨우친 사람은 어떤 방법으로든 스펙 을 잘 작성한다. 그뿐만이 아니다. 유저스토리 하나를 적으면서도 SRS를 작성하며 어떻게 수행할지 떠올린다. 확장성, 성능, 보안 등 많은 것을 시뮬레이션 하기 때문에 처음부터 유저스토리만 쓰는 사람보다는 분석을 훨씬 더 잘한다.

왜 그럴까? 스펙 작성에 필요한 수많은 요소들을 동시에 고려하는 습관이 배어 있기 때문이다. 요구사항 하나만 얘기해도 전략, 비기능, 시스템 속성, 인터페이스, 기술 등 많은 관련 요소가 주마등처럼 스쳐간다. 가령 요구사항이 보안과 긴밀히 연결된다면 순식간에 보안 요구사항도 도출해낸다. 옆에서 보고 있는 사람들은 대수롭지 않게 여기지만 그 순간에 보안에 대한 사항까지 끌어낸다는 것은 대단한 능력이다. 이런 실력은 교육의 결과가 아니라 체계적인 개발 환경에서 누적된 오랜 실전의 산물인 것이다.

또 글로 적느냐, 머릿속에만 가지고 있느냐도 실력을 가르는 큰 기준이 된다. 정석을 통달한 후에 간소화한 방법이나 편법을 활용해야 한다. 정석은 모르고 약식만 따라 하면 놓치는 것이 많다. 그중에는 회사를 위태롭게 할 결정적 요소가 있을 수도 있다. 정석을 익히는 것은 건물의 골조를 세우는 것과 같다. 제대로 하는 스펙 작성의 비결은 원리를 깨닫는 것이고 실전을 통해 스펙 작성을 습관화해야 역량을 기를 수 있다.

3.5 소프트웨어 공학, 약인가? 독인가?

소프트웨어 공학이라는 말은 사용하기가 상당히 껄끄럽다. 일단 이 말을 듣는 순간 거부감을 표하는 사람이 적지 않은데, 이는 소프트웨어 공학에 대한 오해에서 비롯된 것 같다. 유행이 한번 쓸고 지나간 CMMI나 외국의 유명한 방법론들을 도입했다가 실패한 경험과 무성한 소문 때문이다.

사람들은 소프트웨어 공학에 대해 제각각 다른 생각을 갖고 있다. 나는 소프트웨어 공학을 얼마나 알고 있을까? 다음 중 소프트웨어 공학을 옳게 설명한 문장을 하나만 골라보자.

1. 소프트웨어를 체계적으로 개발하는 방법이다.
2. 고객이 만족하는 소프트웨어를 개발하는 방법이다.
3. 소프트웨어를 여러 사람이 효과적으로 개발하기 위한 방법이다.
4. 유지보수가 용이한 소프트웨어를 개발하는 방법이다.
5. 프로세스를 따라 소프트웨어를 개발하는 방법이다.
6. 품질이 좋은 소프트웨어를 개발하는 방법이다.
7. 성능이 좋은 소프트웨어를 개발하는 방법이다.
8. 야근을 하지 않고 소프트웨어를 개발하는 방법이다.
9. 소프트웨어를 빠르게 개발하는 방법이다.

소프트웨어 공학을 정확하게 이해하지 못한다면 여간 헷갈리는 것이 아니다. 정답은 9번이다. 소프트웨어 공학은 소프트웨어를 최소의 비용으로 최단 기간에 개발하는 방법을 모아놓은 것이다.

이번에는 소프트웨어 공학에 대한 바른 설명을 들어보자.

1. 소프트웨어를 잘 개발하는 방법이다.
2. 소프트웨어를 잘 개발한다는 것은 적은 비용으로 빠르게 개발하는 것을 의미한다.
3. 가장 중요하게 다루는 것은 분석과 설계다.
4. 소프트웨어 개발을 잘하기 위해 소프트웨어 공학을 익히는 것은 좋은 방법이다.
5. 소프트웨어 개발을 잘하기 위해 소프트웨어 공학을 배우는 것은 글쎄다.
6. 소프트웨어 개발을 잘하기 위해 소프트웨어 공학 이론을 배우는 것은 나쁜 방법이다.
7. 소프트웨어 공학 이론이 잘못된 것은 아니다. 하지만 이론을 배워 실전에 적용하는 것은 거의 불가능하다.
8. 소프트웨어 개발 실무를 오래 하다 보면 이론이 궁금해져 자연스럽게 이론도 익히게 된다.

9. 소프트웨어 공학은 몸에 익히는 것이지 머리로 아는 것이 아니다.

10. 몸에 배지 않은 소프트웨어 공학은 머리로는 알아도 손이 움직일 줄 모르는 무용지물이다. 오히려 해롭다.

이 내용을 한마디로 축약하면 소프트웨어 공학은 다음과 같다.

"소프트웨어를 최소 비용으로 최단 기간에 개발하는 방법이다."

소프트웨어 공학의 목적이 바로 이것이므로 이의 유효성을 증명할 필요는 없다. 방법론이나 소프트웨어 공학 일부를 적용했더니 시간이 더 많이 걸리고 개발자들도 더 힘들고 효율적이지도 못했다면 뭔가가 잘못된 것이다. 단순한 러닝 커브learning curve가 아니라면 되짚어봐야 한다. 틀림없이 잘못된 부분이 있을 것이다.

소프트웨어 공학에 대해 말하기는 이처럼 간단해도 소프트웨어 공학을 적용하는 개발 현장에서는 의견 충돌이 자주 일어난다. 문서를 만드는 것이 더 오래 걸린다, 프로세스는 거추장스럽다, 문서로 전달하는 것보다 개발자와 직접 얘기하는 것이 더 빠르다고 한다.

미국과 여타 소프트웨어 선진국은 소프트웨어 위기를 해결하기 위해 수십 년간 노력해왔는데 그 결과물이 바로 소프트웨어 공학이다. 그렇다고 우리도 그들처럼 수십 년을 보낼 필요는 없지 않은가. 오히려 우리는 노력만 하면 시행착오 없이 수년 안에 소프트웨어 공학을 개발 현장에 정착시킬 수 있다.

'소프트웨어 공학은 학교에서 배울 수 없다'고 알려졌다. 물론 대학에 관련 과목이 있기는 하지만 용어를 익힐 뿐 실제로 그것이 무엇을 뜻하는지는 학생 대부분이 이해하지 못한다. 즉 '현장'에서 배우는 것이 소프트웨어 공학이다. 대학에서 배운 학생들은 현장에서 더 빨리 배울 수 있지만 언제 시작해도 늦지 않다. 그동안 쌓은 경험이 도움되지만 방해가 되기도 한다. 쉽게 배울 수 있는 것이 아니고 그 범위도 넓으며 배우는 시간도 길다. 또 그 과정에서 별 쓸데없는 것에 매달려 시간을 낭비하는 경우도 정말 많다.

이럴 때 소프트웨어 공학 유경험자나 전문가가 가까이 있다면 정말 좋은 환경에 있는 행운아다. 그들에게서 배워 지식을 쌓기는 어려워도, 그들과 의견을 주고받는다면 실속 없는 공부에 시간을 허비하는 일은 줄일 수 있다. 소프트웨어 공학은 실전이다. 소프트웨어 공학이 잘 적용된 환경에서 실무를 통해 배우는 것이 최선의 방법이다. 소프트웨어 공학은 잘 쓰면 약이고 못 쓰면 안 쓴 만도 못한 독이다.

사례 연구

보안상의 이유로 실제 업계의 사례를 일부 수정한 것이다. 어쩌면 자신의 이 야기일지도 모르겠다. 사례를 통해 스펙의 중요성을 마음 깊이 새겨보자.

4.1 A사의 해외 프로젝트_부실한 분석에 의한 계약

A사는 중동의 한 나라에서 대규모 프로젝트를 수주했다. 회사에서는 유례 없이 큰 해외 프로젝트였고 사업 영역을 국외로 넓힐 호기로 보고 적극적으로 수주를 추진했다.

먼저 A사는 고객의 제안 요청서를 기반으로 제안서를 화려하게 작성했다. 제안서는 스펙과 거리가 먼 일종의 비즈니스 성격의 문서였다. 즉, 어떻게 개발하고 어떤 결과물을 보여줄지, 고객이 감동할 만한 내용으로 가득 채운 것이다. 결국 중동의 고객은 A사를 선택했다.

곧 사업에 착수했다. 소프트웨어, 하드웨어, 시스템 설치를 위한 건설 작업까지 포함된 복합 프로젝트였지만, 국내에서 이보다 더 큰 프로젝트를 여러 번 수행해본 터라 성공에 자신하고 있었다. 하지만 중동의 현실은 달랐다. 현지 법률상 타국의 노동자를 채용해야 했다. 채용도 어려운데 채용하고 나면 항공료, 체류비까지 지불해야 했다. 한국인처럼 성실하지 않아서 감독 관리가 어렵고 수시로 인력을 바꾸는 데도 큰 비용이 들었다. 사막은 한국과 달라서 땅을 파는 것부터 달랐다. 그들 종교가 프로젝트에 미칠 영향은 생각조차 못했다.

금세 프로젝트 비용이 계약금을 초과했고 급기야 눈덩이처럼 불어났다. 게다가 현지에 파견된 직원들이 지치고 모럴 해저드까지 겹쳐 프로젝트는 더욱 늦어지고 손해는 갈수록 커졌다. 그럼에도 프로젝트는 계약대로 완료하는 수밖에 없었다. 현지의 법률, 관습, 기후, 지질, 종교 등을 사전에 고려하지 못한 것이 가장 큰 실수였다. 게다가 처음부터 너무 큰 해외 프로젝트를 수주해 엄청난 수업료를 지불했다.

국내에서도 이런 식으로 제대로 분석하지 않고 계약해 프로젝트를 수주하기 때문에 비슷한 문제가 종종 발생한다. 하지만 국내에서는 영업력을 발휘해 문제를 해결한다. 또 개발자들의 연이은 야근과 하청업체 압박으로 간신히 프로젝트를 완료한다. 하지만 해외에서는 이런 어떤 방법도 통하지 않아서 엄청난 추가 비용을 들여 프로젝트를 끝내는 수밖에 없다.

4.2 B사의 부품 교체_허술한 변경 관리

B사는 미국에 가전 제품을 수출한다. 글로벌 방법론을 도입하고 설계 문서 관리시스템도 사용하고 있지만 직원들의 업무 성숙도는 방법론과 프로세스를 따라오지 못했다.

프로젝트 막바지에 작은 부품 하나를 교체하게 됐는데, 정식으로 변경 관리 프로세스를 거치지 않았다. 개발자는 스펙상 거의 비슷한 부품이니 교체로 인해 바뀔 게 하나도 없다고 생각했다. 하지만 출시되고 몇 개월 후 문제가 생기기 시작했다. 급기야 제품에서 연기가 났다. 조사해보니 원인은 바로 그 부품이었다. B사는 대대적인 리콜을 실시해 문제를 해결했지만, 당초 설계 변경 프로세스를 제대로 따랐을 때 들었을 비용의 수만 배에 달하는 비용을 더 지불해야 했고 회사 이미지도 심각한 타격을 입었다.

물론 변경 관리 프로세스를 제대로 따른다면 교체 부품을 검증하는 절차가 추가되어 시간과 비용이 더 소요되고 출시 일정이 미뤄질 수도 있다. 그렇다고 변경 관리를 하지 않으면 그보다 더 큰 대가를 치를 수 있다. 변경 관리는 변경 시 까다로운 절차를 요구하는 것이 아니라 변경에 따른 영향을 확실히 평가해 가장 합리적인 결정을 하는 것이다.

4.3 C사의 갑을 관계_고객의 의무 소홀

C사는 누구나 알 만한 국내 제조업체다. 보통 신제품 하나를 개발하는 데 3~4년이 소요된다. C사의 제품에는 수많은 소프트웨어가 탑재된다. 그리고 M사는 이 제품이 들어가는 핵심 소프트웨어의 개발 업체로 C사와는 10여 년 협력해왔다.

M사는 신제품 완료 2, 3년 전부터 프로젝트에 참여한다. 정상적인 케이스라면 C사와 M사는 신제품 기획 방향을 고려해 같이 소프트웨어의 목표를 논의하고 기획을 거쳐 분석, 설계, 구현, 테스트라는 일련의 과정을 밟을 것이다.

하지만 C사는 그렇게 하지 않는다. 이런 대형 프로젝트에서 C사는 M사에 요구사항을 큼지막하게 몇 개 적은 파워포인트 문서 몇 장을 전달하고 한 달 안에 시제품을 만들어올 것을 요구한다. 상식적으로는 불가능하지만, M사는 그동안 비슷한 경험을 여러 번 해서 해결책을 알고 있다. 기존에 개발했던 소프트웨어 중 가장 비슷한 것을 골라 한 달 내내 밤샘작업을 해서 어떻게든 소프트웨어를 보여준다. M사는 종래에 이런 식으로 해왔기 때문에 소프트웨어 아키텍처는 신경도 쓰지 않고 기간 안에 완성해서 보여주는 데 급급하다.

이게 끝이 아니다. C사 담당자는 M사가 개발해온 소프트웨어를 보고서야 본격적으로 요구사항을 들이민다. 그는 소프트웨어 시제품을 사용해보면서 몇 주에 한 번씩 M사 프로젝트 관리자를 불러 추가 및 변경 기능을 알려주고 2, 3주 안에 소프트웨어를 고쳐올 것을 요청한다.

이런 반복은 프로젝트 기간 내내 계속된다. 드라마 쪽대본처럼 요청이 수시로 하달되므로 제대로 된 스펙 문서는커녕 변변한 문서도 하나 없다. M사는 C사의 요청을 밤새워 당해낼 개발자 위주로 돌아가고 신입 개발자를 아무리 많이 붙여줘도 개발 속도가 빨라지지 않는다. C사 담당자는 소프트웨어를 직접 돌려보지 않으면 상세한 아이디어가 떠오르지 않는다고 하고, M사는 워낙 강력한 갑을 관계라서 어찌할 도리가 없다고 한다.

이러다가 출시가 임박해 C사의 경영진이 소프트웨어를 보고 한마디하면 소프트웨어가 완전히 뒤집히기도 한다. M사는 개발 프로세스를 개선하고 새로운 연구도 하고 싶은데 C사에 끌려다니느라 꼼짝을 못한다. C사에서 요청하는 마이크로한 요구사항을 맞추는 데 시간을 다 보낸다.

한편 C사도 사정이 있다. C사 소프트웨어는 저가 시장에서는 어느 정도 경쟁력이 있지만 고가 시장에서는 글로벌 회사들과의 경쟁에서 한참 뒤처져 있다. 이제 C사는 비싼 돈을 주고 그 회사들의 소프트웨어를 가져다 쓰는 형편이다.

그런데 C사는 글로벌 회사인 Z사와는 이렇게 일하지 못한다. C사가 Z사에도 M사와 같이 요구사항을 마구 바꿔줄 것을 요청했는데, Z사는 단호히 거절했고 그러려면 계약을 변경하라고 했다. C사는 어찌할 도리 없이 계약대로 진행했다. 또한 Z사의 요구대로 문서를 통해 업무를 진행하느라 진땀을 뺐다. C사의 갑을 관계는 국내에서만 작용하는 것이다.

4.4 D사의 SI 수행_분석 역량 부족

D사는 SI를 수행하는 국내 회사다. 이 회사에는 우리나라 공기업 일을 10여 년 동안 전담해온 팀이 있다. 뛰어난 분석가가 포진하고 아키텍트와 개발자도 있는 든든한 팀이다. 이 팀의 분석가들은 공기업 직원보다 그들 업무를 더 잘 안다. 그도 그럴 것이 공무원들은 순환 보직제로 정기적으로 자리를 옮기지만 D사 분석가들은 10여 년 동일한 일을 해왔으니 당연하다. 그래서 프로젝트 발주는 공기업에서 했지만 프로젝트를 어떻게 진행해야 할지는 D사 분석가들이 더 잘 안다.

하지만 문제는 여기에 있다. D사 분석가들은 일을 처리하는 데 능숙하지만 스펙 작성 능력은 많이 부족하다. 문서로 작성된 스펙을 보고 개발자들이 개발할 수 없다는 얘기다. 그래서 D사는 스펙 작성 역량 향상을 위해 정말로 각고의 노력을 했다. 교육도 많이 하고 세계적인 방법론도 도입했다. 하지만 막상 실무에서는 프로젝트가 끝날 때까지 분석가들이 개발자 옆에 앉아 기능을 설명해주지 않으면 프로젝트가 정상적으로 진행되지 않았다.

그러다 보니 가장 몸값이 비싼 분석가는 한 프로젝트에서 수년간 빠져나오지 못하고 매달리게 된다. 또한 그렇게 진행된 프로젝트 산출물은 다음 프로젝트의 기반 지식이 되기가 어렵다. 또 다음 프로젝트에 동일한 분석가가 투입되고 신참을 양성하지도 못하는 악순환이 계속된다.

이러한 분석가들이 퇴사하면 프로젝트가 마비되거나 차후 프로젝트를 수주하지 못하는 일도 벌어진다. 그래서 경쟁사에서는 무리를 해서라도 분석가를 스카우트하려고 한다. 프로젝트를 더 많이 수행하고 싶지만 분석가가 부족해서 프로젝트를 수주해도 진행을 못 한다. 정상적인 경우라면 프로젝트 분석이 끝나면 개발자들이 구현하는 동안에 분석가는 다른 프로젝트에 투입되어야 한다. 물론 이전 프로젝트에 대한 문의를 받긴 하지만 하루 종일 답변하는 데 매달릴 필요는 없다.

이를 해결하기 위해 D사에서는 분석가와 개발자를 분리해 다른 곳에서 일하게 하고 꼭 문서로 소통하도록 했다. 하지만 이미 스펙 문서를 효율적으로 작성하는 역량이 부족한 상태에서 근무지만 분리한 것이기 때문에 개발 내용이 제대로 전달되지 않아 프로젝트는 실패하고야 말았다. 결국 과거로 회귀해 원래 하던 대로 개발하고 있다.

4.5 E사의 소프트웨어 개발_있는 것은 소스코드뿐

E사는 사무용 소프트웨어를 개발하는 국내 회사다. 초창기부터 문서 하나 없이 개발을 시작해서 꽤 오랫동안 소프트웨어를 개발해왔다. 소프트웨어 규모가 방대하고 소스코드는 매우 복잡하다. 하지만 제대로 된 스펙, 설계 문서가 없다. 소스코드를 처음 본 보통의 개발자가 스스로 파악하는 것은 거의 불가능하다.

문서가 별로 없기 때문에 신규 개발자가 투입되면 소스코드를 알아서 분석하고 파악해야 한다. 이 작업에 한 달 이상이 소요된다. 이 일에 실패하면 프로젝트를 같이 수행할 수 없게 된다. 근성 있는 똑똑한 개발자는 소스코드를 파악해 프로젝트에 투입된다.

협업할 때도 주먹구구식 운영은 마찬가지다. 구두로 또는 정말 간단히 정리해 요구사항을 전달하면 그다음은 개발자가 알아서 개발해야 하는 것이다. 경력 개발자도 프로젝트에 적응하려면 상당히 오랜 시간이 걸린다. 전체 소스코드를 완전히 파악하고 개발하기 전까지는 의도치 않은 버그가 생기고 그 때문에 테스트 기간과 비용이 많이 들어간다. 기능을 모두 완성한 후에도 소스코드를 안정화하는 데 상당히 많은 시간이 걸린다.

테스트팀도 테스트의 근거가 되는 스펙 문서가 없으니 테스트 계획을 제대로 세우지 못한다. 그러나 테스트팀에도 경험 많은 엔지니어들이 있어 나름 노련하게 테스트를 수행한다. 하지만 새로운 테스터가 투입되면 소프트웨어에 적응하는 데 오랜 시간이 걸리기 때문에 인원을 많이 투입한다고 해서 테스트가 빨리 끝나는 것은 아니다. 소스코드가 상당히 불안정한 상태이기 때문에 지속적으로 오랜 기간 반복해서 테스트해야 한다.

E사는 오랫동안 꽤 많은 고객층을 확보해왔다. 하지만 새로운 트렌드로 바뀌는 IT 환경에서 시장을 주도하지 못하고 모바일, 클라우드 등으로 확장하지 못하면서 점차 뒤처지고 있다. 초창기에는 이런 주먹구구식 개발이 뛰어난 개발자들과 맞물려 빠른 시장 진입에 성공하고 인기를 끌었지만, 세월이 흘러 개발자들이 바뀌고 소프트웨어 규모가 커지면서 개발 생산성은 점점 더 떨어졌다. 경쟁업체를 따라잡기는 이미 늦었다.

4.6 F사의 공공 프로젝트_과도한 산출물

F사는 국내에서 공공 프로젝트를 수행한다. F사 고객인 공공기관에서는 지정 방법론을 사용하고 있다. 방법론에 따르면 프로젝트 수행 시 제출해야 하는 산출물은 50종이 넘는다. F사는 모든 산출물을 제대로 작성할 역량을 갖추고 있지 않다. 물론 고객인 공공기관의 담당자들도 문서를 속속들이 알지는 못한다. F사는 프로젝트 검수를 통과하려면 내용이야 어쨌든 문서를 제출해야만 하기 때문에 무조건 문서를 만들어낸다. 사실 고객 담당자도 문서를 검토해 제대로 작성했는지를 판단할 역량은 없다.

F사는 프로젝트를 수행하기도 바쁜데 너무 많은 문서를 요청하니 문서 전담 직원을 따로 두고 있다. 또 몇몇 문서는 자체 개발한 소프트웨어를 통해 자동으로 만들기도 한다. 빌딩을 일단 지어놓으면 설계도가 자동으로 나오는 것과 비슷한 콘셉트다. 말도 안 되지만 이런 일이 벌어지고 있다. 문서를 검사하는 QA가 문서의 유무만 따지지 문서의 질까지 판단하지는 못하기 때문에 이런 일이 발생하는 것이다.

F사는 분석, 설계를 제대로 하지 않고 개발은 종래의 주먹구구식 방법으로 하면서 억지로 프로젝트에서 요구하는 문서를 만들고 있다. 오랫동안 프로젝트를 수행했지만 분석, 설계 역량은 예나 지금이나 별반 다를 게 없다. 매번 프로젝트 일정에 쫓겨 개발하다 보니 간신히 프로젝트는 완료하지만 역량이 향상되지 않은 것이다. 업력이 쌓일수록 머릿속 업무 지식만 쌓인다. 문서는 안 만들어본 것이 없지만 개발 방식은 여전히 주먹구구식이다.

4.7 해외 사례_초기 분석 부실

미국에서는 10년마다 실시하는 인구조사에 약 100만 명의 임시 직원이 동원된다. 인구조사는 계획, 실행, 완료에 10년이 걸리고 약 100억 달러가 소요되는 대규모 프로젝트다.

2001년 미국 인구조사국은 비용 증가와 데이터 정확성에 대한 우려로 2010년 인구조사에는 현대화 프로그램을 도입하기로 결정했다. 최신 기술을 적용해서 현장 인구조사원이 사용하던 종이 기반시스템을 없애고 모바일 디바이스로 대체하기로 한 것이다. 이를 위해 인구조사국은 해리스 사와 6억 달러에 계약을 체결했다. 하지만 프로젝트가 시작되어 한창 진행 중일 때 수많은 요구사항 변경이 쇄도했다.

2004년 현장 테스트 결과 시스템이 계획대로 작동하지 않았다. 모바일 디바이스는 임시직 인구조사원이 조작하기가 어려웠고, 대용량 데이터 전송도 원활하지 않았다. 헬프데스크에도 계획보다 훨씬 더 많은 비용이 들어갔다. 결국 바뀐 요구사항을 적용하기 위해 인구조사국은 총 13억 달러를 지불했다.

소프트웨어 요구사항은 그렇게 쉽게 변경할 수 없다. 이런 대규모 프로젝트에서 스펙을 확정하고 프로젝트를 진행하는 것은 매우 중요하다. 프로젝트 진행 도중에 요구사항을 변경하면 비용은 스펙 작성 시 좀 더 신중하게 분석해서 미리 스펙에 반영했을 때보다 열 배 이상 들어간다. 극단적인 경우 프로젝트의 참담한 완패를 맛볼 수도 있다.

초기 스펙을 작성할 때 임시직 인구조사원이 쉽게 모바일 디바이스를 조작할 수 있다고 오판했다. 하지만 테스트 결과 많은 인구조사원이 교육을 받고서도 디바이스를 제대로 조작하지 못했다. 인구조사국은 자동화 시스템이 작동하지 않아서 과거의 종이 시스템으로 돌아가야 했고, 이때에도 약 30억 달러의 비용이 들었다. 13억 달러를 들여 자동화에 성공했다면 실익을 남겼겠지만, 어처구니없게도 다시 과거로 돌아가는 데 자그마치 30억 달러나 지불했다. 그들은 여전히 종이와 연필로 인구조사를 해야 했다. 스펙 확정은 프로젝트 성공에 결정적 요소다.

기업 문화

5.1 스펙과 기업 문화

뛰어난 분석 아키텍트 한 사람이 스펙을 잘 작성한다고 프로젝트가 잘 진행되는 것은 아니다. 마찬가지로 아무리 뛰어난 분석 아키텍트라고 해도 공유를 바탕으로 하는 성숙한 기업 문화가 없다면 스펙을 잘 작성할 수 없다. 그래서 스펙을 잘 작성하고 소프트웨어를 효율적으로 개발하려면 성숙한 기업 문화가 조성되어야 한다. 그럼 성숙한 기업 문화는 어떤 문화인지 알아보자.

5.1.1 공유 문화

회사마다 차이는 있지만 소프트웨어 회사에서 미숙한 공유 문화는 많은 부작용의 원천이다. 다수와 정보를 공유하면 여러 가지 좋은 점이 있다. 다양한 시각에서 나온 의견이 반영되어 프로젝트 리스크가 감소하는 것은 물론이고 개발자가 해온 과거 업무의 속박에서 벗어날 수 있다. 반대로 공유 문화가 미숙한 회사는 왜곡된 의사결정으로 리스크가 커지고 아키텍처가 뒤죽박죽 얽히고 제품이 엉성한 경우가 많다. 개발자는 과거부터 해온 일들에 발목이 잡혀 고참이 되어서도 유지보수에 바쁘고 신참에게 일을 넘겨주기도 어렵다. 본인 스스로 고급 개발자로 성장하기 어려운 구조라고 하겠다.

현실을 보면, 공유 문화가 안착된 소프트웨어 회사는 그리 많지 않다. 개발자가 수백 명, 수천 명인 회사나 열 명인 회사나 효율적으로 공유하지 않고 각자 일하는 것은 매한가지다. 개발자가 수천 명인 회사를 들여다보면 수백 개 팀이 있는 것이 아니라 수백 개 회사가 있는 것 같은 현상이 벌어지기도 한다. 팀 안에서는 서로 내용을 아는데 팀 밖에서는 공유하기가 매우 어렵다. 이를 개선하고자 고가의 툴을 구입하고 개발 프로세스를 추가하기도 하지만 문화와 조화를 이루지 못하는 개발 프로세스는 형식적으로 작동해서 개발자들에게 짐이 될 뿐이다.

겉으로는 공유를 찬성하면서도 속으로는 공유를 꺼리는 개발자가 은근히 많다. 개발 내부의 아키텍처 문제나 골치 아픈 이슈를 숨기고 시한폭탄으로 방치하는 경우도 있고, 바쁘다는 핑계, 어려워서 다른 사람은 이해하지 못한다는 이유를 들어 정보를 꼭 틀어쥐고 있는 경우도 있다.

전반적으로 공유 문화가 미숙한 것이 현재 개발자들의 책임은 아니다. 원래 문화란 오랜 세월 여러 세대에 걸쳐 선임자들에 의해 형성된 행동 양식이나 관행을 따르면서 아주 조금씩 바꾸어가는 것이다. 개발 문화도 그렇다. 지금까지 선임자들이 그런 환경에서 그렇게 일해왔기 때문에 그런 문화가 형성됐고 현재 개발자도 그 문화에 적응해서 일하고 있는 것이다.

문화가 바뀌기 어려운 또 다른 이유는 나 혼자 노력으로는 안 되기 때문이다. 다른 사람들은 공유를 위해 노력하지 않는데 나 혼자 애를 쓰면 나만 두 배로 손해를 본다. 이는 '죄수 딜레마'와 비슷하다. 두 명의 사건 용의자가 체포됐다. 이들은 격리되어 소통이 단절된 채 각각 심문을 받는데, 세 가지 선택이 가능하다.

두 사람 중 한 사람이 배신해 죄를 자백하면 자백한 사람은 즉시 풀어주고 다른 사람은 10년을 복역해야 한다. 두 사람 모두 서로를 배신해 죄를 자백하면 둘 모두 5년을 복역한다. 그리고 두 사람 모두 죄를 자백하지 않으면 둘 모두 6개월을 복역한다. 서로 믿고 협력하면 서로 이익이지만 대부분은 서로를 배신하는 선택지를 택함으로써 서로 손해 보는 결과를 맞이한다.

공유 문화도 마찬가지다. 공유하려고 혼자 애를 써도 다른 사람이 공유하지 않으면 허사이기 때문에 결국 서로 공유하지 않음으로써 같이 손해를 보는 결과를 선택한다. 그러나 공유 문화는 소프트웨어 개발에서 윤활유와 같은 역할을 하기 때문에 결코 포기할 수 없다. 그렇다고 뿌린 것 없이 효율적인 공유 문화를 거둘 수는 없다. 마냥 흘러가는 대로 놔두면 '죄수 딜레마'가 어김없이 찾아온다.

개발자 입장에서는 능동적이고 주도적으로 공유 문화를 만들어가기가 어렵다. 일단 습관화되지 않은 상태에서 공유를 실천하는 것이 쉽지 않고, 혼자만 공유를 잘하면 개발에서 자신에 대한 의존도가 떨어져 이것도 고민이 된다. 반대로 공유를 안 하면 소프트웨어 개발에서 자신에 대한 의존도는 높아지지만 본인이 한 일에 발목이 잡혀 발전하기가 어렵다. 여기까지 생각하는 개발자는 그리 많지 않다. 경영진이나 개발자나 모두가 서로를 위해 공유의 필요를 깨닫고 제도적, 의식적으로 오랫동안 노력해야 한다. 일단 문화가 자리잡고 나면 의식하지 않아도 저절로 공유를 하게 된다.

그러면 이제부터 많은 사람들이 왜 노력을 해도 공유에 실패하는지, 어떻게 해야 공유에 성공하는지 그 성패를 가르는 2% 차이가 무엇인지 알아보자.

공유하려면 말로 하는 것보다 글로 적는 것에 더 익숙해져야 한다

말로 대화하면서 개발하는 것이 더 효율적이라고 믿는 사람이 많지만 나는 글로 적는 것이 더 효율적이라고 믿는다. 말로 하는 대화에서는 오해도 많이 생긴다. 한번 설명했더라도 다른 사람에게 다시 설명해야 한다. 글로 써두지 않으면, 시간이 지나면 잊어버린다. 글로 써야 많은 사람에게 공유되고 리뷰가 가능하며 여러 사람의 도움을 받을 수 있다. 글로 커뮤니케이션을 해야 기본적으로 공유할 준비가 된 것이다.

말로 하는 대화는 가장 값비싼 커뮤니케이션 수단이다. 또한 휘발성이 강해서 금세 사라진다. 대화는 말이 아니면 해결하기 어려워 꼭 필요할 때와 가장 효율적일 때만 사용해야 한다. 글로 커뮤니케이션을 하라고 하면 글을 쓰는 데 익숙하지 않은 개발자는 장황하게 쓰거나 개발자들이나 아는 어려운 용어를 남발해 다른 사람이 이해하기 어렵게 만든다. 또 외계인의 언어처럼 해독할 수 없는 문장을 만들기도 한다.

아예 처음부터 글 쓰는 것을 거부하기도 한다. 개발 문서는 소설처럼 감동을 줘야 하는 것이 아니다. 그러므로 잘만 훈련하면 개발자도 충분히 쓸 수 있다. 신입 때부터 버릇처럼 문서를 자주 작성하면 된다. 이미 고참이 됐다면, 지금이라도 늦지 않았다. 깨닫는 것이 어렵지, 깨달은 순간 절반은 이룬 것이다.

공유를 위한 과도한 프로세스는 오히려 독약이다

회사나 사원의 현재 역량이나 문화 수준을 훨씬 뛰어넘는 과도한 시스템과 프로세스를 도입해 강요하는 것은 문제다. 겉으로는 규칙을 지키고 고가의 시스템을 착실히 사용하는 것 같지만 속을 보면 형식적으로 따르고 흉내만 내서 오히려 효율은 더 떨어진다. 이런 일이 벌어지는 이유는 자신의 역량이나 자사의 문화 수준을 과대평가하기 때문이다.

CTO의 부재도 한몫을 한다. 실전 경험이 부족한 소프트웨어 프로세스팀은 밑져야 본전 식으로 프로세스를 복잡하게 만들고 많은 문서를 요구하곤 한다. 알고 보면 소프트웨어 프로세스팀도 나름의 고충이 있다. 프로젝트에서 실질적으로 필요한 문서가 한두 개에 불과한 경우가 대부분이지만 회사에서는 나머지를 쉽게 포기하지 못하기 때문이다. 이렇다 보니 개발자들은 문서 따로 개발 따로 진행하고 기껏 만든 문서는 개발에 별로 도움도 안 된다. 이런 식으로 개발하다가 문제가 발생하면 또 이를 해결하겠다고 프로세스를 더 복잡하게 만드는 악순환이 계속된다.

해결책은 스스로 역량과 문화 수준을 정확하게 진단하는 것이다. 그리고 그 수준에 걸맞은 시스템, 프로세스를 도입해야 한다. 역량에 비해 프로세스가 단순한 것은 상관없지만 반대의 경우는 문제가 된다. 지금처럼 과도한 프로세스를 계속 발전시키면 악순환에서 벗어나지 못하고 결국에는 10배 비효율적으로 개발을 해야 한다. 결코 프로세스로 모든 것을 해결할 수는 없다.

개발자 보고 알아서 잘 해보라고 하면 안 된다

풀뿌리식으로 개선될 사안이 아니다. 시스템과 프로세스는 물론이고 경영진의 의지와 후원이 절대적으로 필요하다. 가장 중요한 것은 공유 문화를 이끌 리더다. CTO급 인물이 흐지부지되기 쉬운 공유 문화 개혁에 꾸준히 힘을 실어 추진해야 한다.

역량 수준에 알맞은 시스템도 필요하다. 이슈 관리시스템, 형상 관리시스템, 코드 리뷰 도구, 위키, 지식 관리시스템, 정보 포털 등 여러 가지가 있지만 모두 필요한 것은 아니다. 그리고 꼭 값비싼 제품이 좋은 것도 아니다. 회사 규모와 개발하는 소프트웨어의 성격에 따라 적절한 시스템이 다르다. 전문가의 도움을 받아 가장 효율적인 프로세스와 시스템을 도입하는 것이 좋다.

프로세스와 시스템이 있다고 다 되는 것은 아니다. 임직원의 마인드를 바꾸기 위해 노력해야 하고 공유에 익숙하지 않은 직원들에게 효율적인 공유 방법을 꾸준히 교육하고 코칭해야 한다. 이는 매우 오래 걸리는 일이고 그래서 내부에 공유 문화를 이끌 리더가 필요한 것이다.

공유도 나중에 몰아 하면 실패한다

개학 전날 일기를 몰아서 쓰듯 공유도 몰아서 하면 허사다. 오직 공유를 실천하는 것이 목적이 되어 문서를 만들고 시스템에 기록한다면 곤란하다. 문서 작성은 소프트웨어를 개발하는 과정이자 가장 빨리 효율적으로 개발하는 수단이지 공유를 목적으로 할 일은 아니다.

따라서 나중에 몰아서 시스템에 올리고 공유하는 것보다는 그때그때 필요한 것을 즉시 등록하는 것이 좋다. 공유할 것, 문의할 것, 의논할 것을 일단 적당한 시스템에 올려놓는 것이다. 그러면 자연스럽게 과정이 공유된다. 즉, 공유는 개발 과정이자 일부이지 산출물이나 부산물이 아니다.

공유를 위해 산출물을 따로 만들어야 한다고 생각하는 순간 공유는 의미를 상실하고 따라서 산출물도 제대로 만들어질 리가 없다. 이렇게 만들어진 문서는 나중에 유지보수 시에도 활용도가 뚝 떨어진다. 공유라는 목적조차도 달성하지 못하는 것이다. 개발 과정이 자연스러운 공유 과정이 되게 해야 한다.

모든 사람이 한결같이 너무 바쁘면 안 된다

손이 빨라지면 뇌는 느려진다. 코딩하느라 바쁜 신참 개발자가 많은 것은 문제가 아니지만 고참이 정신없이 바쁜 것은 문제다. 고참일수록 시야가 넓고 생각이 확장되며 타 부서의 프로젝트나 회사의 비즈니스에도 관여하기 때문에 시간적 여유가 충분해야 한다. 고참 개발자는 공유의 최다 기여자면서 동시에 수혜자이기도 하다. 모든 사람이 모든 정보를 다 알 수는 없다. 자기 수준에서 공유하고 알아야 할 정보가 다르다. 고참 개발자의 손이 한가해지려면 이전에 공유를 잘 해왔어야 한다. 즉, 공유의 선순환이 필요하다.

보안과 공유는 균형이 필요하다

소프트웨어에서 설계 도면은 핵심이 아니다. 구성원들의 지식 공동체가 구심력이며 문서, 시스템, 경험, 지식의 복합체가 소프트웨어 회사 기술의 요체다. 많은 소프트웨어 회사는 하드웨어 분야에서 설계 도면을 빼놀리듯 기술을 빼돌릴 수가 없다. 우리나라에서는 빈약한 공유 문화 속에서 소수의 개발자가 거의 모든 정보를 독점하기 때문에 종종 기술을 빼돌리는 일이 벌어진다. 이런 상황에서는 보안을 아무리 강조해도 기술이 새나가는 것을 막을 길이 없다.

보안이 더 중요한 소프트웨어 회사도 있지만, 많지는 않다. 보안에 대한 과도한 우려 때문에 공유하는 것이 불편한 회사가 의외로 많다. 보안이 별 문제가 안 되는 회사도 공유에 거부감이 있는 직원의 주장에 쏠려 공유를 밀어낸다. 훌륭한 오픈 소스가 넘쳐나는 마당에 소프트웨어 회사에서 숨길 것이 많지 않다. 특수 분야의 몇몇 회사를 제외하고는 모든 직원에게 모든 정보를 공개해도 문제가 안 된다. 보안을 위해서는 보안 시스템에 못지않게 직원들의 보안 의식을 높이는 활동이 중요하다. 보안을 지나치게 우려해 공유에 까다로운 제약을 가하기 시작하면 공유는 반쪽짜리가 되어 효율이 크게 떨어진다. 보안과 공유는 회사의 실정을 고려해 적절한 균형을 잡아야 한다.

5.1.2 빨리빨리 문화

일을 빨리 하자는 게 나쁜 것은 아니다. 우리나라는 이런 '빨리빨리 문화' 덕분에 단기간에 괄목할 성장을 이룩했다. 더 짧은 시간에 똑같은 일을 해낸다는 것은 경쟁력이 우세한 것이다. 우리는 그동안 많은 산업 분야에서 '빨리빨리 문화'의 혜택을 입었고, 관련 노하우도 많다.

그런데 '빨리빨리 문화'가 소프트웨어 분야에서는 독이 되는 실례를 많이 보게 된다. 시제품은 빨리 만드는데 본 제품 완성에는 시간이 훨씬 오래 걸리며 품질도 떨어지고 갈수록 유지보수가 어려워져서 제품을 폐기하는 경우도 흔하다. 상황을 수습하지 못해 회사의 종말이라는 비극적 결말을 맞기도 한다.

그렇다면 왜 소프트웨어 분야에서는 유독 '빨리빨리 문화'가 문제가 되는 걸까? 그 원인은 세 가지로 요약할 수 있다.

소프트웨어는 매우 복합적이다

소프트웨어는 가장 복잡한 지식산업이다. 빨리 개발해야 한다고 열심히 코딩부터 시작해 착실히 개발만 하면 아키텍처는 뒤죽박죽이 되고 기간도 오래 걸린다. 반대로 차근차근 설계서를 만들고 설계서대로 개발을 하면 웬만한 프로젝트를 마무리하는 데 10년쯤 걸릴 것이다.

소프트웨어는 예술이다

소프트웨어 아키텍처를 만들어가는 과정은 예술과 비슷하다. 예술 방면에서는 재촉하거나 압박한다고 해서 빨리 좋은 작품이 나오는 것이 아니다. 수많은 요구사항과 비즈니스 전략 등을 종합해 가장 적합한 아키텍처를 만드는 데 시간이 부족하면 부실한 아키텍처가 된다. 이미 개발에 착수한 후 또는 유지보수 기간에 잘못된 아키텍처를 바꾸려면 비용이 수십 배 더 든다.

소프트웨어는 생명체와 같다

소프트웨어는 건축에서 빌려온 개념이 많아서 실제로 비슷한 점도 많다. 하지만 빌딩은 일단 완공되면 100년 동안 골조가 거의 변함없지만 보통 소프트웨어는 출시 후에도 계속 성장한다. 소프트웨어는 출시 후에 초기 개발 시보다 약 4배의 돈이 더 드는 것으로 알려졌다. 하지만 아키텍처가 부실하다면 4배가 아니라 40배의 비용을 더 들이고도 업그레이드와 유지보수가 어려울 수 있다.

그럼 '빨리빨리 문화'가 문제이니 차근차근 천천히 개발해야 할까? 그건 아니다. 성공한 수많은 글로벌 소프트웨어 회사들은 천천히 개발해서 성공한 것이 아니다. 소프트웨어 개발의 최대 덕목은 소프트웨어를 빨리 개발하는 것이다. 소프트웨어 개발을 조금이라도 느리게 하는 방법론, 규칙, 제약, 프로세스는 모두 잘못된 것이다. 스펙을 제대로 작성하는 이유도 소프트웨어를 가장 빠르

게 작성하려는 것이다. 그러므로 소프트웨어 개발을 오히려 늦추고 거기에 더해 다른 문제도 일으킨다면 '빨리빨리 문화'의 부작용이 심각한 것이다.

'빨리빨리 문화'는 소프트웨어 개발 프로젝트에서 직간접적으로 다음과 같은 문제를 유발한다.

- 프로젝트 지식, 정보, 자료 공유의 부재
- 부실하고 확장성이 떨어지는 아키텍처
- 특정 개발자에게 제품, 프로젝트 종속
- 수많은 코드의 중복
- 개발자의 인간다운 삶과 성장 포기
- 유지보수 비용의 증가

이런 현상은 개발 방법론과 상관없이 일어난다. SRS 형태로 스펙을 제대로 쓰든 TDD^{Test Driven Development}를 하든 이는 모두 소프트웨어를 빨리 개발하기 위한 방법이다. 문서 작성, 코드 리뷰, 프로세스 등 모든 것은 소프트웨어를 빨리 개발하기 위한 절차인데, 이런 것들 때문에 개발이 늦어지니 건너뛰고 개발부터 하자는 것은 주객이 뒤바뀐 것이다. 물론 이런 방법들이 소프트웨어를 빨리 개발하는 데 효과를 내려면 뛰어난 아키텍트가 필요하고 회사의 개발문화도 성숙해야 한다.

빌딩을 빨리 짓겠다고 벽돌부터 서둘러 쌓아야 한다고 생각하는 사람은 없을 것이다. 기초 공사와 설계가 되어야 어떤 방식으로든 빌딩을 지을 수 있다. 소프트웨어도 마찬가지다. 견고하고 확장성이 있는 아키텍처가 있어야 요구사항 변경에 대응하고 협업이 용이하며 기간을 단축해 비용도 절약할 수 있다.

무리한 일정 압박이 아키텍처에 큰 문제를 일으킨다는 것을 개발자 대부분은 알고 있다. 사실 '빨리빨리 문화'를 조성하는 주범은 따로 있다. 바로 경영자와 고객이다. 많은 경영자에게 단기 성과는 생사가 걸린 문제다. 회사 오너라면 형편이 다르지만 경영자는 2년, 3년 단기 계약을 한다. 그 기간 안에 가시적 성과를 내지 못하면 재계약이 성사되기 어렵다. 소프트웨어에 대한 이해도 깊지 않지만 미래를 위한 시간은 더욱 여유가 없다. 6개월, 1년 안에 성과를 내는 것이 급선무인 경영자는 영업이 제1순위이고 단기 매출에 집착하며 아키텍처는 신경 쓸 여유가 없다. CTO가 있다면 CEO가 그렇게 마음대로 할 수 없겠지만 우리나라에서는 CTO가 제 역할을 하기가 어려운 실정이다.

고객도 문제다. 우리나라 고객은 이중적이다. 우리나라 개발사에는 버그를 당장 내일 고쳐줄 것을 요구하지만 글로벌 회사에는 6개월 후 고쳐주는 것에 고마워한다. 글로벌 회사는 얘기해봤자 빨리 고쳐주지 않는다는 것을 알기 때문이다.

또 우리나라 고객은 개발자가 자기 회사에 들어와 일해주기를 원한다. 스펙을 정리하고 효율적인 커뮤니케이션을 통해 개발하는 데 익숙하지 않기 때문에 옆에 앉혀놓고 종 부리듯 개발하기를 원한다. 국내에서는 그런 고객의 입맛에 맞춰 성공한 사례가 여럿 있다. 그러나 이런 문화는 국내 시장의 진입장벽이 되기도 한다. 그렇게 해서 우리나라에서는 1위에 등극했지만 세계 시장으로 나아가는 데는 걸림돌이 된다.

개발 문화가 비효율적이고 아키텍트 역량이 떨어져 세계 시장에서 실패하는 사례가 많다. 그럼 외국 고객은 어떨까? 전부는 아니지만 대부분은 버그를 '내일' 고쳐준다고 하면 의아해한다. 중차대한 시스템이라면 개발사의 이와 같은 쾌속 대응은 오히려 개발사에 대한 신뢰를 떨어뜨리기도 한다.

우리나라 소프트웨어 개발사들은 이러한 고객 요구사항에 서로 잘 맞춰주겠다고 진흙탕 싸움을 하기 때문에 모두 녹초가 되고, 그 폐해는 고스란히 개발자에게 돌아간다. 그런 환경에서는 개발자가 사람답게 향유해야 할 삶을 포기해야 하고 훌륭한 개발자로 성장하기가 힘들다.

'빨리빨리 문화'가 오늘 내일 바뀌기 어려운 것은 주지의 사실이다. 그러나 고객도, 경영자도, 개발자도 바뀌어야 한다. 내가 어떻게 세상을 바꾸겠는가? 하지만 세상을 바꾸는 첫걸음은 내가 바뀌는 것이다. 그리고 그 변화는 필요성을 깨닫는 데서 싹튼다. 내가 바뀌고 동료가 바뀌지 않으면 '빨리빨리 문화'는 영원히 바뀌지 않을 것이다. 회사에서는 아키텍처의 중요성을 깨닫고 아키텍트를 양성하며 영업과 개발의 균형을 유지하려고 노력하고 급하게보다는 제대로 개발할 방법을 강구해야 한다. 또 기반시스템, 방법론, 프로세스 모두 적절히 갖춰야 한다. 다른 개발 문화의 성숙도를 높여가는 것도 '빨리빨리 문화'를 바꾸는 데 도움이 된다. 결국 변화의 동력은 우리에게 있다.

'닭이 먼저냐 달걀이 먼저냐' 이슈와 비슷하지만 개발 문화의 성숙에 있어서는 문제를 인식하는 것만으로도 대단한 진일보다. 문화란 글이 아니라 경험을 통해 배워야 하고 경험자에게서 배워야 시행착오를 줄인다. 꾸준히 관심을 갖고 익히는 자세가 필요하다.

5.1.3 소프트웨어 개발의 8:2 법칙

소프트웨어 개발에서 가장 중요한 요소는 사람, 즉 개발자다. 그런데 전적으로 개발자에게 의존하는 방식은 효율이 낮고 리스크도 높다. 특히 소수 인력에 의존하는 식으로는 가내 수공업 형태를 벗어나지 못한다.

회사 규모가 크든 작든 회사 시스템 의존도가 낮고 개별 개발자 의존도가 높은 회사는 오히려 개발자를 효율적으로 활용하지 못한다. 개발자들이 퇴사하면 큰 타격을 입고 새로운 개발자가 입사해도 성과를 내기까지 많은 노력과 시간이 필요하다. 또 업무를 개발자의 실력에 맞게 적절하게 분배하지 못하고 한쪽으로 치우쳐 고급 개발자들이 소방수 역할을 하는 경우가 다반사다. 회사 규모는 큰데 여전히 가내 수공업 형태를 못 벗어난 결과다.

이런 현상은 회사가 시스템을 효율적으로 갖추지 못해서 벌어진다. 회사 시스템이란 개별 직원과 대비되는 회사의 전반적인 체계를 말한다. 소프트웨어 회사 또는 소프트웨어를 개발하고 있는 회사라면 갖춰야 할 시스템은 다음의 다섯 가지다. 기술을 갖추고 있어야 하는 것은 워낙 당연하기 때문에 여기서 언급하지 않는다.

- 조직
- 프로세스
- 문화
- 기반시스템
- 문서(스펙)

이 다섯 가지를 잘 갖추고 있다면 특정 개발자에게 의존하는 리스크가 줄고 개발자들도 더 효율적으로 일할 수 있다. 개발자가 이직을 해도 빠른 시간 안에 적응이 가능하다. 이것은 개발자와 회사 모두에게 이익이 된다.

이렇게 되려면 소프트웨어 개발이 시스템에 의존하는 비율이 80% 정도는 되어야 한다. 나머지 20%는 도저히 시스템으로 해결하기 어려운 부분이다. 하지만 대부분의 회사는 8:2가 아니라 2:8 또는 1:9이기 때문에 문제다. 개인 회사이거나 소규모 회사라도 지속적으로 성장하려면 시스템 의존율을 0%에서 시작해 20%, 50%, 80%로 차츰 높여가야 한다. 특정 개발자가 그만두면 개발 경험과 지식도 함께 빠져나가는 경우 회사는 매우 불안정해진다. 회사의 시스템이 워낙 부실한 탓이다.

이런 상황에서는 개발자가 워낙 바빠 신경 쓸 겨를이 없다 보니 상태가 더 악화된다. 단기적으로는 개발자 몸값이 올라가니 좋을 것 같다. 하지만 장기적으로 보면 개발자는 적절한 성장 기회를 얻지 못하고 제자리만 맴돈다. 아키텍처는 신경 쓰지도 못하고 여기저기 불려 다니면서 주로 지루하고 힘든 문제 해결에 투입된다. 멀리 보면 개발자 자신에게도 손해다.

여기에는 다음과 같은 논란이 있을 수 있다.

그럼 개발자가 교체 가능해야 하는 부품이란 말인가?

회사가 시스템을 잘 갖춰야 하는 이유는 개발자를 교체 가능하도록 하기 위한 것이 아니다. 리스크를 줄이고 효율적으로 개발하기 위해서다. 개발 중에는 교체하기 쉬운 일이 있고 어려운 일이 있다. 쉽게 교체되는 일까지 회사 핵심 개발자들의 시간을 빼앗으면 안 된다. 회사 핵심 개발자들은 중요한 일을 해야 한다.

그러자면 쉬운 일과 과거에 해놓은 일을 다른 사람이 할 수 있는 시스템이 필요하다. 그렇게 되면 핵심 개발자가 퇴사해도 유지보수에 큰 문제가 없다. 그러나 핵심 개발자가 퇴사하면 미래의 중요한 프로젝트에 타격을 입기 때문에 개발자의 가치는 결국 커진다. 물론 아주 작은 회사는 상황이 다르다.

비싼 시스템을 갖춘 기업이 소프트웨어 개발을 더 잘 해야 하는 것 아닌가?

시스템은 회사의 상황과 사원의 역량에 알맞게 갖춰야 한다. 하지만 큰 회사들은 여기서 균형을 맞추지 못하는 경우가 많다. 프로세스를 과도하게 복잡하게 하고 다루기도 힘든 고가 시스템을 구축해서 이용하기는 하지만 효율성 측면에서 개발 문화가 한참 뒤처진다. 이쯤 되면 프로세스는 형식화되고 고가 시스템은 장식에 그친다. 개발 효율로 따지면 주먹구구식보다 못하기도 하지만, 일종의 보험과 같아서 고가 시스템을 쉽게 포기하지도 못한다.

소프트웨어 회사가 갖추어야 할 시스템, 즉 조직, 프로세스, 문화, 기반시스템 그리고 문서는 교과서에 표준이 정해져 있는 것이 아니다. 회사 규모와 특성, 사원 역량과 수준 등에 따라 유연하게 조정해나가야 하며 이들보다 크게 뒤처지거나 앞서면 일의 효율을 떨어뜨리고 회사의 발전을 저해한다.

회사에 개발자가 한 사람이라면 혼자서 모든 일을 하지만, 10명, 30명, 100명으로 늘면 그때마다 조직 구성이 달라져야 한다. 하지만 많은 회사들이 규모에 비해 이런 구분 없이 개발자에게 과다한 일을 맡긴다. 보통 회사가 커지면 테스트, 빌드, 시스템 관리, 기술 지원, 고객 지원, 영업 지원 같은 일은 전담 조직으로 분리해야 한다. 어려운 점은 적절한 시점에 적절한 규모로 재조직해야 한다는 것이다.

그럼 프로세스는 어떤가? 여기에도 극과 극이 있다. 명시적인 프로세스가 아예 없거나 너무 복잡한 경우다. 프로세스는 최대한 단순하고 자유도를 높이면서도 핵심 요소들이 빠지지 않게 해야 한다. 이 또한 회사의 역량이 높아짐에 따라 계속 바뀌게 된다.

많은 회사들이 열악한 개발 문화와 빈약한 역량을 고가 기반시스템이 해결할 것이라 착각한다. 꼭 필요한 기반시스템도 있지만 오히려 해가 되는 시스템이 훨씬 더 많다. 소수의 필수 시스템을 제외하고는 적절한 시점에 필요할 때 사용하면 된다. 꼭 고가 시스템이 아니어도 된다. 개발자당 1년 사용료가 수백, 수천만 원에 이르는 종합선물세트 시스템을 구축해놓고 몇 개 기능만 쓰는 경우가 많다. 툴로는 결코 문화나 역량의 부족분을 메꿀 수 없다.

역의 경우도 문제인 것은 마찬가지다. 필수 기반시스템 하나 없이 주먹구구식으

로 개발하고 있다면 좋은 오픈소스 기반시스템이 많으므로 현명하게 선택한 뒤
꼼꼼한 가이드를 받아 사용하길 권한다. 이 경우는 바로 앞에서 설명한 과도한
경우보다 개선하기가 더 쉽다.

회사 규모에 맞게 안정적으로 꾸준히 역량을 향상시키려면 개발자에게만 책
임을 지울 것이 아니라 회사도 노력해야 한다. 꾸준한 투자와 변화는 필수다.
지난해와 올해에 조직, 프로세스가 똑같고 변화를 위해 투자한 것이 전혀 없
다면 회사는 책임을 회피하고 있는 것이다. 리스크를 줄이고 개발자가 더 효
율적으로 일할 수 있는 환경을 만들려면 회사가 80%를 갖출 수 있도록 노력
해야 한다.

5.1.4 서열 문화

상명하복식 서열 문화는 스펙을 작성하는 역량의 함양에 큰 방해가 된다. 우
리나라는 옛날부터 서열을 매우 중시해왔다. 사람들이 모이면 나이를 비교해
서열을 정한다. 회사에서도 대리, 과장, 부장이 되려고 열심히 일한다. 직급에
따라 업무가 달라지고 급여도 서열에 비례한다. 물론 많은 변화가 있었지만
뿌리 깊은 서열 문화는 여전히 견고하다.

소프트웨어 산업에서도 서열 문화는 조직 문화에 많은 영향을 주었고 그로 인
해 많은 문제와 생산성 저하를 불러일으켰다. 소프트웨어 개발자도 직급에 따
라 서열화되며 주로 윗사람이 일을 시키고 아랫사람은 시키는 대로 일하는 형
태가 많다. 이러한 수직적 조직 문화는 소프트웨어 개발에 적합하지 않다. 자
율성과 창의성을 발휘해야 할 소프트웨어 개발 현장에서 수직적 조직 문화는
자칫 창의력을 저해하고 수동적 마인드를 형성할 수 있다.

소프트웨어 개발에 적합한 효율적인 조직은 수평적 조직이다. 각자 역할을 나눠 일하지만 상하 관계는 아니다. 업무도 수평적으로 전문화된다. 역할은 프로젝트 규모에 따라 세분화되기도 하고 크게 몇 개로 나뉘기도 한다. 큰 프로젝트에서는 많은 역할로 나뉜다. 소프트웨어 아키텍트, 프로그래머, 프로젝트 매니저, 프로덕트 매니저, 리스크 매니저, 빌드 엔지니어, 테크니컬 라이터 등 여러 역할이 있지만 이들은 상하 관계가 아니다. 전문화된 일을 하는 것이다.

그런데 수직적 조직 문화가 고착된 소프트웨어 회사에서는 수평적 조직에서 사용하는 명칭과 비슷한 명칭을 사용한다고 하더라도 수직적 관계가 그대로 유지된다. 윗사람이 시키고 아랫사람이 따르는 방식으로 일한다. 그리고 전문적인 역할 구분 없이 윗사람이 모든 것을 결정할 권한을 갖는다.

개발자는 신참이나 고참이나 모두 소프트웨어 엔지니어다. 고참이 되면 자연적으로 시니어 엔지니어가 되는 것이다. 과장, 부장이나 연차에 따라 책임자, 수석이 되는 것은 서열 중심 조직에서 나타나는 현상이다. 물론 회사 대표 개발자에게는 수석 사이언티스트chief scientist, 펠로우 엔지니어fellow engineer 등 특별한 직함이 붙을 수 있지만 모두 소프트웨어 엔지니어다. 그 외에 테크니컬 스티어링 커미티technical steering committee나 아키텍트 그룹architect group 등의 조직이 있을 수 있지만 능력과 경험에 따른 역할의 구분이지 이들을 상관으로 생각하지는 않는다.

서열은 부서 간 커뮤니케이션에도 많은 영향을 미친다. 종종 합리적인 결정보다 서열에 의한 결정이 우선시된다. 대리급 개발자가 영업부장의 입김에 눌려 합리적인 결정을 못 하기도 한다. 이렇게 서열 문화는 생산성을 떨어뜨리고 개발자의 전문성 향상을 저해한다.

최근에 몇몇 신생 회사에서 서열 파괴를 시도하고 있다. 직원들 간 직급을 모조리 없애고 이름을 부르며 나이와 상관없이 모두에게 존칭을 사용하는 것이다. 이러한 시도는 상당히 긍정적으로 평가된다. 물론 부작용이 없는 것은 아니다. 연공서열을 철폐했을 뿐이지 나이 어린 사람이 또 윗사람이 되어 서열화되는 역의 경우도 발생한다. 결국 서열을 없애고 조직을 수평화하는 것은 제도만으로 완성되는 것이 아니다. 조직이 전문화되고 전문가를 우대하는 문화도 함께 정착되어야 한다. 각자 역할에서 전문가로 성장할 수 있고 관리자를 넘보지 않아도 대우받으며 일할 수 있어야 한다.

소프트웨어 산업은 여러모로 특수하다. 다른 어떤 산업보다 복합적이며 예술적이다. 서열에 의한 역할 분담이나 지시에 의한 업무 수행은 소프트웨어 개발에 적합하지 않다. 서열이 아니라 각자의 특성, 실력에 따라 동등하게 일을 분담하는 수평적 조직 문화가 제격이다. 수평적 조직이라도 다 같이 똑같은 일을 하는 것은 아니다. 일반적으로 고참은 더 어려운 일을 하고 리뷰도 많이 한다. 대우에도 서열이 아닌 실력을 기준으로 차등을 두어야 한다. 그러자면 모든 개발자의 실력과 성과가 투명하게 드러나야 한다.

결국 서열을 없애고 수평적 조직을 만들기 위해서는 개발 방식 자체를 바꿔야 한다. 조직뿐만 아니라 프로세스, 시스템도 함께 바꿔야 한다. 제도만 바꾸는 것은 폐가에 페인트칠만 새로 한 것과 다름없다. 문화란 서로 얼키설키 연결되어서 하나만 바꾼다고 될 일이 아니다. 인내심을 갖고 문화를 같이 바꾸어가는 꾸준한 노력을 해야 한다.

5.1.5 전문가 문화

여기 집을 만들고 있다. 그런데 어떤 사람이 "저는 설계도 할 줄 알고 목수, 미장에 벽돌도 잘 쌓아요. 제게 맡겨주면 제가 다 할 수 있습니다"라고 얘기한다고 하자. 어떤 생각이 드는가? '정글의 법칙' 출연진이 집을 아무리 잘 짓더라도 그들에게 내가 살 집을 맡기기에는 불안하다. 공정 하나하나가 얼마나 전문적이고 어려운지 일반인도 잘 알기 때문이다. 설령 다 할 줄 아는 사람이 있더라도 설계사에게 벽돌도 쌓으라고 하면 비용이 더 들고 비효율적이라는 것은 누구나 다 알 것이다.

운동선수를 뽑으려고 한다. 한 지원자가 "저는 농구, 축구, 야구 모두 잘합니다"라고 말한다고 하자. 프로선수를 뽑는데 이 지원자를 선택하겠는가? 초등학교에는 이런 수재가 있다. 하지만 프로 세계에서는 어림도 없다. '농구의 신' 마이클 조던도 야구선수로는 별 볼 일 없다는 것을 잘 알 것이다.

범위를 좁혀 프로 축구선수를 뽑는다고 하자. 지원자가 공격, 수비, 골키퍼를 모두 잘한다고 주장하거나 프로 야구선수가 투수, 포수, 1루수, 유격수, 외야수, 지명타자까지 다 할 수 있다고 하면 그 사람을 최고의 실력자로 생각하지는 않을 것이다.

그런데 소프트웨어 현장에서는 모든 것을 다 잘하는 만능 선수가 각광받고 한 우물을 깊게 판 전문가는 조명을 받기는커녕 알아주지도 않고 인기도 없다. 소프트웨어는 앞에서 언급한 다른 분야에 비해 덜 복잡하고 더 쉬운 분야가 아니다. 영화를 제작할 때 카메라, 조명, 작가 등 전문가로 나눠지듯 소프트웨어에도 이에 못지않은 전문분야가 있다. 대부분 잘 알고 있는 QA 분야를 비롯해 테크니컬 라이팅, DB 관리자, 데이터 분석가, 테크니컬 마케팅, 국제화 전문가, UX 전문가, 번역가, 아키텍트뿐만 아니라 도메인과 특정 기술 분야마다 매우 다양한 전문가가 있다.

회사마다 필요한 전문분야도 다르다. 물론 뛰어난 소프트웨어 개발자는 여러 분야를 두루 잘 알지만 그 모든 분야의 전문가는 아니다. 잘해야 한두 가지 분야의 전문가일 뿐이다.

그런데 왜 전문가에 대한 사회적 인식이 낮고 대우가 소홀한 걸까? 주된 이유는 우리나라에서는 프로젝트를 크든 작든 가내 수공업 식으로 개발하기 때문이다. 물론 모든 회사가 그렇다는 것은 아니다. 그러나 의외로, 개발자가 수천 명인 회사인데 안을 들여다보면 수많은 가내 수공업팀이 오밀조밀 모인 집합체에 불과한 경우가 많다.

회사가 작을 때는 한 개발자가 많은 일을 해야 하므로 만능 개발자를 선호하고 그런 개발자가 회사 발전의 원동력이 된다. 그런데 회사가 대단히 커졌는데도 여전히 만능 개발자만 선호하고 개발자가 개발 과정의 모든 일을 도맡는 경우가 많다. 물론 개발자는 여러 분야의 일을 다 할 수 있지만 전문가보다 더 잘할 수는 없다. 개발자는 전문분야가 따로 있다. 대충 할 줄 아는 사람과 전문으로 하는 사람은 하늘과 땅만큼 큰 차이가 있다. 당연히 개발하는 제품의 품질에서도 차이가 난다.

이런 일이 발생하는 이유는 소프트웨어 전 개발 과정의 전문성을 완전히 이해하는 사람이 회사에 없기 때문이다. 그래서 전문가라 하더라도 막상 입사해서는 자기의 전문분야와 무관한 일을 하게 될 확률이 높다. 주변에서 이런 사례를 꽤 자주 본다. 이미지 프로세싱 관련 개발 10년차로 한국에 스카우트된 인도 개발자를 만난 적이 있다. 한국 회사는 전문분야 일을 하게 해주겠다고 약속했지만 현재 일반 UI 개발을 몇 년째 하고 있으며, 이번 계약이 끝나는 대로 바로 인도행 비행기를 타겠다고 한다.

만능 개발자만 100명 있는 조직보다는 일반 개발자가 80명이고 20명은 각 분야 전문가로 구성된 조직이 훨씬 더 효율적이고 제품의 질도 더 좋을 것이다. 특히 스펙을 작성할 때는 매우 다양한 관점으로 분석해야 하기 때문에 각 분야 전문가가 많을수록 좋다. 회사 규모에 맞게 적절한 전문가를 채용하고 양성해야 한다. 우리가 흔히 알고 있는 전문분야도 있고 소프트웨어 전문가가 아니면 모르는 전문분야도 있다. 필요한 전문분야도 회사마다 다를 수 있다. 작게 시작해 크게 성장한 회사라면 적정 시점에 전문분야로 분리해야 한다.

5.1.6 계약 문화

나는 소프트웨어 분야에서 여러 차례 계약을 성사시킨 경험이 있다. 특히 한국, 일본, 미국의 계약 문화를 두루 겪어봤다. 회사 설립에 대한 계약도 체결해보고 프로젝트 계약도 많이 했다. 그 과정에서 나라마다 계약 문화가 매우 다르다는 것을 알게 됐다. 어찌 보면 계약만의 문제는 아닌 것 같다. 일상의 약속, 구두 계약에서도 비슷한 일이 벌어진다.

한국에서는 선비정신과 의리문화 영향인지 몰라도 돈에 관해 직접적으로 말하기를 꺼리는 경향이 있다. '좋은 게 좋은 것'이라는 말이 있듯 서로 좋은 얘기만 하려고 한다. 계약 조건을 꼼꼼하게 검토하고 조목조목 물으면 너무 깐깐하다며 눈총을 주기도 한다.

하지만 미국의 계약 문화는 달랐다. 나도 처음에는 이질감을 느껴 당황스러웠다. 사적으로 친분이 두텁더라도 계약할 때는 냉정할 정도로 치밀했다. 어색할 정도로 금액에 대한 얘기도 까다롭고 꼼꼼했다. 잘못될 경우에 대해서도 서슴지 않게 언급해서 친분에 금이 갈 것 같았다. 물론 내가 경험한 미국인과의 계약이 전체를 대표하는 것은 아니다. 어쨌든 결과적으로, 철저한 계약은 일이 잘되든 잘못되든 문제의 소지가 별로 없었고 인간관계도 변함없었다. 한국에서 약속이나 계약이 틀어지면 인간관계까지 깨지는 경험을 했는데 그와는 사뭇 달랐다.

그 뒤로도 한국에서 계약을 여러 건 했지만 한국 문화를 거스르기는 어려웠다. 하지만 나름대로 정확하게 하고 문제의 소지를 없애기 위해 노력하고 있다. 한국의 계약 문화는 사회 전체에 만연한 여러 관습의 복합체라서 혼자서 바꾸기가 어렵다. 그렇다 해도 문제 인식이 문제 해결의 시작이다. 무엇이 문제인지 같이 생각해보자.

계약 전에 일 시작하기

계약을 하기도 전에 일을 시작하는 것은 비일비재하다. 이유는 여러 가지다. 계약 절차가 복잡해서 늦어진다고 핑계를 대기도 하고 담당자가 미리 꼼꼼하게 챙기지 않아서 늦어지기도 한다. 그래도 빨리빨리 문화가 몸에 배서 일단 일부터 시작하자고 한다.

가끔은 일부러 계약을 늦추기도 한다. 어차피 계약은 성사될 것이라고 하지만 계약이 늦어지면 불리한 쪽은 외주사이고 나중에는 계약 조건을 꼼꼼히 따지기도 어려워진다. 계약금도 제때 받지 못하고 프로젝트가 아예 취소되기도 한다. 지급을 늦출수록 이자만큼 차익이 발생하기 때문에 고의적으로 지연하는 회사도 있지만 이자의 차익과 신뢰의 상실이라는 득실 중 어느 것이 회사에 미치는 영향이 더 큰지는 깊이 숙고해볼 일이다.

이런 현상은 외주 프로젝트뿐만 아니라 스타트업 내에서도 벌어진다. 의리에 매여 애매하게 시작했다가 회사가 잘되면 서로 생각이 달라져 문제가 되기도 한다. 이때 손해를 보는 쪽은 보통 개발자다. 사람 마음은 화장실 들어갈 때와 나올 때 달라지기 때문에 들어가기 전에 확실히 정해야 한다.

범위를 정하지 않고 계약하기

얼마 전 미국의 한 개발자가 자기가 해야 할 일을 임금이 낮은 외국 개발자에게 외주로 주고 정작 자신은 취미 생활을 즐긴 일이 화제가 됐다. 이런 일이 우리나라에서도 가능할까? 쉽지 않을 것이다. 그러려면 내부 개발이라도 스펙이 명확하고 투명하게 개발되어 있어야 하기 때문이다.

이런 에피소드를 우습게만 생각할 게 아니다. 외국에서는 한 명의 개발자도 외주를 줄 수 있을 만큼 체계적으로 진행되는데, 우리나라에서는 수백 억짜리 프로젝트가 스펙도 제대로 정하지 않고 진행되는 경우가 허다하다. 일정과 예산이 이미 확정된 상태에서 프로젝트를 진행하면서 스펙을 정하게 되면 초기 예상보다 범위와 비용이 크게 늘어나는 것은 다반사고 많게는 3~4배를 초과하기도 한다.

예전에 같이 일했던 미국 개발자에게서 들은 얘기다. 국내 대기업의 외주 프로젝트를 맡은 적이 있는데, 회사 측에서 스펙도 없이 대충 프로젝트를 시작하길래 스펙을 자세히 적어 보여주었다. 그런데도 담당자는 스펙에 별 관심을 보이지 않았고 작업이 진척되면서 공유하는 내용도 확인하지 않았다. 그렇게 스펙대로 완성한 소프트웨어를 보여주니 그때서야 담당자는 자신이 원하는 제품이 아니라며 어이없게도 기능 변경을 계속해서 요청했다. 그 개발자는 그 뒤로 한국과는 프로젝트를 같이 하지 않는다고 한다. 한국에서는 비일비재한 일이 미국인에게는 납득되지 않는 비상식적인 일이다.

모호하게 계약하기

수많은 중소기업과 외주 개발사를 괴롭히는 문제로 계약서에 상세한 스펙을 기술하지 않고 계약을 체결하는 것이다. 이런 현상은 내부 개발을 할 때도 발생한다. 하지만 그때는 서로 대화하면서 조정해나가고 일이 진척되면서 필요한 과정을 보완해 개발을 무사히 끝내기도 한다. 하지만 외주 프로젝트를 이런 식으로 진행하면 내부 개발보다 문제가 몇 배 더 커진다. 스펙이 모호하면 동상이몽을 꾸기 마련이고 결과물이 발주사의 애초 생각과 확연히 다르면 소송으로 이어지기도 한다.

스펙을 대충 정하고 개발을 시작한 후 발주사가 원하는 대로 언제든지 기능 변경을 요구하면서 개발하는 방식도 이와 비슷하다. 발주사는 아무 때나 기능 변경을 강요하고 외주사는 어쩔 수 없이 수용해야 하는 경우가 많다. 원래는 계약을 한 줄만 바꿔도 재계약을 해야 하지만 우리나라에서는 상상하기 쉽지 않은 일이다. 프로젝트 완료 후 검수조건이 모호한 것도 마찬가지다. 명확한 조건을 가지고 검수하는 것이 아니어서 담당자 개인 취향에 맞지 않으면 검수를 통과하지도 못한다.

스펙이 모호하면 이런저런 문제가 생기는데, 보통 사용자 인터페이스나 기능보다 비기능 요구사항에서 더 큰 문제가 발생한다. 비기능은 일반적으로 자세히 언급하지 않기 때문에 누락되기 쉽고 문제가 되면 시스템을 일체 버리고 다시 만들어야 할 정도로 손해가 막대하다. 비기능 요구사항은 성능, 보안성, 안정성, 가용성, 이식성, 유지보수성, 확장성, 표준, 제약사항 등 셀 수 없을 정도로 많고 프로젝트마다 가중치를 두는 부분이 다르다.

표현 방법이 문제가 되기도 한다. '~을 지원한다', '효율적이어야 한다', '편리해야 한다' 등과 같이 측정이 불가한 모호한 문구는 언제든 문제가 된다. 또 사람에 따라 다르게 해석되는 문구가 있는지 주의깊게 살펴보고 뜻을 명확하게 전달하도록 표현해야 한다.

계약은 종이일 뿐

이와 같은 잘못된 계약 문화에서는 수많은 프로젝트가 소송에 걸려 일을 하지 못할 것이다. 물론 분쟁에 휘말려 폐업한 회사도 많지만 모든 문제가 소송으로 이어지는 것은 아니다.

소송이 아닌 다른 방법, 예를 들면 접대로 풀기도 하고 인맥으로 해결하기도 한다. 프로젝트 실패가 발주사 담당자 피해로 전가될 수 있기 때문에 유야무야 성공한 프로젝트로 탈바꿈하기도 한다. 이렇다 보니 계약에 문제가 있어도 나중에 풀면 된다는 생각으로 계약을 대충한다.

이처럼 사람들의 의식에 자리잡아 관행이 되어버린 잘못된 계약 문화는 소프트웨어의 개발 효율뿐만 아니라 인력의 역량 향상을 저해하며, 수많은 중소기업과 외주사를 괴롭히는 근본 요인이다.

5.2 잘 작성한 스펙의 혜택

소프트웨어 프로젝트에서 스펙을 잘 작성하면 혜택이 많다. 관계자들 간의 협력을 끌어내고 프로젝트를 체계적으로 관리하며 아키텍트와 신참 개발자 등의 인재 양성에도 유리하다. 무엇보다 회사의 사활이 걸린 프로젝트의 성공확률이 대거 높아진다. 또한 프로젝트 종결 후에도 제품의 유지보수가 용이하며 글로벌 회사를 상대할 역량을 갖추게 된다. 결과적으로 자원과 비용을 최소화하고 효과를 최대화해 주는 스펙 작성의 혜택에 대해 자세히 알아보자.

프로젝트 성공 확률이 커진다

거의 모든 프로젝트는 시간이 모자라고 일정 부족은 프로젝트 실패의 가장 큰요인이다. 하지만 스펙을 잘 작성한다는 의미는 프로젝트가 빨리 끝난다는 것과 일맥상통한다. 반대로 프로젝트를 빨리 끝내는 데 도움이 안 되는 스펙은아무리 자세히 적어도 잘 작성한 스펙이라고 볼 수 없다. 잘 작성된 스펙하에진행되는 프로젝트는 자원과 비용이 적게 든다. 소통 오류가 줄고 기껏 개발해놓은 모듈을 재작업하는 일이 적어지기 때문이다. 그래서 사내에서 프로젝트에 대한 신뢰도가 높아지며 경영진이나 영업팀은 프로젝트가 당초 계획대로 완료된다는 믿음을 가지고 운영이나 판매 활동을 펼칠 수 있다. 또 고객과의 약속을 지키고 비즈니스 안정성도 높아진다.

인식이 제고되고 협력이 강화된다

스펙은 혼자서 잘 적을 수 없다. 여러 관계자들이 각자 분야에서 필요한 내용을 제공하고 필요시 일부 내용을 적어주는 등 협력해야 한다. 또 이 과정에서스펙의 중요성에 대한 인식이 제고되어 작성한 스펙을 신중하게 리뷰하게 된다. 스펙의 중요성을 공감하지 못하면 누군가 스펙을 리뷰해 달라고 하더라도 건성건성하고 나중에 딴소리를 한다. 하지만 스펙의 중요성을 깊이 실감한다면 스펙을 리뷰할 때 대충 훑어보거나 바쁘다고 생략하지 않는다. 한 글자씩 꼼꼼히 리뷰하고 특히 자기 업무와 관련된 내용이라면 최선을 다해 면밀히 검토한다.

프로젝트를 체계적으로 관리한다

잘 작성된 스펙에는 잠재적인 프로젝트 리스크도 적시되기 때문에 프로젝트 진행 시 리스크 관리로 바로 연결된다. 또한 컴포넌트가 체계적으로 적절하게 나눠져서 프로젝트팀을 작은 단위로 관리하기가 쉽고 팀 간의 종속관계가 최소화되어 프로젝트 복잡도가 감소한다. 분석 단계에서 검증이 필요한 기술은 불확실성을 제거하고 고객 요구사항을 확실히 하기 위해 프로토타입을 만들어 고객에게 직접 확인받는 절차를 거치기도 한다. 그래서 프로젝트 내의 불확실성이 상당히 많이 제거되고 프로젝트 작업 내용이 분명하게 명시된다. 스펙은 프로젝트 계획을 세우는 데 많은 정보를 제공하고 프로젝트를 체계적으로 관리할 수 있도록 하며 프로젝트 성공에 결정적 기여를 한다.

아키텍트를 양성한다

프로젝트를 진행할 때마다 스펙을 작성하는 것이 관례화되면 자연적으로 아키텍트가 성장한다. 스펙을 작성하는 과정은 누군가가 골방에 들어가 골몰하다가 스펙을 완성해 나오는 것이 아니다. 한 사람이 주도하지만 많은 이해관계자들과 토론하고 의견을 수렴해 정리하며, 컴포넌트를 나누고 리뷰 피드백을 받아 아키텍처를 발전시켜나간다. 이렇게 직접 스펙을 작성하는 과정을 거치면서 자연스럽게 아키텍트가 탄생한다. 집체교육을 통해 아키텍트를 양성하는 것보다 훨씬 더 효율적이다. 바쁘다고 매번 주먹구구식으로 개발하거나 형식적으로 프로세스를 따르면 아키텍트는 발굴되지 않는다.

유지보수가 쉬워진다

소프트웨어는 오래될수록 유지보수가 어려워진다. 소프트웨어 구조가 점점 복잡해지고 바쁘다고 꼼수를 거듭하면서 쓰레기 코드가 되어가곤 한다. 또한 최초의 개발자가 유지보수를 한다면 그나마 다행이지만, 신입이나 주니어 개발자들이 내용도 모르고 유지보수에 투입되면 이상한 구조로 바꿔놓기 일쑤다. 스펙을 잘 작성해 개발한 프로젝트는 소프트웨어 구조가 잘 문서화되어 있다. 또한 컴포넌트가 잘 나눠져서 유지보수 단계에서 전체 구조를 망가뜨리지 않는다. 그렇다고 천년 만년 가는 아키텍처는 없지만, 5~10년 후 차세대 소프트웨어로 바뀌기 전까지 잘 버틸 것이다.

후배를 가르치기 쉽다

우리나라 소프트웨어 회사에서는 후배가 들어오면 선배는 많은 시간을 교육에 빼앗긴다. 하지만 종래에 소프트웨어 스펙을 잘 작성해두었다면 그 문서 하나하나가 후배에게는 좋은 교과서가 된다. 많은 시간을 옆에 앉혀 놓을 필요 없이 가르칠 것의 90%를 문서를 통해 스스로 배우게 할 수 있다. 그런 자가학습 후에 소프트웨어에 대해 어느 정도 알게 되면 나머지는 구멍 난 퍼즐 조각처럼 조금씩 알려줘서 채워나가면 된다.

회사가 경쟁력을 가질 수 있다

물론 스펙만 잘 작성한다고 글로벌 소프트웨어 회사와 견줄 경쟁력을 갖출 수는 없다. 스펙 작성은 충분조건이 아니라 필수조건이다. 우리나라 회사들은 글로벌 회사들과 전략적인 제휴를 할 때 제휴사가 요구하는 프로세스와 문서를 매우 어려워한다. 역량과 관행이 한참 못 미치는데 결과만 따라 해야 하기 때문이다. 하지만 스펙을 꾸준히 작성하면서 역량을 키우고 이력을 쌓아간다면 글로벌 제휴 시 의연하게 대응할 수 있다. 이렇듯 스펙을 잘 작성하는 것은 대부분의 글로벌 회사에서 자연스러운 일이다. 방법론과는 상관없다. 스펙을 작성함으로써, 어쩌면 글로벌 회사가 될 수 없는 장애 요인을 하나 없앴다고 할 수도 있겠다.

5.3 좋은 관행 만들기

스펙 작성 역량을 확보하는 데는 오랜 시간이 걸린다. 회사는 역량을 기르는 좋은 관행을 정착시켜야 하고 개인은 분석, 설계 아키텍트로 발돋움할 습관과 경험을 차곡차곡 쌓아야 한다. 개인과 회사 각각의 관점에서 어떠한 관행, 경험, 습관을 가지는 것이 좋은지 살펴보자.

개인의 좋은 습관

- 글을 쓰는 습관을 들인다.

  일단 글을 많이 써야 한다. 혼자만의 글을 쓰지 말고 글을 통해 타인과 소통하고 다른 사람의 피드백을 받아야 한다. 지금은 바빠서 글을 못 쓰지만 일단 쓰기만 하면 잘 쓸 수 있다는 착각에서 깨어나야 한다. 생각을 글로 표현하는 습관을 가져야 한다. 그러다 보면 그 일이 쉽지 않음을 알게 될 것이다. 개발자는 일반인이 이해하기 어려운 글을 쓰는 것으로 악명 높다. 그러나 많이 써보고 많은 피드백을 받다 보면 글 쓰는 거부감도 줄고 시나브로 실력도 는다. 개발 문서 작성도 결국 글을 쓰는 능력이 뒷받침되어야 한다.

- 공유를 생활화한다.

  공유는 귀찮은 일이다. 내가 알고 있는 것을 다 공유하면 왠지 손해를 보는 것 같고 나만 알고 있는 것을 꽁꽁 숨겨야 내 가치가 올라가는 것 같다. 의도를 했건 그렇지 않았건 간에 이런 사람들이 회사에 많으면 회사는 잘 굴러가지 않는다. 게다가 자신도 모르게 개발자로서 나쁜 습관을 익히게 된다. 스펙을 작성하는 일은 여러 사람의 지식과 경험을 동원하는 일이다. 그래서 여러 사람이 공유하는 습관을 가져야 잘 동작한다. 남 탓을 하지 말고 자신부터 공유하는 습관을 가져야 한다. 공유를 하려면 글을 써야 하기 때문에 더불어 글을 쓰는 습관도 길러진다.

- 다른 프로젝트의 스펙도 리뷰한다.

바쁘다고 내 일만 하다 보면 성장은 쉽지 않다. 자신이 직접 스펙을 작성하면 실력이 늘지만, 다른 사람이 작성한 스펙을 리뷰하면서도 실력이 늘고 시야가 넓어진다. 또 다른 스펙을 리뷰하는 과정만 지켜봐도 많은 것을 배운다. 이런 과정에서 배우는 것은 결코 책에 나오지 않는 것들이다. 개발자는 보통 시간에 쫓기기 때문에 다른 프로젝트의 스펙을 리뷰하는 것이 쉽지 않다. 하지만 시간을 내서 성의껏 리뷰해야 한다. 건성으로 훑어보는 것은 도움되지 않는다. 남도 돕고 나도 성장하는 일석이조다.

- 다양한 프로젝트의 경험을 쌓는다.

익숙한 특정 분야의 소프트웨어만 개발하려고 하는 개발자들이 있다. 물론 그러면 편하고 생산성도 높다. 하지만 소프트웨어 개발은 한 분야만 잘 해도 되는 운동과 다르다. 소프트웨어 분석, 설계 아키텍트가 되려면 여러 분야에서 풍부한 경험을 해야 한다. 다양한 개발 언어, 플랫폼, 소프트웨어 종류, 국가, 분야를 겪어봐야 한다. 생소한 분야와 낯선 기술을 배우고 프로젝트에 적용하려면 수고가 따른다. 하지만 익숙한 것만 고집하면 발전은 없다.

- 뛰어난 개발자와 같이 일해본다.

개발자들은 같이 일하면서 서로 배운다. 하지만 자존심이 강한 개발자들은 프로젝트에서 자기보다 뛰어난 사람과 같이 일하기를 꺼린다. 사람은 자기보다 잘난 사람에게서 배우지만 자기보다 부족한 사람에게서도 배울 것이 있다. 개발자들은 경험이 다양하기 때문에 같이 일하면 분명 배울 것이 많다. 개발자만이 아니라 다양한 분야의 전문가와 일하면 유익하다. 보안, 3D, 마케팅, ERP, 회계 등 다양한 분야 전문가와 일하면서 얻은 지식은 분석, 설계 아키텍트의 밑거름이 된다.

회사의 좋은 관행

- 개발자의 커리어를 보장한다.

분석, 설계 아키텍트가 되는 데는 적어도 10년이 걸린다. 회사에서 10년을 투자해 아키텍트로 키워놨더니 이직을 한다. 그래도 상관없다. 아키텍트를 키울 수 있는 관행과 역량이 있다는 것이 중요하다. 그런데 개발자 커리어를 보장하지 않고서는 이런 토양을 만들 수 없다. 개발자가 원하면 언제까지나 개발자로 남을 수 있어야 한다. 개발과 관리를 분리하지 못하고 고참 개발자에게 관리를 맡긴다면 회사 입장에서는 그동안 투자한 것을 일거에 날리는 셈이다. 관리는 관리 전문가에게 맡기고 개발자에게는 개발을 시켜야 한다. 그래야 그 안에서 출중한 분석, 설계 아키텍트가 나오게 된다.

- 기술위원회를 운영한다.

소프트웨어 기술 분야는 워낙 방대해 한 사람이 모든 일을 알고 결정할 수 없다. 그렇다고 각 팀, 각 프로젝트에서 알아서 결정하기에는 리스크가 너무 크다. 그래서 사내에서 각 분야의 기술을 대표하는 개발자들이 모여 논의하고 결정하는 기술위원회를 운영해야 한다. 경영진은 기술위원회의 기술적인 결정을 존중해야 한다. 아키텍트로 성장할 후보 개발자들은 주로 기술위원회에 참여해서 많은 기술적인 이슈를 접하며 지식과 경험을 쌓을 수 있다.

- 전문가를 우대한다.

성숙한 소프트웨어 회사의 특징은 전문가를 우대한다는 것이다. 스펙을 리뷰하더라도 전문가의 관점으로 리뷰해야 한다. 뭐든지 다 알고 모든 결정을 할 수 있는 전지전능한 개발자는 없다. 전문가를 우대하는 관행은 많은 전문가를 배출하고 전문가가 많으면 프로젝트 분석이 잘 되고 성공 확률이 커진다.

- 프로세스를 효율적으로 유지한다.

프로세스는 만능 해결사가 아니다. 그렇다고 프로세스가 없거나 미흡하면 안 된다. 프로세스는 회사의 특징, 수준, 분야와 직원의 수준에 맞게 잘 만들고 잘 유지해야 한다. 좋다고 남들이 하는 프로세스를 따라 하면 몸에 맞지 않는 옷을 입은 것처럼 거북하고 효율은 오히려 떨어진다. 모든 업무를 프로세스화하는 것도 어렵다. 회사마다 다르겠지만 소프트웨어 회사에서 프로세스 효율은 상황에 따라 매우 다르기 때문에 꼭 지켜야 할 것을 최소화해 정의하는 것이 좋다.

- 좋은 개발 문화 형성을 위해 노력한다.

프로세스가 좋은 소프트웨어를 만들어주지는 않는다. 아무리 좋은 개발자들이 있어도 좋은 개발 문화 환경이 없다면 좋은 소프트웨어를 만들기 어렵다. 좋은 개발 문화는 저절로 생기지 않는다. 시간과 인내라는 대가를 지불해야 한다. 회사의 좋은 관행은 대부분 좋은 개발 문화에서 배양된 것이다. 단기 성과에 급급해 처리하는 거의 모든 일은 개발 문화의 발전에 역행한다. 단기 성과가 중요하지 않다는 것이 아니다. 성과를 내면서도 좋은 개발 문화를 만들어가는 방법은 얼마든지 있다. 균형 잡힌 시각이 필요하다.

5.4 전사 아키텍처 전략을 선도하는 기술위원회

스펙을 작성할 때는 수많은 기술적인 결정을 마주한다. 엔지니어 한 사람이 알고 있는 지식은 한계가 있다. 혼자서 스펙을 작성한다면 한 명의 지식과 경험이 반영될 수밖에 없는데, 그렇게 해서는 효율적인 스펙이 될 수 없다. 그렇다고 한 명 한 명 찾아다니면서 물어볼 수도 없다. 그래서 필요한 것이 바로 회사의 '기술위원회'다.

기술위원회는 회사마다 이름이 다양하여 테크니컬 스티어링 커미티technical steering committee, 아키텍트 그룹 등 여러 이름으로 불린다. 기술위원회는 각 그룹의 최고 기술자로 구성되고 타 부서의 회의와 검토에 참여하며 전사 차원에서 아키텍처와 기술적인 전략을 결정한다.

기술위원회의 일원으로만 활약하는 사람도 있지만 기술위원들은 대부분 본연의 업무를 수행하고 약 20~50%의 시간만 위원회 업무에 할애한다. 이들은 수석 소프트웨어 아키텍트chief software architect, 수석 사이언티스트chief scientist, 펠로 엔지니어fellow engineer, 수석 엔지니어chief engineer, 석학 엔지니어 distinguished engineer 등 여러 가지 직함으로 불린다.

기술위원회는 회사의 주요 프로젝트의 스펙 리뷰에도 참여한다. 또 스펙 작성 도중에 발생하는 기술적인 이슈 해결에도 관여한다. 스펙 작성이나 설계 또는 구현 시에도 기술위원회의 지원이 필요하면 언제든 시스템을 통해 안건을 상정하면 된다. 그 시급도와 중요도에 따라 수시로 또는 정기적으로 온, 오프라인으로 문제를 해결한다.

기술위원회의 위원이 되면 자신의 기술과 경험을 여러 동료를 위해 사용한다. 동시에 여러 기술적인 이슈를 접하고 그 분야의 전문가들과 상의해 문제를 해결하는 과정에 참여하면서 자신도 많은 것을 배운다. 그래서 이들은 대부분 각 프로젝트에서 아키텍트 역할을 맡아 스펙을 작성하고 아키텍처를 설계한다.

보통 회사의 시니어 엔지니어로 구성하지만 주니어 엔지니어를 포함하기도 한다. 그리고 주니어 엔지니어 중에서 아키텍트로 성장할 잠재력이 높은 사람을 주니어 아키텍트로 선발한다. 그는 작은 프로젝트의 아키텍트가 되어 실전 프로젝트를 경험하기도 하며 기술위원회에서 여러 이슈를 접하면서 유능한 아키텍트로 성장해간다.

기술위원회에서 내린 결정은 관리자가 변경할 수 없는 권위를 가진다. 경영자라고 해도 결정을 쉽게 뒤집을 수 없다. 전사적인 아키텍처도 결정하지만 개발 프로세스와 기반시스템을 정립하기도 한다. 전사적인 기술 로드맵도 수립한다.

기술위원은 기술에 대한 깊이 있는 지식은 물론이고 전사적인 프로세스에 대한 이해와 실전 경험도 풍부해야 한다. 평소에 관심을 갖고 끊임없이 신기술을 습득해야 한다. 이들은 기술에 집중하도록 일체의 관리 업무에서 제외하도록 한다. 기술위원회는 소프트웨어 회사에서 선택이 아니라 필수 조직이다.

5.5 사수/부사수 시스템 탈피 방법

우리나라 회사에서 신참을 교육하는 가장 흔한 방법은 '사수/부사수 시스템'이다. 나도 오래전부터 이 시스템을 봐왔다. '사수'란 본래 군에서 쓰는 말이다. M60 기관총 따위의 중화기는 보통 두 명 이상이 작동해야 해서 사수와 부사수가 같이 장비를 다룬다. 영화 속 람보는 M60 기관총을 혼자서 양손에 하나씩 들고 쐈지만, 보통은 두 명이 협조해 사격하는 무기다. 이런 사수/부사수 시스템에서 사수는 주 업무를 맡고 부사수가 업무를 보조하며 익힌다. 1, 2년 후에는 부사수가 사수가 되어 또다시 부사수를 교육한다.

M60을 사격하고 있는 사수와 부사수

소프트웨어 회사도 이와 비슷한 시스템을 운영한다. 공식이든 비공식이든 사수/부사수 시스템으로 돌아가는 소프트웨어 회사에서는 신입 개발자가 들어오면 사수를 정해준다. 부사수에게 사수 옆자리나 근처에 자리를 배정해 사수와 많은 시간을 보내면서 하나씩 업무를 배워가도록 한다. 사수는 부사수에게 개발하고 있는 소프트웨어의 구조부터 기능, 소스코드, 빌드 방법, 업무 지식, 회사의 시스템 사용법 등 많은 것을 가르친다.

사수/부사수 시스템은 장점에 비해 단점이 더 많아서 여러 문제를 일으킨다.

- 사수, 즉 고참이 신참 교육에 너무 많은 시간을 소비한다. 신참 교육은 회사 입장에서 투자이기도 하지만 큰 비용이다. 따라서 고참이 오랜 기간 지속적으로 빼앗기는 시간만큼 회사는 비용을 치르게 된다.

- 오랜 교육으로 부사수의 현장 투입이 늦어진다. 회사마다 개인마다 다르지만 부사수의 현장 투입에는 짧게는 몇 주부터 길게는 몇 달이 걸린다. 부사수는 교육과 훈련을 일정량 받기 전까지는 한 사람 몫의 30~50%를 감당할 뿐이다. 게다가 사수가 일하는 시간을 많이 빼앗아 근로 인력이 오히려 마이너스가 되기도 한다. 즉, 부사수가 없을 때보다 개발 기간이 더 지연되기도 한다.

- 신참이 들어올 때마다 매번 반복해서 가르쳐야 한다. 부사수가 다시 사수가 되어 신참을 가르치려면 상당한 시간이 걸리기 때문에 여전히 고참이 교육을 맡아야 한다. 설상가상으로 시간차를 두고 5명의 개발자가 입사하면 교육 시간이 5배 들어간다.

- 사수도 많은 정보를 잊어버려 제대로 교육하기가 쉽지 않다. 사수는 핵심 개발과 교육을 병행하느라 바빠서 개발 문서를 작성할 시간도 없다. 그래서 악순환이 반복된다. 아무리 신참을 가르쳐도 결국 문제 해결 요청이 몰려서 고참은 여전히 바쁘다.

- 부사수는 사수의 시간을 빼앗는 것이 미안해서 자주 묻지 않게 된다. 뻔뻔한 부사수라도 사수가 눈코 뜰 새 없이 바쁘게 일하는 모습을 매일같이 보면 사수에게 묻지 않고 혼자 알아서 해보려 한다. 그러다 일을 그르쳐 문제를 키우고 나중에는 사수의 시간을 더 많이 빼앗게 된다.

- 경영자는 그동안 문서가 없었던 탓이라 생각하고 기존 소프트웨어의 문서를 뒤늦게 만들라고 지시한다. 그런데 이미 개발이 완료된 시스템의 문서를 나중에 만드는 것은 헛수고다. 개발 후 만드는 문서에 필요한 정보의 10%나 제대로 적을 수 있을지 의문이다. 또한 제대로 분석, 설계를 거치지 않고 이미 만들어진 소프트웨어는 시간이 아무리 많아도 문서로 정리하기 어려운 구조로 되어있는 경우가 많다. 그래서 악순환이 계속되고 사수/부사수 시스템에서 영영 벗어나지 못하게 된다.

이런 사수/부사수 시스템을 유지하는 한 기업은 현재 수준에서 탈피하기 어렵다. 회사를 조금만 키워도 개발 효율성이 점점 떨어져서 경쟁력이 저하된다. 사수/부사수 시스템을 운용하는 회사에서 신참에게 정보를 전달하는 방법의 비율은 다음과 같다.

문서/시스템:직접 교육/코칭 = 2:8 또는 1:9

즉, 문서나 시스템을 통해서는 10~20% 정도의 정보밖에 전달하지 못하고 나머지는 사수가 직접 가르쳐야 한다. 이상적인 비율은 반대가 되어야 한다. 즉, 8:2가 바람직하다.

대부분의 정보는 문서나 시스템을 통해 얻어야 하고, 문서를 봐도 잘 모르는 정보는 멘토나 고참에게 물어보는 것이 좋다. 이것을 10:0 또는 9:1로 만드는 것은 거의 불가능하고 오히려 더 비효율적이다. 8:2 정도만 되면 앞에서 언급한 문제점이 거의 해결된다. 고참 개발자의 시간을 과하게 빼앗지 않게 되고, 신참이 아무리 못해도 마이너스 인력이 되지는 않는다. 스스로 공부할 수 있으니 노력 여하에 따라 얼마든 빨리 배울 수 있다. 또한 입사 후 실전 개발에 투입되는 시기도 훨씬 앞당긴다.

그럼 사수/부사수 시스템을 탈피하는 방법은 무엇일까? 분석, 설계를 제대로 해서 개발을 하는 것이다. 말은 참 쉽지만 실제는 정말 어렵다. 물론 이슈 관리시스템이나 위키 시스템 등 소프트웨어 회사에 필수적인 시스템이 잘 구축되어야 한다. 잘 작성된 분석, 설계 문서는 개발뿐만 아니라 신입 사원 교육에도 매우 유용하다.

이런 시스템을 갖춘 회사에서는 신입 개발자를 바로 개발에 투입하는 것이 가능하다. 물론 개발 능력을 갖춘 신입 개발자라야 한다. 신참이 한 사람 몫을 하기까지 시간이 걸리는 것은 같지만, 궁금한 것을 문서나 시스템을 통해 배울 수 있어 고참의 일을 방해하는 일이 적다. 또 설계가 잘 된 시스템에서는 개발할 때 알아야 할 정보의 범위가 좁아서 자신이 개발해야 할 시스템의 인터페이스와 요구사항만 알면 된다.

모든 외부 인터페이스가 잘 정의되고 유닛 테스트가 이미 작성된 경우도 많다. 신입 개발자에게 시스템 내부의 하위 설계는 직접 맡기는 경우도 있다. 또는 고참 개발자가 내부 설계까지 해주고 내용만 채우도록 하기도 한다. 시스템이 작은 하위 시스템으로 잘 나눠졌기 때문에 신입 개발자라도 개발에 참여하기 쉽고 문제가 생겨도 시스템 전체가 흔들리지 않는다. 물론 이렇게 하려면 분석, 설계를 매우 잘 해야 한다. 회사마다 성숙도와 역량이 달라서 벌어지는 현상은 다르다. 나는 성숙한 회사를 기준으로 설명하고 있다.

아직 제대로 된 시스템이 구축되지 않았고 분석, 설계 문서도 제대로 쓴 적이 없는 회사라면 어떻게 할까? 한 번에 극복할 수는 없다. 새 제품부터 분석, 설계를 하나씩 제대로 하는 토양을 만들어가야 한다. 방법론과 상관없이 분석, 설계를 제대로 하는 것은 소프트웨어 개발의 기본이다. 이렇게 하나씩 제대로 해나가면 지식과 정보가 축적되고 점차 사수/부사수 시스템을 탈피하게 될 것이다.

5.6 스펙을 제대로 작성하려면

소프트웨어 스펙 작성법을 제대로 배우려면 어떻게 해야 할까? 남이 작성한 SRS를 보면 도움이 될까? 가상으로 써보면 도움이 될까? 케이스별로 얼마나 도움이 되는지를 한눈에 알 수 있도록 백분율로 나타내었다.

1%

스펙을 작성하는 방법을 배우기 위해 남이 작성한 SRS를 보는 것은 얼마나 도움이 될까? 1% 정도밖에 도움이 안 된다. 남이 치는 피아노, 골프를 보고 자신이 치는 데 얼마나 도움이 될지 생각해보면 된다. 작성된 SRS의 내용이 도출되는 과정을 겪지 않고 결과만 눈으로 확인하려 들면 1%밖에 보지 못한다.

10%

실제 프로젝트에 적용하기는 어려우니 가상의 프로젝트를 생각해서 작성하면 어떻게 될까? 10% 정도는 도움이 될 수 있다. SRS에 포함된 수많은 내용에는 실제 상황이 아니면 도저히 생각해낼 수 없는 것이 많다. 이런 것은 가상의 프로젝트에서는 배우기 어렵다.

30%

이미 끝난 프로젝트의 SRS를 적어보는 것은 어떨까? 나중에 혹시 유지보수에 도움되지 않을까? 별 도움이 되지 않는다. SRS는 원래 개발하기 전에 개발을 빠르게 하기 위해 작성하는 것이다.

이미 종료된 프로젝트라면 적을 수 없는 부분이 많다. 또한 꼼꼼하게 적지도 않게 된다. 사전에 작성하는 SRS처럼은 결코 적을 수가 없다. 이미 코딩까지 끝났기 때문에 창의적인 생각이 필요한 인터페이스 등은 제대로 적기 어렵다. 현재 상태를 역공학reverse engineering을 이용해 적는다고 해도 깨끗하게 적을 수 없을뿐더러 이미 시스템이 뒤죽박죽되어서 적어봐야 별 의미가 없다. 또는 SRS를 작성하면서 필요한 소통 능력, 분석 능력, 인터뷰 능력 등은 전혀 익힐 수가 없다. 이러한 것을 빼고 일부 내용만 적는다면 템플릿을 익히는 것 외에 기대할 게 없다.

100%

SRS 작성법, 스펙 작성법, 요구사항 분석법을 제대로 배우려면 크든 작든 실제 프로젝트에서 SRS를 적어봐야 한다. 어떠한 프로젝트도 SRS의 모든 챕터를 다 포괄하지 못하므로 프로젝트 하나에서 겪는 경험은 상당히 제한적이다. 따라서 오랜 기간 여러 프로젝트의 SRS를 써보되, 실제 프로젝트에서 작성해보는 것이 가장 좋다. 물론 골프를 코치 없이 배울 수 없듯이 경험이 많은 선배나 전문가의 도움을 받는 것은 필수다.

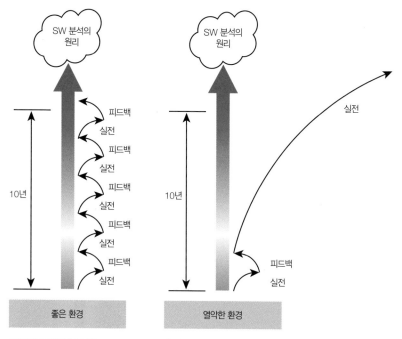

스펙을 제대로 작성하는 역량을 기르는 데 10년이 걸린다면 좋은 환경에서 꾸준히 스펙을 작성하고 리뷰를 통해 피드백을 받고 개선해가는 일을 반복하면 된다. 그렇지 않고 피드백 없이 혼자서 스펙을 작성해보려 하면 원리에서는 점점 멀어지게 된다.

한편 스펙 작성의 원리와 동떨어진 습관에 길들여진 경우, 관행이 된 기업 문화를 바꾸고 습관을 버리고 새로운 경험을 축적하는 데 또다시 오랜 시간이 걸린다. 기존의 경험과 지식이 도움되기도 하지만, 관행과 습관을 버리느라 더 힘든 것이 일반적이다.

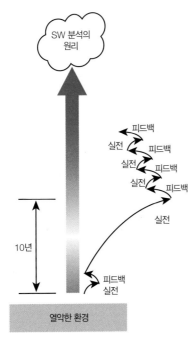

습관화된 경우 고치는 데 오랜 시간이 걸린다

프로세스

6.1 소프트웨어 프로젝트의 개발 단계

개발 방법론에 불문하고 소프트웨어 프로젝트에는 단계가 있다. 하지만 많은 소프트웨어 회사들이 프로젝트를 단계의 구분 없이 진행하거나 모호하게 진행한다. 프로젝트 일정에 대한 명확한 구분 없이 개발을 진행하다가 적당한 시점에서 한 번의 테스트를 거쳐 제품을 완성하려 하곤 한다.

이를 흔히 빅뱅big bang 테스트라고 하는데 테스트를 한 번에 끝낸다고 프로젝트가 더 빨리 끝나는 것은 아니다. 이 방법은 테스트 기간 내내 불 끄기 모드 fire-fighting mode로 혼란에 휩싸이게 만들고, 테스트가 언제 끝날지 도저히 예측하기 어려운 방법이다. 또 소프트웨어 품질을 확보하기 위해 시간이 얼마나 더 필요한지 예측하기도 어렵고, 심지어 통합조차 잘 되지 않아서 버그가 얼마나 있는지도 파악하지 못한다. 결국 프로젝트 일정이 가시권에서 점점 멀어진다. 운이 좋으면 밤새워 일정대로 프로젝트를 마칠 수 있을 것이고, 그렇지 않으면 프로젝트 실패라는 쓴맛을 보게 된다.

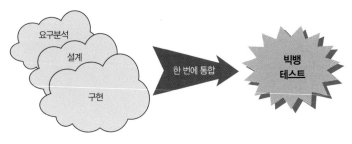

빅뱅 테스트

소프트웨어 프로젝트는 단계별로 관리하는 것이 좋다. 그러면 각 단계가 명확해지기 때문에 프로젝트 진행 상황이 한눈에 들어오고 혼란으로 인한 재작업이 줄며 프로젝트 일정이 단축되고 비용이 절약된다. 특히 양질의 제품을 출시하기 위해서는 제품과 프로젝트의 성격에 알맞게 단계별 릴리스를 하는 것이 좋다. 릴리스는 알파, 베타, RC^{Release Candidate} 단계로 나누고 각각의 릴리스 일정은 미리 계획해 정해둔다.

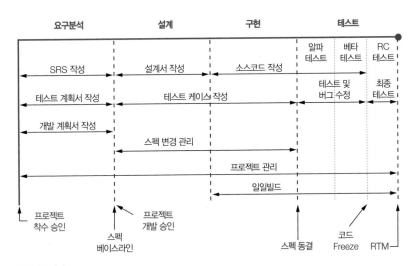

프로젝트 단계

소프트웨어 개발 단계는 크게 스펙을 작성하는 요구분석, 설계, 구현, 테스트로 나뉜다. 물론 요구분석 이전에도 할 일이 있지만, 프로젝트의 본격적인 시작은 요구분석 단계이므로 이렇게 네 단계로 나눠 설명하겠다.

앞의 그림을 보면서 소프트웨어 개발의 각 단계에서 어떤 일들이 일어나는지 살펴보고 그림에서 중요한 몇 가지에 대해 자세히 알아보자.

프로젝트 착수 승인과 개발 승인

프로젝트 승인은 착수 승인과 개발 승인으로 나누는 것이 좋다. 흔히 프로젝트를 처음에 승인하고 난 뒤에 프로젝트가 끝날 때까지 일사천리로 진행하는데, 이 경우 프로젝트에 드는 총 비용과 시간을 파악하지 못한 상태에서 프로젝트를 승인하고 끝까지 진행할 위험이 있다. 일반적으로 요구분석을 완료하기 전까지는, 즉 스펙을 완성하기 전까지는 프로젝트의 범위를 일제히 파악하기가 어렵다. 점진적으로 진행하며 일정과 범위를 유연하게 관리할 방침이 아니라면 요구분석이 끝나야 프로젝트의 기간, 비용, 리스크를 가늠하게 된다.

따라서 처음에는 프로젝트의 착수에 대해서만 승인하고 요구분석이 완료되면, 즉 스펙 작성이 끝나면 프로젝트를 다시 검토해 계속 진행할지 여부를 결정하고 개발 승인을 하는 것이 좋다. 승인 절차가 두 번이라 해서 두 번의 승인을 받은 프로젝트는 무조건 끝까지 진행해야 한다는 의미가 아니다. 설계가 끝난 후 또는 구현 도중에도 문제가 발생할 경우 프로젝트를 언제든 중단 또는 취소할 수 있다. 취소하는 게 더 현명한 프로젝트를 무조건 속행하는 것은 회사 차원에서 큰 낭비가 아닐 수 없다.

스펙 동결 spec close

소프트웨어의 스펙을 최종 확정하는 절차다. 이 단계 후에는 천재지변이 발생하지 않는 한 스펙을 변경하지 않는다. 요구분석 단계에서 스펙을 완료하지만 요구사항은 그 이후에도 바뀌게 마련이다. 그래서 요구사항 변경 관리를 하는 것이다. 하지만 개발팀에서 알파 빌드를 릴리스하고 나서는 스펙을 더 바꾸지 말아야 한다. 테스트 도중에 스펙이 바뀌면 테스트 케이스를 바꾸고 매뉴얼도 수정해야 하는 등 복잡한 일이 많다. 따라서 그 이전에 최대한 SRS를 제대로 작성해서 테스트에 착수한 뒤에는 스펙을 수정하지 말아야 한다.

RTM Release To Manufacturing

RTM이란 출시를 위한 제조 준비가 완료됐다는 의미다. 개발팀은 제품을 만들었으니 CD로 굽든, 홈페이지에 올리든, 서비스 서버에 올려서 배포하면 되는 것이다. 개발팀 일은 RTM까지이고 그 이후 절차는 마케팅팀이나 릴리스팀과 같은 부서의 몫이다. RTM 대신 GA, FCS 등 다른 용어를 사용하기도 한다. 물론 회사에 따라서는 이들 용어의 의미가 조금씩 다를 수도 있다.

요구분석 단계

이 단계의 주요 활동은 SRS 작성이다. 그 외에 프로젝트의 리스크 분석, 일정 산정 등의 개발 계획을 수립한다. 단순한 기능 도출이 아니라 개발과 관련된 제반 내용을 검토하는 광범위한 분석 단계다. 이 단계를 거치면 프로젝트의 범위와 일정 등을 상당히 정확하게 알게 되어 이 프로젝트를 계속 진행할지 그만둬야 할지 판단할 수 있게 된다. 이때는 회사의 인력, 외부 비즈니스, 프로젝트 우선순위를 고려해 결정하면 된다. 요구분석 단계까지 완료한 상태에서 프로젝트를 중단했다가 1년 후에 프로젝트를 재개하는 경우도 있다. 이렇게 하기 위해서는 요구분석 단계에서 산출물이 잘 작성되어 인력이 교체되거나 시간이 경과한 후에도 무리 없이 프로젝트를 진행할 수 있어야 한다.

설계 단계

제품의 아키텍처를 정하는 단계다. 제품의 아키텍처를 의논하고 설계를 만들며 최종적으로 외부 함수public function의 프로토타입prototype이 모두 완성되어 빌드 가능한 상태가 된다. 이 단계의 산출물 작성 방법은 상당히 자유롭다. 대표적인 설계 산출물의 이름도 다양해 SDS Software Design Specification 또는 SAD Software Architecture Document라고도 한다. 그 외에 회사마다 설계서를 일컫는 다양한 이름의 문서가 있다.

설계는 기본적으로 제품을 이해하고 구현하는 데 필요한 것을 적절하게 표현하는 것이다. 이때 많은 규칙을 강요하면 비효율적이고 형식적인 설계가 되기 쉽다. 이 단계가 완료되면 요구분석이 끝났을 때보다 한층 더 상세하고 정확한 일정이 수립되고 일일빌드를 시작할 수 있다.

IEEE에서도 얘기하지만 요구분석 단계와 설계 단계에는 애매모호하게 겹치는 구간overlap이 있다. 두 단계 중 하나에서 수행하면 되는 일이 많으므로 규칙에 얽매여 어느 단계에서 수행해야 하는지를 엄격하게 정할 필요는 없다.

구현 단계

설계에 따라 소스코드를 작성하는 단계다. 구현 단계는 요구분석이나 설계 단계에 비해 작업하기가 더 쉬우며, 잘 설계된 제품은 임시계약 직원도 구현할 수 있어야 한다. 그렇지 않다면 요구분석과 설계의 산출물이 충실히 작성되지 않았을 공산이 크다. 구현 단계에서 인도나 중국에 외주를 줄 수 있으려면 어떻게 개발 단계가 진행되어야 할지를 짐작할 수 있을 것이다. 이 단계에서 테스트 케이스도 완성한다. 이 단계 동안 소스코드의 일일빌드가 이루어지는데, 일일빌드는 실패하면 안 된다. 즉, 브로큰트리가 발생하면 안 된다.

개발자의 역할은 빌드에 문제가 없는 소스코드를 소스코드 관리시스템에 체크인함으로써 끝난다. 빌드는 빌드 담당자가 하거나 CI 툴이 자동으로 진행한다.

구현 단계 마지막에는 개발팀에서 첫 번째 릴리스를 한다. 일반적인 경우 첫 번째 릴리스는 알파 버전이지만, 프로젝트 성격에 따라 베타 버전을 첫 번째로 릴리스하는 경우도 있고 극히 단순한 개발의 경우에는 바로 RC 버전을 릴리스해서 한 사이클의 테스트만 거쳐 출시하는 경우도 있다.

테스트 단계

제품을 테스트하고 수정을 반복해 출시 가능한 제품을 만드는 단계다. 일반적으로 알파, 베타, RC 등으로 단계를 나눠 점진적으로 릴리스한다.

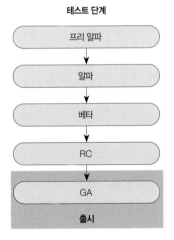

소프트웨어 릴리스 단계

소프트웨어를 릴리스하는 각 단계의 의미는 다음과 같다.

- **프리 알파**pre-alpha

  알파 이전에 만들어진 빌드를 지칭한다. 아직 모든 기능이 구현되지는 않았지만, 알파 이전에 사전 테스트나 데모를 위해 만들기도 한다.

- **알파**alpha

  스펙에서 정의한 모든 기능이 구현된 첫 번째 버전이다. 버그가 꽤 많을 수 있다. 하지만 설치해서 모든 기능을 확인해볼 수 있다. 일반적으로 알파 버전부터 테스트팀의 공식적인 테스트가 시작된다. 공식적으로 버그가 등록되기 시작하고 버그에 대한 통계가 나오는 단계다. 이를 알파 테스트라고 부른다.

- **베타**beta

  스펙을 확정하고 알파 테스트와 수정을 거쳐 많은 버그를 수정한 버전이다. 이제 베타 테스트를 거치면서 사용성을 넓히고 제품의 완성도를 높여간다. 베타 버전은 종종 사용자 평가evaluation 및 외부 테스트field test를 위해 외부에 배포되기도 한다. 이런 목적으로 배포되는 버전을 베타 릴리스라고 부르며 베타 버전을 시범적으로 사용해보는 사람을 베타 테스터라고 부른다. 베타 버전 이전에 프리 베타pre-beta를 만드는 경우도 있다.

- **RC**Release Candidate

  출시를 위해 만들어진 버전이다. FCSFirst Customer Shipment, 감마gamma 또는 델타delta라고 부르기도 한다.

- **GA**General Availability

  RTMRelease To Manufacturing이라고 부르기도 한다. RC 중에서 테스트를 통과해 출시할 수 있는 버전이다. 일반적인 경우 마지막 RC와 동일하다.

6.2 스펙 작성 프로세스

스펙 작성 프로세스는 회사와 프로젝트마다 달라서 정형화된 프로세스에 가두는 것이 더 비효율적이다. 하지만 큰 그림으로 보면 따라야 할 것은 있다.

스펙 작성 프로세스에서 중요한 요소를 알아보자.

기획 문서 작성

스펙의 중요한 소스 중 하나는 기획 문서다. 회사마다 기획 문서의 이름과 종류가 다양해 제품 기획서나 MRD^{Marketing Requirements Document}라고 부르기도 한다. 제품이나 서비스를 기획했다고 해서 모두 개발에 착수하는 것이 아니다. 회사마다 다르지만 기획 완료 후 실제로 개발 단계에 들어갈지 판단을 한다. 상황에 따라 프로젝트를 진행할 수 있고 취소하거나 보류할 수도 있다. 기획 문서를 보고 경영진이 프로젝트를 진행하기로 결정하면 프로젝트팀이 구성되고 스펙 작성을 시작으로 프로젝트가 정식으로 출범한다. 이런 기획 단계 없이 곧바로 스펙 작성을 시작하기도 하는데, 이 경우 기획 단계에서 했어야 할 일이 고스란히 스펙 작성에 전가되기 때문에 소비되는 시간과 자원은 똑같거나 더 많다.

하향식 상세화

스펙 작성을 시작하면 분석 아키텍트는 기획 문서를 분석하고 그 외 여러 요구사항을 취합해 스펙을 적어나가기 시작한다. 주로 큰 그림을 결정하고 점차 상세화해 나가는 하향식 방식을 사용한다. 다양한 요구사항을 잘 정리해 좋은 아키텍처를 생각해내고 요구사항을 체계화하는 것이 분석 아키텍트의 역할이다. 이 과정에서 사용자와 인터뷰나 토론을 하고 프로젝트 이해관계자들과 요구사항에 대한 워크숍을 실시하기도 한다. 또 경쟁 제품 관련 문서를 참조하고 개발자와 기술적인 토론을 한다. 테스트팀과는 테스트를 어떻게 할지 의논하고 UI팀과도 상의한다. 버그 관리 시스템에 쌓여 있던 기존의 버그나 개선 요청사항을 다시 꺼내 분석하고 체계화하는 일도 한다. 시장 조사를 하고 설문, 통계 자료를 참조해 스펙을 작성해 나간다. 프로젝트마다 스펙을 작성하는 방법이 매우 다양하므로 프로젝트 성격에 알맞은 방법을 선택해야 한다.

스펙 리뷰

스펙 작성 프로세스에서 가장 결정적인 절차다. 스펙은 모든 이해관계자와 리뷰하는 것이 중요하다. 리뷰를 누락한다면 잘못된 요구사항이 제품에 반영될 수도 있다. 리뷰에 참여한 사람들은 책임감을 가지고 자신이 맡고 있는 전문 분야 관점으로 면밀하게 스펙을 읽어야 한다. 건성건성 훑어보는 정도로는 스펙을 리뷰했다고 할 수 없다. 리뷰에서 제시된 의견을 스펙에 다시 반영하고 그 내용을 확인하는 절차를 여러 차례 반복한다.

스펙 확정 및 서명

리뷰를 끝낸 스펙은 꼭 서명을 받는다. 서명해야 하는 사람은 프로젝트마다 다르지만, 이해관계자들의 대표자가 하는 것이 좋다. 마케팅팀, 영업팀, UI팀, 테스트팀에서 팀장 또는 프로젝트에 참여할 그룹의 대표자가 서명을 한다. 개발자도 서명을 하는데 보통 해당 제품을 개발할 프로젝트팀의 기술 리더가 대표로 한다. 프로젝트 관리자도 서명을 하며 중요한 프로젝트인 경우에는 경영자도 서명을 한다. 서명했다는 것은 책임지겠다는 뜻이다. 그래서 서명 후에는 함부로 스펙을 변경해 달라고 하지 못한다. 스펙 내용에 대한 책임감이 높아지기 때문이다. 그래서 서명은 꼭 종이에 펜으로 수기할 것을 권장한다. 물론 프로세스에 따라 온라인 서명으로 대신하는 것도 가능하기는 하다.

프로젝트 승인

스펙 승인이 완료됐다면 프로젝트를 진행하기 위해 프로젝트 승인을 받아야 한다. 보통 스펙이 완성되면 프로젝트 계획서도 완성된다. 프로젝트 계획서는 스펙 완료 이전의 적당한 시점에 시작해서 스펙과 같이 끝나도록 한다. WBS^{Work Breakdown Structure}도 작성해서 프로젝트 일정도 정교하게 예측한다. 이때 테스트 계획서도 같이 작성한다. 많은 회사들이 코딩을 마친 후 테스트 계획을 수립하는데, 원칙적으로 테스트 계획은 스펙을 보고 세울 수 있으며 이 과정에서 스펙도 검증되기 때문에 꼭 필요한 절차다. 이렇게 작성된 프로젝트 계획서를 승인받으면 정식으로 프로젝트가 시작된다.

회사마다 조금씩 다른 것이 당연하지만, 지금까지 스펙을 작성할 때 중요한 프로세스에 대해 알아봤다. 이 중 스펙에 서명을 받는 것은 많은 사람들이 낯설어하지만 중요한 의미가 있고 효과가 큰 프로세스다.

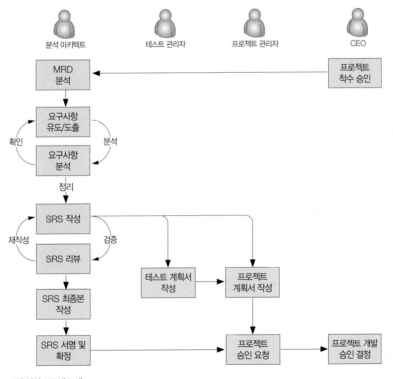

스펙 작성 프로세스 예

6.3 SRS 관점으로 바라본 방법론 비교

SRS는 특정 방법론이나 라이프사이클에서만 유용한 것이 아니다. SRS 작성 원리는 '모든' 방법론과 라이프사이클에서 유용하다. 소프트웨어 스펙을 어떤 식으로 작성하는지 그 방법에는 차이가 있을지 몰라도 소프트웨어 스펙의 원리는 동일하다.

소프트웨어를 개발할 때 가장 어려운 일은 스펙을 작성하는 일이다. 그러다 보니 여러 유혹에 빠진다. 스펙을 잘 작성하지 않고도 소프트웨어를 잘 개발할 수 있다는 약장수 같은 유혹 말이다. 그러나 소프트웨어 개발에서 모든 것을 뚫어내는 은 탄환은 존재하지 않는다. CBD, 애자일, DevOps 등 방법마다 제각각 쓰임새가 있고 기능이 있지만 한번 먹기만 하면 효험이 있는 만병통치약은 아니다. 결국 스펙의 원리와 작성 역량이 핵심이다. 원리를 알고 역량을 갖춘다면 모든 방법론에서 스펙을 잘 작성할 수 있다.

시금치가 좋다는 얘기를 듣고 시금치만 먹는다면 몸에 이로울 게 없듯이, 좋다고 회자되는 방법론이 우리 회사 실정에는 맞지 않을 수 있다. 만 개의 회사에 만 개의 개발 방법론이 존재하므로 원리를 잘 이해하고 회사에 맞게 방법론을 적용해야 한다.

폭포수 모델은 현실에서 보기 어렵고 이에 대한 오해도 불식되지 않았지만 다른 방법론들의 기초가 되기 때문에 이론적으로는 여전히 유용하다. 많은 회사에서는 반복 모델iteration이나 애자일 방법론(라이프사이클)을 사용한다. 그렇다고 책에서 설명하는 대로 따를 필요는 없다. 아무리 간단한 방법론이더라도 SRS에서 중요하게 다루는 전략, 비기능, 시스템 속성, 인터페이스를 잘 정의해야 한다. 나중에 변경하려면 큰 대가를 치러야 하기 때문이다. 나는 SRS를 정석으로 작성하는 연습을 꾸준히 하기를 권한다. 그렇게 올곧고 착실히 쌓은 경험이 방법론이나 라이프사이클을 막론하고 소프트웨어 개발의 탄탄한 기반이 될 것이다.

프로젝트에서 사용하는 방법론에 따라 (아래 그림과 같이) 요구사항 분석에 들이는 노력이 다르지만 최종적인 요구사항 분석 내용은 크게 다르지 않다. 방법론에 따라 꼭 필요한 스펙이 누락된다면 결국 프로젝트에서 문제가 불거질 것이다.

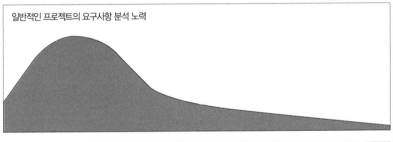

일반적인 프로젝트의 요구사항 분석 노력

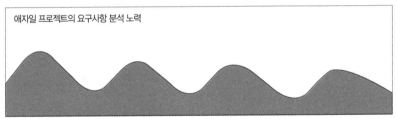

애자일 프로젝트의 요구사항 분석 노력

일반적인 프로젝트와 애자일 프로젝트의 요구사항 분석 노력의 비교

6.4 스펙 작성에 시간을 얼마나 할애해야 하는가?

소프트웨어 프로젝트에서 스펙을 작성하는 데 필요한 시간은 얼마나 될까? 프로젝트를 수행하는 데 필요한 시간은 스펙을 잘 작성하면 꽤 정확하게 맞힐 수 있다. 하지만 스펙을 작성하는 데 필요한 시간은 정확하게 산정할 수가 없다.

가장 일반적인 방법은 대략적인 요구사항이나 기획서를 가지고 경험이 많은 개발자가 전체 프로젝트 기간을 예측한 후에 그 기간의 25~30% 정도를 스펙 작성 기간으로 잡는 것이다. 그렇다면 이렇게 스펙을 작성하는 것이 최선의 방법일까? 가장 효율적인 방법일까? 프로젝트에서 스펙을 가장 효율적으로 작성하는 데 기준이 되는 것은 무엇일까?

효율이라는 것은 투자 대비 결과를 말한다. 프로젝트에서는 가장 적은 비용으로 가장 빠르게 소프트웨어를 개발하는 것이 효율적인 방법이라고 할 수 있다. 프로젝트 성격에 따라 스펙을 효율적으로 작성하는 방법이 다르므로, 여기서는 일반적인 프로젝트라고 가정한다. 그리고 성숙한 개인과 성숙한 기업, 주먹구구식 진행, 주먹구구식 진행에 문서를 추가로 작성하는 네 가지 경우의 개발 기간을 비교해 설명한다.

성숙도 및 진행 방식별 개발 기간

성숙한 개인

개인 개발자가 혼자 개발하는 경우라면 분석, 설계를 충분히 하고 완벽한 준비를 마쳤을 때 후다닥 코딩을 하는 것이 프로젝트를 가장 빨리 끝내는 방법이다. 물론 여기서 성숙한 개인 개발자란 기술 수준이 높고 소프트웨어 공학을 실전에 활용할 줄 알며 분석, 설계 역량이 뛰어난 사람을 말한다. 코딩을 바로 시작하면 부딪힐 대부분의 문제를 분석, 설계 기간에 예측하고 아키텍처를 정하며 소스코드의 껍데기까지 모두 완성한 후에 내용만 채우면 된다. 그래서 분석, 설계에 총 프로젝트 기간의 60~80% 가량을 할애한다.

흔히 분석, 설계를 한다고 하면 문서 작업만 잔뜩 하는 것으로 생각하는데, 오해다. 분석, 설계 시 소스코드 구조를 거의 완성하고 클래스 설계도 끝나며, 몇몇 독립적인 알고리즘은 다 구현한다. 또한 UI도 목업mock-up 수준으로 모두 작성하며 심지어 HTML로 만들어놓기도 한다. 프로젝트 성격에 따라 다르지만 주어진 프로젝트에서 가장 효율적인 방법을 찾아 코딩을 제외한 거의 모든 작업을 완성한다. 이렇게 하면 코딩하면서 생기는 여러 문제를 이미 분석, 설계에서 발견해 해결하므로 재작업 없이 가장 빠르게 소프트웨어를 개발할 수 있다.

성숙한 기업

성숙한 기업도 성숙한 개인처럼 분석, 설계를 충분히 하고 소프트웨어를 개발하면 좋겠지만, 기업은 그렇게 할 수 없으며 그 방법이 가장 효율적이지도 않다. 이유를 알아보자.

기업은 기획한 모든 소프트웨어를 개발하는 것이 아니다. 아이디어 단계에서 포기하는 소프트웨어가 부지기수이고, 많은 공을 들여 기획했다가 중단하는 일도 많다. 또 스펙을 작성한 후에 프로젝트를 폐기하거나 연기하는 경우도 많다. 기업은 빨리 스펙을 작성해서 프로젝트 진행 여부를 판단해야 한다. 그래서 스펙을 작성하는 데 개인만큼 많은 노력을 들일 수가 없다.

또한 기업에서는 많은 일이 계획하에 움직인다. 인원을 확보하고 예산을 수립해야 한다. 분석 결과에 따라 수십 명의 인원이 프로젝트에 투입될 수도 있고 프로젝트가 취소될 수도 있다. 그래서 회사는 가능하면 빨리 스펙을 결정해야 계획적으로 움직인다. 스펙을 좀 더 잘 작성하는 것보다 프로젝트 기간이 더 걸리고 재작업 비용이 일부 들더라도 계획적으로 움직이는 것을 더 선호한다.

스펙 작성에 유능한 분석 아키텍트의 몸값은 비싸다. 그래서 회사 입장에서는 아키텍트가 한 프로젝트에 오래 매달리지 않고 여러 프로젝트를 수행하는 것이 훨씬 더 효율적이다. 성숙한 기업은 프로젝트 기간이 더 걸리더라도 인원, 비용의 효율을 앞세워 스펙 작성을 일찍 마친다. 그렇더라도 프로젝트를 진행하는 데 지장이 없을 만큼 충분히 작성한다. 스펙에 누락이나 오류가 있기도 하지만 이는 프로젝트를 진행하면서 고쳐나간다.

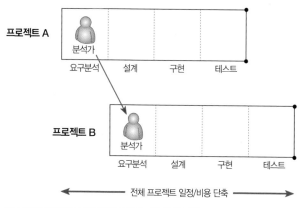

전문 분석 아키텍트를 이용해 전체 프로젝트 일정/비용 단축

주먹구구식

가장 흔한 방식으로 분석, 설계를 제대로 하지 않거나 매우 부실하게 하는 것이다. 번번한 문서 하나 없이 소프트웨어를 개발하는 것이 보통이다. 일정이

촉박하다는 명분을 내세우지만 대부분은 분석, 설계 경험이 거의 없어서 어떻게 해야 하는지 모르기 때문에 주먹구구식 개발을 한다. 코딩을 일찍 시작하면 왠지 프로젝트가 일찍 끝날 것 같지만, 수많은 재작업이 연속되며, 이미 작성한 코드를 버리기 아까워 시장의 요구사항과 다른 기능을 구현하고, 만들고 고치기를 반복하면서 아키텍처는 엉망이 된다.

주먹구구식 개발을 하는 회사도 경험이 많은 개발자들의 주도하에 사업을 잘 운영해 나가지만 사업 규모가 커지거나 차세대 시스템을 개발하면 큰 곤경에 처하곤 한다.

주먹구구식 + 문서

소프트웨어 개발 방식과 역량은 주먹구구식에 빈약한데, 회사에서 강제로 문서를 만들게 하는 경우다. 문서는 작성하지만 코딩은 주먹구구식과 다름없다. 심지어 문서를 개발 작업이 끝난 후에 작성하기도 한다. 이때 작성한 문서는 책꽂이에 꽂아놓고 감상하기 좋을지 몰라도, 빠른 소프트웨어 개발이나 유지보수에 도움되지 않거나 심지어는 방해가 되기도 한다.

문서를 위한 문서를 작성하기 때문에 실질적으로 개발에 유용한 내용이나 수준으로 만들지 못하고, 규칙을 지키기 위해 과다한 내용을 작성하거나 템플릿을 채우느라 필요도 없는 내용을 잔뜩 작성해야 한다. 이런 식의 운영은 경영진이 회사의 수준과 상황을 고려하지 않고 조급한 욕심을 내는 데서 비롯된다. 개발 프로세스가 자리 잡고 개발자들이 분석, 설계 역량을 키우는 데는 꽤 오랜 시간이 걸리는데, 많은 경영진은 수개월 만에 획기적인 변화를 이룰 수 있다고 착각한다. 그래서 과거에 행하던 주먹구구식보다 개발 효율이 더 떨어지곤 한다.

스펙의 완성도가 높을수록 설계, 코딩 시간은 줄어들 수 있다. 하지만 스펙을 100% 완벽하게 작성할 수는 없다. 아무리 완벽하게 스펙을 작성했다고 생각하더라도 막상 프로젝트를 진행하면 요구사항이 변하기 마련이다. 시장 상황이 변하고, 미처 생각하지 못한 것이 발견되곤 한다. 스펙은 목적이 아니라 소프트웨어를 가장 효율적으로 개발하기 위한 수단이므로 스펙을 완벽하게 작성하기 위해 너무 많은 시간을 투자하는 것은 비효율적이다. 프로젝트 성격이나 규모, 프로젝트팀의 역량에 따라 다르지만 개발 기간과 자원, 비용이 적게 드는 적절한 수준으로 스펙을 작성하는 것이 좋다.

어떤 공식으로 적정 수준을 찾을 수 있는 것은 아니다. 경험과 전문가들의 판단으로 결정해야 한다. 이것이 기계적인 프로세스만으로 소프트웨어를 개발할 수 없는 이유 중 하나다.

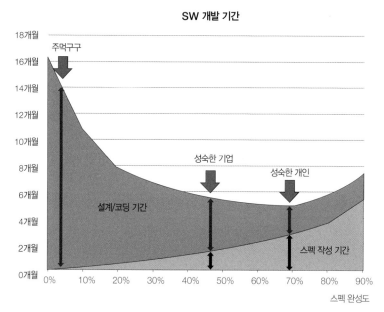

유형별 스펙 작성 기간과 설계/코딩 기간의 비교

6.5 스펙은 얼마나 자세히 적어야 하는가?

앞에서도 언급했듯이 스펙을 완벽하게 적는 것은 불가능하다. 그럼 스펙은 언제 끝내야 할까? 사용자가 요구사항을 더 생각해내지 못하거나 이전 리뷰 시간에 했던 얘기를 반복하면 끝낼 때가 된 것이다. 또 프로젝트 목표나 범위에서 벗어난 새로운 기능을 요구하거나 우선순위가 낮은 기능을 자꾸 제안할 때도 SRS 작성을 종료할 때가 된 것이다. 그때부터 제안하는 기능은 가능하면 다음 버전으로 연기하고 SRS를 마무리하는 것이 좋다.

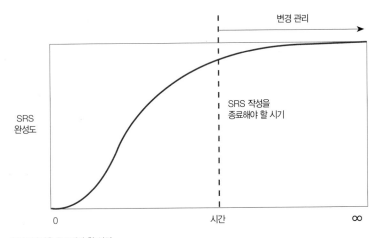

SRS 작성을 종료해야 할 시점

물론 프로젝트 성격에 따라 스펙을 상세히 작성해야 하기도 하고 대강 작성하는 것이 더 효율적일 때가 있다. 먼저 세 가지 케이스별로 SRS 작성에 드는 시간을 비교하고, SRS를 간단히 적어야 할 경우와 상세히 적어야 할 경우를 항목별로 구분해보자.

케이스 A

- 요구분석, 설계, 구현하는 인력이 모두 동일해 구현 시 스펙을 잘 알고 있다.
- 유지보수 프로젝트이고 개발자들이 제품에 대해 잘 알고 있다.
- 참여한 개발자들이 유사한 프로젝트를 많이 수행해봐서 프로젝트 전반에 대해 잘 알고 있다.

케이스 B

- 요구분석, 설계, 구현하는 인력이 각각 다르다.
- 프로젝트 구성원이 이런 종류의 프로젝트를 처음 수행해봐서 모르는 것이 많다.
- 불확실한 기술이 많아서 이를 검증하면서 개발해야 한다.

케이스 C

- 프로젝트의 일부 단계 또는 개발 전체를 외주할 것이다.
- 생명을 다루는 의료 제품과 같이 신중하게 개발해야 하는 프로젝트다.
- 프로젝트 구성원이 서로 떨어져서 원격으로 일한다.
- 프로젝트 구성원 중에 외국인 개발자가 많다.

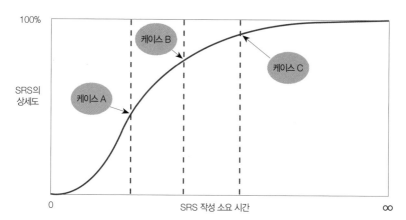

프로젝트 성격에 따른 적절한 SRS의 상세도

구분	간단히 적어야 하는 경우	상세히 적어야 하는 경우
프로젝트 난이도	쉬운 프로젝트	어려운 프로젝트
커뮤니케이션 용이성	구현 기간에 분석 아키텍트에게 수시로 물어볼 수 있음	구현 기간에 분석 아키텍트를 만나기 어려움
개발팀 경험	비슷한 프로젝트를 많이 해봤음	이번 프로젝트에 새로 투입된 개발자가 많음
참고 제품	비슷한 소프트웨어가 있어서 참고할 수 있음	참고할 제품이 없음
외주	내부에서 경험 많은 개발팀이 개발할 것임	외주 개발을 할 것임

6.6 스펙 리뷰

스펙은 리뷰로 완성된다. 스펙을 작성하는 도중에도 여러 이해관계자와 논의하고 스펙의 일부 내용을 검토하지만 무엇보다 최종본에 대한 리뷰는 스펙의 완성도에 있어서 필수다. 최종본에서는 중간에서 검토한 내용이 바뀌어 있을 수 있다. 최종본에 대한 모든 이해관계자의 최종 리뷰가 끝나야만 스펙은 확정 가능하다.

웬만한 프로젝트 스펙 문서는 수백 페이지에 이른다. 그래서 철저히 리뷰하는 것이 쉽지는 않다. 리뷰하는 사람에 따라 다르지만 전체를 리뷰할 때는 며칠이 걸리기도 한다. 그렇다고 리뷰를 대충 진행하면 안 된다. 그럼 스펙 리뷰는 어떻게 해야 할까? 여기서 스펙 리뷰에 대해 궁금한 모든 것을 조목조목 알아보자.

누구와 해야 하는가?

리뷰는 프로젝트 이해관계자 모두와 한다. 물론 프로젝트마다 다르기 때문에 누구와 리뷰를 할지 정해야 한다. 보통 기획팀, 영업팀, 디자인팀, 테스트팀, QA팀, 기술문서팀, 빌드팀, 개발팀, 아키텍트팀 등이 리뷰를 해야 하며 경영자 또는 고객도 리뷰를 해야 하는 경우가 있다.

몇 번이 적당한가?

점진적으로 개발하는 프로젝트는 예외지만 리뷰는 한 번 하는 것이 원칙이다. 분석 아키텍트는 완벽하다고 생각하는 스펙 문서를 작성해서 한 번의 리뷰를 통해 최종본으로 확정하는 것이 가장 좋다. 점진적으로 진행하는 프로젝트가 아닌 경우, 스펙을 대충 작성해 리뷰하고 다시 추가로 작성해 리뷰를 반복하면 많은 시간이 소모될 뿐만 아니라 리뷰를 거듭할수록 집중도가 떨어진다. 나중에는 건성으로 리뷰를 하게 되어 중요한 사항을 놓치기도 한다. 수백 페이지나 되는 스펙 문서를 완벽하게 집중해 리뷰하려면 딱 한 번의 기회뿐임을 명심하는 것이 좋다.

얼굴을 보고 해야 하는가?

리뷰는 크게 온라인 리뷰와 대면 리뷰로 나뉜다. 온라인 리뷰는 시스템을 이용하거나 이메일로 스펙을 배포한 후에 리뷰 의견을 취합하는 방식으로 이루어진다. 대면 리뷰는 한곳에 모이거나 콘퍼런스 콜을 이용해 리뷰하는 것이다. 대면 리뷰에서는 사전에 모든 리뷰 참여자가 스펙 문서를 빠짐없이 읽고 의견을 정리해오도록 한다. 적어도 3~4일 전, 보통 일주일 전에는 스펙 문서를 배포하고 리뷰 초청을 해야만 정상적인 리뷰가 가능하다. 리뷰하는 사람들도 본연의 업무가 있기 때문에 일을 하면서 리뷰를 하려면 꽤 많은 시간이 필요하다.

모든 사람이 스펙 전부를 리뷰해야 하는가?

대형 프로젝트라면 SRS가 방대하다. 모든 사람이 스펙 전체를 리뷰할 필요도 없고 그렇게 할 수도 없다. 각자 전문분야가 다르므로 리뷰할 부분이 다르다. 그러면 누가 어디를 리뷰해야 하는지 어떻게 알 수 있을까? 그것은 스펙에 적혀 있다. 이 부분을 누가 어떻게 봐야 할지 자세한 안내를 기술해야 한다. 이것도 스펙의 일부다.

특별한 리뷰어

영업이나 마케팅 외에 프로젝트의 직접적인 이해관계자가 아닌데 스펙을 리뷰하는 경우가 있다. 예를 들어 보안이 중요한 소프트웨어의 스펙은 보안 전문가가 따로 리뷰를 하기도 한다. 이렇듯 특정 기술, 특정 도메인 정보에 대해서는 해당 분야의 전문가에게 리뷰를 받는다. 한 회사의 보안 전문가라면 프로젝트 참여 여부와 상관없이 사내 스펙 문서의 보안 관련 내용을 리뷰한다. 분석 아키텍트는 스펙을 작성할 때도 특정 분야 전문가에게 도움을 받으며, 스펙이 완성된 후에는 최종본에 대한 리뷰를 다시 요청하는 것이 좋다.

리뷰를 원활하게 하는 방법은 무엇인가?

스펙 리뷰 시 요구사항에 대해 개인의 관점이나 선호를 주장하는 사람들이 종종 있다. 이러한 사람이 자기 주장을 완강하게 고집하면 리뷰가 원활하게 진행되지 않는다. 리뷰하는 사람은 개인적인 선호가 아니라 전문가적 입장에서 요구사항에 오류가 없는지, 누락된 것이 없는지 찾아야 한다. 나도 SRS 리뷰 초창기에 리뷰 참석자들이 이런 식으로 의견을 주장하고 굽히지 않는 모습을 보았다. 이는 아직 리뷰 문화가 익숙하지 않은 탓이며, 스펙 리뷰를 반복하다 보면 쓸데없이 논쟁에 휘말리는 일은 사라질 것이다. 의견 충돌이 생길 경우,

리뷰 진행자는 프로젝트의 비전과 목표에 따라 의견을 조율해서 방향을 잘 잡도록 한다.

6.7 코드 리뷰보다는 설계 리뷰, 설계 리뷰보다는 스펙 리뷰

소프트웨어를 제대로 개발하려는 회사들이 선택하는 방법 중 하나가 코드 리뷰다. 코드 리뷰를 진행하면 소프트웨어의 버그도 줄고 개발 문화도 향상되리라 믿기 때문이다. 하지만 코드 리뷰가 정착됐다는 얘기는 들어본 적이 별로 없다. 코드 리뷰가 중요한 것은 맞다. 코드 리뷰를 통해 문제점을 발견하고 더 효율적인 방법을 찾기도 한다. 또 서로의 코드를 보면서 서로 배우는 것도 많다.

하지만 이런 모든 얘기는 스펙, 설계가 잘 됐을 경우로 국한된다. 스펙도 설계도 없이 주먹구구식으로 개발하다가 문제가 있다고 코드 리뷰를 도입하면 오히려 방해가 되고 프로젝트만 지연된다. 코드를 리뷰하는 사람도 달랑 코드만 보면 별로 할 것이 없다. 회사의 코딩 규칙을 준수했는지 점검하고 몇 마디 조언과 설명을 해주는 것이 전부다. 로직이 제대로 동작하는지, 잠재된 문제가 없는지, 구조적으로 좋은지 등은 보기가 어렵다. 단지 코드 리뷰를 했다는 뿌듯함만 남을 뿐이다.

이런 주먹구구식 개발 프로젝트라면 시간이 부족한 것은 당연하다. 그런 와중에 코드 리뷰를 진행한다는 것은 어불성설이다. 스펙과 설계를 제대로 진행하는 것이 먼저다. 이것이 선행되지 않았다면 코드 리뷰는 안 하는 것이 낫다. 스펙을 제대로 작성해 리뷰하고 설계를 잘 의논해 리뷰하는 것이 훨씬 더 유용하고 프로젝트가 더 빨리 끝나는 가장 좋은 방법이다. 스펙과 설계가 잘됐다면 코드 리뷰 때 볼 것이 많다. 그리고 상당히 잘 정리된 코드가 작성됐을 것이다. 좋은 설계를 보고 작성하는 코드는 뒤죽박죽되기 어렵기 때문이다. 다시 강조하지만 코드 리뷰보다는 설계 리뷰, 설계 리뷰보다는 스펙 리뷰가 더 중요하다.

6.8 스펙과 베이스라인

스펙 작성에서 베이스라인은 매우 중요한 기준점이 된다. 작성 중인 스펙이 계속 변하기 때문에 기준을 정하지 않으면 프로젝트 이해관계자들은 서로 다른 버전의 스펙을 보며 프로젝트를 진행할 수 있다. 그렇게 되면 커뮤니케이션 혼선이 빚어져 서로 다른 방향으로 일할 수가 있다.

따라서 공식적으로 베이스라인을 설정하고 하나의 버전을 바라보며 프로젝트를 진행해야 한다. 이후 스펙이 변경되면 베이스라인을 재설정하고 모든 이해관계자들에게 베이스라인 변경을 공지해 착오가 없게 해야 한다.

스펙에서 베이스라인은 다음과 같은 역할을 한다.

- 소프트웨어 개발의 기준이 된다.
- 제품의 최종 모습이 어떤 것인지 모두 알 수 있다.
- 추후 변경이 발생할 경우 기준이 된다. 변경 통제의 기준점이 된다.
- 점진적 개발 방법론에서는 각 단계의 목표 및 기준이 된다.
- 개발의 기준이 됐으므로 프로젝트 계획을 제대로 수립할 수 있다.
- 프로젝트 관리의 기준이 된다.
- 테스트 계획을 수립할 수 있다.
- 협업에 착수할 수 있다.

스펙의 베이스라인에 필수적으로 포함되어야 하는 것은 다음과 같다.

- 프로젝트 비전
- 프로젝트 범위
- 요구사항 우선순위 구분
- 컴포넌트와 인터페이스 식별
- UI 목업

스펙의 베이스라인을 설정할 준비가 됐는지 확인하려면 다음과 같은 요소를 고려한다.

- SRS가 완성됐는가?
- SRS에서 TBD^{To Be Determined}가 모두 제거됐는가?
- SRS는 충분히 리뷰했는가?
- 비즈니스 규칙을 확인했는가?
- 변경 관리 프로세스와 CCB를 구성했는가?
- 적절히 필요한 프로토타입을 수행했는가?
- 고객의 요구사항을 확인하기 위해 프로토타입을 만들었다면 이를 통해 요구사항을 확인하고 SRS에 반영했는가?
- SRS 템플릿이 잘 유지되고 템플릿에 맞게 충실히 작성됐는가?
- SRS를 검증했는가? (예를 들면 구현 가능성, 테스트 가능성, 사용성 면에서)

스펙의 베이스라인을 설정하는 것은 변경을 차단하기 위함이 아니다. 추후 변경이 있을 때 변경 관리를 효율적으로 하기 위한 것이다. 스펙의 베이스라인을 설정하는 방법은 여러 가지다. 요구사항 관리 툴을 이용한다면 툴에서 제공하는 베이스라인 설정 기능을 사용하면 된다. 파일 서버에서 관리한다면 특정 폴더에 SRS 문서 파일을 저장하고 프로젝트 이해관계자에게 공지하면 된다. Subversion과 같은 소스코드 관리시스템을 이용한다면 태깅^{tagging} 기능을 사용하면 된다. 한번 베이스라인이 설정된 SRS 문서는 영원히 보관하는 것이 좋다.

잘못된 사례

● 베이스라인 설정이 뭔지 잘 모른다. 스펙을 계속 작성하고 있어서 매일 바뀐다. 스펙이 계속 공개되어서 과거 내용을 기억하는 개발자도 있고 새로 변경된 내용을 알고 있는 개발자도 있다. 서로 자신이 본 내용이 맞다고 말다툼도 한다. 개발을 하고 있는 이 순간에도 스펙이 변하고 있는데 잘 알아채기가 힘들다.

● 최근에 SRS가 1.0에서 1.1로 변경됐다. 개발자 A는 SRS 1.1을 보고 개발하는데 개발자 B는 구 버전인 SRS 1.0을 보고 개발한다. 누구도 개발자 B에게 SRS가 업데이트됐다고 얘기해주지 않았다. 당연히 잘못된 방향으로 개발을 했고 개발한 코드는 버릴 수밖에 없었다.

6.9 스펙 변경 프로세스

스펙은 아무리 완벽하게 작성해도 개발 중에 변경된다. 나는 스펙이 끝까지 바뀌지 않은 프로젝트를 단 한 번도 본 적이 없다. 또한 대부분의 프로젝트는 요구사항이 늘면 늘었지 줄지는 않는다. 변경 관리를 하는 목적은 스펙을 변경하지 않기 위해서가 아니다. 스펙 변경을 제대로 관리하려면 변경의 기준점을 정해야 한다. 그러기 위해서는 먼저 스펙을 잘 작성해야 한다. 스펙이 없는 상태에서는 변경 관리가 불가하고 프로젝트 계획을 온전히 세울 수도, 계획을 합리적으로 변경하기도 어렵다. 이런 프로젝트는 프로젝트가 끝나봐야 안다.

스펙 변경을 관리하고 통제하는 목적 중 하나는 마음이 약한 프로젝트 관리자나 개발자가 개발 도중 누군가가 요구한 새로운 기능 추가, 기능 개선을 받아들여 프로젝트를 수렁에 빠뜨리게 되는 사태를 방지하는 것이다. 티끌 모아 태산인데, 프로젝트 관점으로 전체를 보지 못하는 관리자나 개발자는 프로젝트가 망가지는 것도 모르고 야금야금 기능을 추가하곤 한다.

소프트웨어가 모습을 드러내기 시작하면 사용자나 프로젝트 이해관계자들은 그때서야 변경 요구를 하기 시작한다. 애초에 자신이 원하던 기능과 구현된 기능이 다를 수 있고, 제품의 실물을 보면서 더 좋은 생각이 떠올랐을 수도 있다. 또는 경쟁사가 신제품을 출시해 그에 대응해야 할 수도 있다. 소프트웨어의 요구사항 변경은 매우 흔하게 일어나고 이를 원천봉쇄하기란 거의 불가능하다. 그러나 무조건 변경을 수용한다고 해서 더 경쟁력 있는 소프트웨어를 개발하는 것도 아니다. 무절제한 요구사항 변경은 프로젝트 일정을 지연시키고 프로젝트 성공 확률을 낮춘다.

따라서 요구사항 변경은 통제하에 이루어져야 한다. CEO가 요구사항 변경을 요청해도 지켜야 하는 강력한 통제가 필요하다. 그리고 요구사항 변경 통제 프로세스를 사용하려면 변경관리위원회Change Control Board(CCB)가 존재해야 한다. 이 위원회는 프로젝트 초기부터 결성되어 프로젝트 전반의 변경 요구에 관여해야 한다.

스펙 변경 관리 프로세스

SRS 변경 관리를 하기 위해서는 변경 관리 프로세스가 필요하다. 프로젝트팀에서는 SRS를 변경할 때 이 프로세스를 따라야 한다. 일부 프로젝트팀에서는 변경 관리 프로세스를 장애물로 생각하기도 하는데 꼭 그렇게 생각할 것만은 아니다. 자유로운 SRS 변경은 결코 프로젝트팀에 유리하지 않으며 오히려 불리한 경우가 많다.

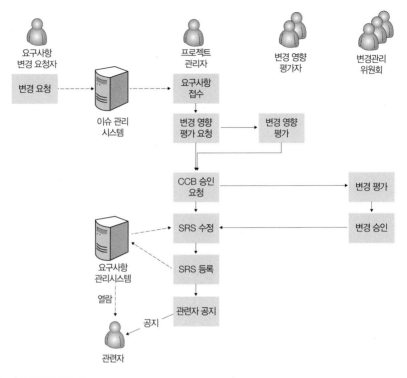

스펙 변경 프로세스 예

SRS 변경 관리 프로세스를 철저히 따르면 프로젝트 이해관계자들이 아무 때
나 SRS를 수정해 달라고 요구하는 빈도가 확연히 줄어든다. 본인도 SRS를 변
경하기 위해 프로세스를 따라야 하고 그 이유가 타당해야 한다는 점을 알기
때문이다. 프로세스가 없을 때는 개발자나 프로젝트 관리자 한 사람만 붙잡고
고집을 부리거나 협박을 하면 통했으나 이제는 변경관리위원회를 설득해야
한다. 또 프로젝트팀에서는 가능하면 변경이 적은 안정된 SRS를 가지고 개발
하는 것이 훨씬 좋다.

SRS 변경을 관리하기 위해 요구사항 관리시스템을 도입하는 경우도 있는데,
시스템이 변경 관리에 유용할 수는 있지만 변경 관리 자체를 해주지는 않는

다. 변경 관리는 사람이 하는 것이다. 프로세스가 안착됐고 이를 잘 따른다면 시스템 없이도 문제없이 변경 관리를 할 수 있다. 따라서 변경 관리가 미흡해 시스템 도입을 고려하고 있다면 이는 좋은 생각이 아니다. 먼저 변경 관리 프로세스를 정의하고 이를 잘 지키는 것이 더 손쉬운 방법이다.

베이스라인 설정 이후의 SRS 변경 시 꼭 프로세스를 따라야 하며 프로세스를 따르지 않는다면 변경을 절대 용인해서는 안 된다. 프로젝트팀에서는 변경 요청을 했다고 해서 무조건 변경관리위원회에서 승인해줄 것이라고 생각하면 안 된다. 프로젝트팀에서는 설득력 있게 요청하겠지만, 변경을 허용할지 말지는 변경관리위원회의 권한에 속한 것이다. 그리고 변경 요청 내용은 SRS와 마찬가지로 모든 프로젝트 이해관계자에게도 공지해야 한다. 프로젝트 이해관계자들은 자신이 합의한 SRS가 수정될 것이라는 사실을 알아야 하기 때문이다.

SRS 변경 요청을 할 때 빠져서는 안 되는 중요한 것은 변경 영향 평가다. SRS 변경으로 인력이나 비용, 기간이 어떻게 바뀌는지, 이로 인해 발생하는 리스크가 없는지, 테스트 인력이 더 충원되어야 하는지 등 예상되는 영향을 분석하고 이를 SRS 변경 요청 사항에 포함해야 한다. 변경 영향 평가는 변경관리위원회에서 변경 승인 여부를 판단하는 데 가장 중요한 요소가 되므로 신중하게 해야 한다. SRS는 변경됐다고 해서 이전 정보를 삭제해버리는 것이 아니라 기록을 유지해야 한다. 이전 정보도 중요한 정보이므로 함부로 삭제해서는 안 된다.

변경관리위원회는 프로젝트 관리자, 제품 관리자, 마케터, 분석가, 개발자, 테스터, 기술문서 작성자, 기술지원, TSC 등으로 구성된다. 물론 프로젝트 성격에 따라 간소하게 구성하기도 하고 많은 인력이 참여하기도 한다.

변경 관리 프로세스에는 변경 의사결정을 어떻게 할지도 정의해야 한다. 다수결 또는 만장일치로 결정할지, 서로 의논해서 합의할지, 위원장이 결정권을 가질지 등을 정해야 한다. 변경 요청서는 템플릿으로 양식을 만들어 공통으로 사용하면 좋다. 템플릿에는 대체로 다음과 같은 내용이 기재된다.

- 변경 요청 번호
- 변경 요청명
- 요청일
- 요청자
- 프로젝트와 제품명
- 변경 요청 내용
- 변경 사유
- 변경 영향 평가(일정, 인력, 품질, 비용 등 변경 전후 비교)
- 변경으로 인해 영향을 받는 작업이나 요구사항

템플릿을 기반으로 작성한 변경 요청서는 요청 후에 수정하거나 삭제할 수 없다. 즉, 요청이 승인되거나 거부됐다고 해서 요청서 자체를 삭제하면 안 된다. 변경 요청서 또한 소스코드 관리시스템에 SRS와 같이 안전하게 보관해야 한다.

변경 영향 평가 프로세스

SRS 변경의 핵심은 영향 평가다. SRS가 변경되면 프로젝트에 크고 작은 영향을 끼친다. 드문 경우이기는 하지만 일정이 단축될 수도 있고 반대로 기간이 6개월 연장될 수도 있다. 그런데 변경 영향 평가를 소홀히 하게 되면 자칫 잘못된 판단을 하게 되어 프로젝트를 망칠 수 있다. 그렇다고 변경 영향 평가에 너무 많은 시간을 쏟아서도 안 된다. 정확한 변경 영향 평가도 좋지만, 신속한 영향 평가가 더 중요하다. 영향 평가는 몇 시간 내로 끝나야 한다. 영향 평가를 위해 며칠을 소비하는 것은 신속한 변경 승인 판단을 저해한다. 장고 끝에 악수라고, 보통 오랜 시간을 거친 영향 평가 결과의 정확도가 그리 높지 않기 때문이다.

영향 평가의 또 다른 효과가 있다. 일반적으로 고객은 '소프트웨어는 언제든지 요구사항을 바꿀 수 있고 또 쉽게 적용할 수 있다'고 생각한다. 하지만 고객에게 그 변경으로 발생할 영향을 신속하고도 전문적이고 설득력 있게 설명한다면 고객은 태도를 바꿀 수도 있다. "그렇게 오래 걸리는 줄 알았으면 이렇게 바꿔 달라고 하지 않았을 겁니다."

고객에게 요구사항을 바꾸면 시간이 많이 든다고 얘기하는 것보다 적절한 근거를 체계적으로 제시하는 것이 훨씬 더 설득력 있다. 변경으로 인한 영향을 평가할 때 확인해야 할 내용은 다음과 같다.

- 변경이 미치는 기술적 영향 또는 사업적 영향
- 변경으로 인해 발생하거나 증가, 감소하는 리스크
- 변경으로 발생하는 매몰 비용 sunken cost
- 변경으로 발생하는 추가 비용
- 변경이 제품의 성능에 미치는 긍정적, 부정적 영향
- 변경의 영향을 받는 제품의 품질 특성
- 변경으로 추가 투입되어야 할 인력 및 제외되어야 할 인력
- 변경으로 추가 투입되어야 할 시스템
- 변경이 테스트에 어떠한 영향을 주는가?
- 변경이 다른 요구사항과 상충되지 않는가?
- 변경으로 마케팅 전략을 수정해야 하는가?
- 변경으로 고객 지원을 수정해야 하는가?

특히 기술적인 영향 평가 요소에는 다음과 같은 것이 있다.

- 변경의 영향을 받는 설계
- 변경의 영향을 받는 소스코드
- 변경의 영향을 받는 도움말과 매뉴얼
- 변경으로 인해 수정돼야 할 사용자 UI
- 변경으로 인해 수정돼야 할 제품의 사용 환경
- 변경의 영향을 받는 데이터베이스 스키마
- 빌드 스크립트도 변경되어야 하는가?
- 테스트 케이스가 바뀌어야 하는가? 바뀐다면 그 규모는?
- 새로운 외부 라이브러리가 필요한가? 필요하다면 그 비용은?

6.10 종결된 프로젝트의 스펙, 업데이트할 것인가?

스펙은 아무리 잘 작성해도 구현 도중, 유지보수 시 변하기 마련이다. 스펙에서 오류나 누락이 발견되기도 하지만 새로운 기능이나 개선사항이 추가되기도 한다. 이런 모든 것을 발견하기 위해 스펙을 끝도 없이 적는 것은 오히려 비효율적이다. 그래서 적당한 시점에서 구현을 시작하는데 변경사항이 발생하는 것은 당연하다.

그러면 이런 변경사항이 발생할 때마다 스펙을 업데이트해야 할까? 특히 프로젝트가 모두 끝난 후 유지보수 단계에서 변경사항이 생기면 어떻게 해야 할까? 이론적으로만 말하면 당연히 업데이트해야 하지만 그렇게 간단한 문제가 아니다.

스펙을 잘 작성한다고 자부하는 회사도 제품이 업그레이드되면서 스펙 문서와 소프트웨어가 일치하는지 물어보면 그렇지 않다고 답하는 경우가 많다. 이렇듯 스펙의 업데이트는 어렵고 스펙을 무조건 완벽하게 업데이트하는 것이 정답도 아니다.

스펙은 여러 가지 용도로 쓰인다. 유지보수를 위해서도 쓰이고 신입 사원 교육에도 쓰인다. 또 차기 버전을 만들 때 기초가 된다. 따라서 스펙이 잘못된 정보를 가지고 있다면 심각한 문제가 된다.

구현 단계에서 스펙이 변경되는 경우를 보자. 바꿔야 할 문서가 한두 개가 아니다. 요구사항 문서, 설계 문서 등 여러 이름으로 불리는 많은 문서를 수정해야 한다. 글로벌 방법론을 흉내 내느라 수많은 문서를 만들어온 회사라면 바꿔야 할 문서가 적지 않다. 이것이 바로 소프트웨어를 개발할 때 문서를 많이 만들면 안 되는 이유다. 또 문서를 너무 자세히 적으면 안 되는 이유도 된다.

문서를 많이 만들면 아무리 정성껏 만든 문서도 시간이 흐르면서 정확도가 떨어지고 나중에는 쓸모 없이 책꽂이만 차지하기 십상이다. 고객이 무조건 많은 문서를 요구하는 특별한 상황이 아니라면 문서의 개수는 최소화해야 한다. 그래야 문서를 최종 제품과 똑같이 유지하기가 쉬워진다. 일단 문서의 개수를 최소화한 뒤에는 문서 업데이트를 어떻게 해야 할까?

문서는 최종 제품과 동일해야 하는 것이 원칙이다. 유지보수 기간에도 변경되는 내용이 꾸준히 문서에 반영되어야 한다. 말은 쉬워도 현실적으로는 매우 어렵다. 이럴 때 어떻게 해야 할까? 만약 UI 문서, 설계 문서 등 여러 문서를 만들었다면 스펙 문서 하나만은 꼭 업데이트하는 것이 좋다. 나중에 유용하게 쓰이는 것으로는 스펙 문서가 으뜸이다.

설계 문서는 어떨까? 설계 문서는 구현되고 나면 그 필요가 상당히 떨어진다. 설계 문서도 매번 업데이트하면 좋겠지만, 현실적으로 최종 제품과 완전히 일치하기가 상당히 어렵다. 구현이 완료됐다면 이미 설계 내용은 코드로 전환됐을 것이고, Doxygen이나 JavaDoc을 사용한다면 일부 설계 불일치를 많이 보완해줄 것이다. 스펙 이외의 문서 업데이트에 대해서는 회사의 역량 수준에 따라 결정하되 스펙 문서는 꼭 업데이트하는 것이 좋다.

다음 그림의 케이스 A처럼, 스펙을 최소한으로 적절히 작성하면 구현 도중 발생하는 스펙 변경 내용을 업데이트하기가 쉽다. 물론 최소한으로 작성하려면 스펙을 작성하는 역량이 매우 뛰어나야 한다. 이때 개발 도중 발생하는 변경 사항을 나중에 한꺼번에 몰아서 문서에 반영하기는 매우 어렵다. 그래서 변경이 발생할 때마다 업데이트하는 것이 좋다.

이렇게 업데이트된 문서는 공유해야 하고 필요하면 변경 관리 프로세스도 밟아야 한다. 처음에는 몹시 귀찮고 힘들지만 습관이 되면 이 방법이 가장 효율적이라는 것을 알게 된다. 그렇기 때문에 개발 도중 일부가 변경되더라도 스펙에 반영해야 할 내용이 최소화되도록 노력해야 한다. 그렇다고 개발하기가 어렵게 부실하게 작성하면 안 된다. 그래서 요령이 필요하다.

케이스 B는 스펙을 과도하게 자세히 적거나 중복이 많아 스펙 문서가 두툼한 경우다. 실제 소프트웨어를 구현하는 중에 발생하는 수많은 변경사항을 스펙 문서에 업데이트하는 것이 매우 어렵다. 변경해야 할 내용이 매우 많고 중복된 부분을 다 찾아 업데이트해야 하기 때문에 많은 시간과 노력이 필요하다. 그래서 현실에서는 소프트웨어와 다른 SRS 문서가 되어버려 한쪽 구석에 방치되기 십상이다.

케이스 C는 거대 방법론처럼 스펙 문서를 여러 관점에서 아주 자세히 많은 분량을 작성한 경우다. 이 경우는 스펙을 업데이트한다는 것이 거의 불가능하다. 거의 제출용 문서이고 나중에는 책꽂이에 꽂혀 장식용이 된다. 이 방법은 소프트웨어를 개발하는 데 비용과 시간이 많이 소요되며 효율적이지도 못하다.

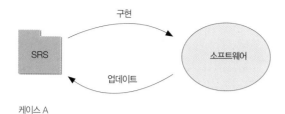

케이스 A

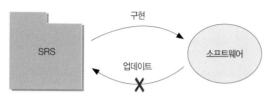

케이스 B

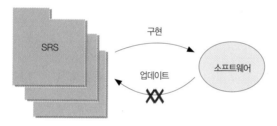

케이스 C

원칙은 스펙과 문서가 일치해야 한다는 것이다. 그래서 많은 시간과 노력을 들여 스펙을 업데이트하는 데 집중하기보다는 업데이트를 쉽게 할 수 있게 스펙을 작성하는 요령과 노하우가 필요하다.

6.11 종결된 프로젝트의 스펙 일부 삭제

수백 페이지의 스펙 문서를 토대로 소프트웨어를 개발했다고 가정하자. 그러면 이미 제품화되는 과정에서 스펙과 미묘하게 다른 것들이 발생했을 것이다.

특히 방대한 UI 문서는 개발 과정에서 소소한 논의를 거쳐 변경됐고, 컴포넌트와 인터페이스 특히 내부 인터페이스는 수정됐을 공산이 매우 크다. 이때 앞에서 얘기한 것과 같이 문서를 일방적으로 수정해 제품과 일치시키는 것이 최선의 방법은 아니다. 소프트웨어 개발 과정에서 생기는 변경은 스펙에 반영해서 프로젝트 팀원 간의 혼동을 방지해야 한다. 하지만 이미 개발을 완료한 경우라면 얘기가 달라진다.

완성된 소프트웨어라면 스펙 문서의 내용을 상당 부분 삭제해도 된다. 오히려 내용 일부를 잘 삭제하면 추후 유지보수나 업그레이드가 더 쉬워진다. 스펙 문서는 최종적으로 소프트웨어가 어떤 모습인지 정의하기도 하지만 소프트웨어를 어떻게 개발해야 하는지 안내하기도 한다. 컴포넌트와 인터페이스의 상당 부분은 이에 해당한다. 그래서 소프트웨어를 완성한 후에는 더 이상 존재 가치가 없게 된다. 나중에 소프트웨어를 분석하는 데 필요할 수도 있지만 대부분은 소프트웨어와 문서가 일부 또는 상당 부분 달라져 혼선을 준다. 또한 업그레이드하면서 해당 문서를 모두 업데이트하는 것은 추후 개발을 더욱 어렵게 만든다.

따라서 미래에 참조해야 할 가치가 별로 없는 내용은 과감히 삭제하는 것이 좋다. 그래서 300페이지짜리 스펙 문서가 프로젝트 종료 후 100페이지가 되기도 한다. 사라진 200페이지 정보는 이미 UI로 구현됐거나 소스코드 자체, 소스코드 주석, Doxygen 문서 등으로 대체됐을 것이다. 물론 경영진이나 마케팅에서 중요하게 보는 내용을 마음대로 삭제하면 안 된다. 개발 도중에만 쓰이는 부분을 삭제하는 것이다. 분량이 적어진 문서는 유지보수 개발자가 읽기도 좋다. 스펙 문서는 작성하는 것도 중요하지만 잘 삭제하는 것도 중요하다.

6.12 대형 프로젝트 분석의 협업

제법 큰 프로젝트는 SRS를 한 문서에 적지 않는다. SRS 문서를 쪼개 여러 개로 작성하기도 한다. 이때 하위 SRS는 컴포넌트별로 나눠 작성한다. 다음 그림처럼 협업한다면, 상위 SRS 한 개와 하위 SRS 세 개를 작성해 총 네 개의 SRS를 작성하게 된다.

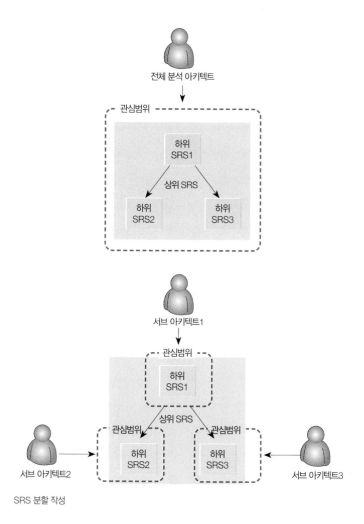

SRS 분할 작성

상위 SRS에서는 컴포넌트를 나누고 하위 SRS를 작성하는 분석 아키텍트는 각 컴포넌트의 외부 인터페이스만 고려하면 된다.

상위 SRS와 하위 SRS를 순차적으로 작성해야 하는 것은 아니다. 일단 상위 SRS에서 컴포넌트 간의 인터페이스를 정의하고 나면 하위 SRS와 동시에 작성을 진행할 수 있다. 이때 하위 SRS는 상당히 많은 부분을 상위 SRS와 공유하기 때문에 중복해서 작성할 필요가 없다. 또한 하위 SRS는 상위 SRS와 일관성을 유지하면서 작성하는 것이 중요하다.

이렇게 SRS를 나눠 작성하면 시간을 전체적으로 절약하고 프로젝트도 나눠 진행할 수 있다. 프로젝트를 작은 서브 프로젝트로 나눠 동시에 진행하면 복잡도도 줄고 개발 기간도 단축하게 된다. 이때 각 컴포넌트 간의 인터페이스를 잘 정하고 유지하는 것이 중요하다. 엉성하게 인터페이스를 정하면 개발 도중 인터페이스 변경이 연이어 일어나고 이로 인해 대규모 재작업을 해야 한다. 병렬 개발이 잘 동작하려면 인터페이스를 확실하게 정하고 함부로 수정하면 안 된다.

Who?

7.1 스펙은 누가 쓰는가?

스펙은 누가 쓰는가? 개발자가 쓰는가? 프로젝트 관리자가 쓰는가? 스펙은 혼자 쓰는가? 여러 사람이 쓰는가? 스펙 작성은 고된 노동에 매우 어렵고 이후 프로세스의 향방을 결정할 중차대한 작업이다. 이 스펙을 과연 누가 써야 하는지 이제부터 자세히 알아보자.

스펙은 누가 쓰는가?

스펙은 누가 써야 한다고 법칙으로 정해진 것이 아니다. 작은 프로젝트라면 어떤 개발자든 쓸 수 있다. 하지만 중규모 이상의 소프트웨어 스펙이라면 아무나 써서는 프로젝트를 성공으로 이끌지 못한다. 그만큼 어렵기 때문이다.

스펙을 잘 쓸 후보는 시니어 개발자다. 그중에서 오랫동안 스펙을 써왔고 다방면의 지식과 경험을 갖춘 개발자가 가장 유력하다. 이렇게 스펙을 잘 작성하는 사람을 분석 아키텍트, 분석가, 업무 분석가, 비즈니스 분석가, 시스템 분석가 등 여러 이름으로 부른다. 공통점은 분석이라는 용어가 포함된다는 것이다. 스펙을 작성하려면 여러 요구사항을 잘 분석해야 하기 때문이다.

스펙은 혼자 쓰는가? 여럿이 쓰는가?

스펙의 오너owner는 한 사람이다. 즉, 스펙의 저자author는 한 사람이지만 여러 사람이 협력해 스펙을 쓴다. 적게는 두세 명이, 많게는 수십 명이 투입되기도 한다. 스펙 하나를 여러 사람이 나눠 쓰기도 하고, 스펙을 서브 스펙으로 쪼개 여러 사람이 각각 쓰기도 한다. 작은 스펙은 혼자서 하루 만에 쓰기도 하지만 대형 프로젝트 스펙은 여러 개로 쪼개진 문서를 수십 명이 일 년 이상 쓰기도 한다. 스펙을 여러 개로 분할할 경우에는 시스템을 여러 컴포넌트로 나누고 각 컴포넌트 간의 인터페이스를 잘 정의하는 것이 매우 중요하다. 인터페이스가 잘 정의되면 각 컴포넌트가 따로 떨어져 각각 서브 스펙을 작성할 수 있다.

스펙이 여러 개로 분할될 경우, 모든 스펙이 완성될 때까지 각 서브 프로젝트가 구현을 시작하지 못하고 대기해야 하는 것은 아니다. 프로젝트에 따라 다르지만, 잘 계획된 프로젝트에서는 여러 서브 프로젝트들이 서로 다른 날짜에 시작하고 끝난다. 단, 상위 스펙에서 각 프로젝트 관계가 잘 정의되어야 문제가 발생하지 않는다. 다시 한 번 강조하지만 스펙의 오너는 한 사람이고 스펙의 총지휘도 한 사람이 하는 것이다. 그래야만 스펙의 전체적인 일체성이 확보된다.

7.2 분석 아키텍트의 역할

분석 아키텍트는 프로젝트에서 스펙, 즉 SRS를 작성하는 사람이다. 분석 아키텍트는 SRS를 작성하기 위해 다음과 같은 다양한 활동을 해야 한다.

SRS 작성 계획 수립

분석 아키텍트는 SRS 작성의 총책임자다. 그래서 SRS 작성 목표를 정하고 일정을 수립해야 한다. SRS 일정을 결정할 때는 프로젝트 관리자와 협의해야 한다. SRS 일정에는 문서 작성 일정뿐만 아니라 자료 수집과 인터뷰 진행 일정, SRS 작성과 리뷰 일정까지 모두 포함해야 한다. 보통 SRS 작성에는 여러 사람의 협조가 필요하다. SRS 작성 계획에는 투입되는 사람과 협업해야 하는 대상자도 식별해 기술해야 한다. 보통 UI팀, 기술 리더와 각 분야 전문가가 여기에 해당한다.

비즈니스 요구사항 확인

SRS는 '이 프로젝트를 왜 하는가?'라는 질문으로 시작된다. 그래서 프로젝트 비전을 확인해야 한다. SRS의 중요한 소스 중 하나는 비즈니스 요구사항이다. 비즈니스 요구사항을 알려주는 자료가 많지만 많은 부분이 소프트웨어 기획 문서(MRD)에 적혀 있다. 그래서 분석 아키텍트는 기획 문서를 분석하고 추가로 비즈니스 요구사항을 파악하기 위해 다양한 자료를 확인해야 한다.

요구사항 관련자 식별

요구사항은 여러 관련자에게서 나온다. 사용자와 마케터처럼 직접적으로 연관된 사람은 물론이고 생산팀, CS팀, 교육팀처럼 연관성이 좀처럼 보이지 않으며 생각하지도 못한 관련자가 의외로 많다. 프로젝트 성격에 따라 요구사항 분석이 필요한 소스가 다르므로 이를 간과하거나 누락해서는 안 된다.

요구사항 도출

요구사항을 다양한 방법으로 도출해야 한다. 이해관계자와 인터뷰나 대화를 하고 그들이 일하는 모습을 관찰하기도 하며 이미 작성된 문서를 분석하기도 한다. 또한 이해관계자 계층에 따라 요구사항 도출 방법을 적절히 달리해야 한다.

요구사항 분석

도출된 요구사항을 분석해 구조화하고 상충되는 요구사항을 조정해야 한다. SRS 작성 시 가장 어려운 점은 수많은 요구사항을 체계화하고 상충되는 요구 사항의 해결책을 찾아내는 것이다. 우선순위에 따라 요구사항을 조정하고 적 절한 절충안을 찾기도 한다. 우선순위를 정하는 것조차도 이해관계자마다 생 각이 다를 수 있어서 쉽지 않다.

SRS 문서화

SRS 템플릿에 맞게 문서화하는 작업이다. 여러 이해관계자가 읽어야 하는 만 큼 이해하기 쉽게 작성한다.

SRS 리뷰

완성된 SRS를 리뷰해야 한다. SRS를 작성하는 도중에도 많은 이해관계자와 SRS 문서를 보고 같이 작성한다. 하지만 이런 활동은 리뷰가 아니며 SRS가 완성된 후에 리뷰를 정식으로 진행해야 한다.

SRS 관리

SRS가 완성된 후에도 프로젝트를 진행하면서 요구사항이 변경되곤 한다. 이 때 추가 분석이 필요하며 SRS를 업데이트해야 한다. 분석 아키텍트는 이런 일 련의 관리도 담당해야 한다.

7.3 분석 아키텍트의 자질

분석 아키텍트에겐 어떤 능력이 필요한가?

분석 아키텍트는 사용자나 프로젝트 이해관계자의 말을 잘 알아들어야 한다. 듣기보다 말하기에 치중하는 사람은 분석 아키텍트로 적합하지 않다. 많은 요구사항이 토론을 통해 나오므로 토론과 인터뷰에 능숙해야 한다. 사용자나 프로젝트 이해관계자들이 요구사항을 잘 말할 수 있도록 적절한 질문을 할 수 있어야 한다. 더불어 요구사항의 내용을 잘 분석해야 한다. 요구사항에 대해 토론하면 항상 언쟁이 있고 충돌과 갈등이 발생하기 마련이다. 이때는 잘 중재해서 합리적 결론에 이르도록 이끌어야 한다.

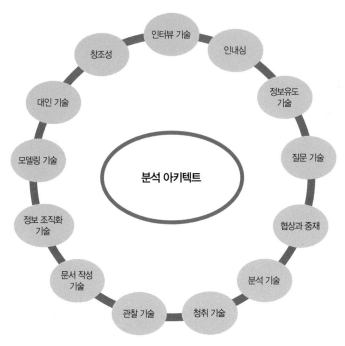

분석 아키텍트에게 필요한 능력

요구사항의 양이 대단히 많을 수 있다. 어떤 스펙은 천 페이지가 넘기도 한다. 이러한 방대한 자료를 잘 조직하고 체계적으로 작성하는 일은 생각보다 쉽지 않다. 그뿐만 아니라 모든 프로젝트 관계자가 이해하기 쉽게 문장을 작성해야 한다. 따라서 분석 아키텍트는 분석력이 뛰어나며 문서 작성 능력도 탁월해야 한다. 더불어 소프트웨어 기술도 잘 알고 도메인 지식도 뛰어나다면 금상첨화다.

분석 아키텍트의 실력은 경험과 지식에 비례한다고 해도 과언이 아니다. 마케팅이나 비즈니스도 일부 알아야 하고 회사가 어떻게 운영되는지, 프로젝트가 어떻게 진행되는지도 파악해야 한다. 소프트웨어 공학과 관련된 효율적인 소프트웨어 개발법을 이해하고 여러 소프트웨어 기술도 다룰 줄 알아야 한다. 그래야 현실성 있는 소프트웨어 스펙을 작성할 수 있다.

시야가 넓고 멀리 볼수록 뛰어난 분석 아키텍트가 될 가능성이 크다. 비즈니스 상황에 따라 시스템이 3년 후에 어떻게 될지 예측하고 이를 위해 현재 아키텍처를 정할 수 있어야 한다.

(출처 https://bit.ly/300Qcvq)

분석 아키텍트가 되려는 사람은 기술에 전념하며 단기적 이슈만 보지 말고 필요한 능력과 지식을 연마하기 위해 꾸준히 공부하고 폭넓게 경험하는 것이 좋다.

7.4 소프트웨어 개발자는 글을 잘 써야 한다

분석 아키텍트가 아니더라도 소프트웨어 개발자라면 글을 잘 쓸 수 있어야 한다. 소프트웨어 개발 과정에서 커뮤니케이션은 대부분 글로 한다. 글을 잘 쓰지 못하는 소프트웨어 개발자는 커뮤니케이션을 원활하게 하지 못한다. 여기서 '잘' 써야 한다는 것은 감동을 주는 글을 써야 한다는 것이 아니다. 생각하는 바를 정확하게 표현할 수 있는 것을 말한다.

글을 잘 못쓰는 소프트웨어 개발자가 작성한 문서를 보면 어떻게 하면 이해하기 어려운지 연구해서 쓴 것처럼 보인다. 개발자만 아는 어려운 용어로 도배를 해서 다른 사람들은 알 수 없게 작성하기도 한다. 이렇게 글을 쓰면서도 문제가 있다는 것을 알아차리지 못하고 조언을 흘려듣곤 하는데, 그렇게 해서는 진정한 소프트웨어 개발자라고 하기 어렵다.

뛰어난 소프트웨어 개발자가 되기 위해서는 글 쓰는 연습을 꾸준히 해야 한다. 다른 사람들이 쉽게 이해할 수 있는 글을 써야 한다. 글을 쓸 때는 우선 글을 읽는 독자가 누구인지 생각해야 한다. 독자에 따라 글을 쓰는 방법이 달라지기 때문이다. 스펙은 항목에 따라 읽는 사람이 다르다. 그래서 하나의 스펙 문서에서도 글을 쓰는 방법이 다르다. 어느 항목은 전문 용어를 사용해 어렵게 써도 되지만, 누구나 이해하기 쉽게 써야 하는 항목도 있다.

소프트웨어 개발자는 자신이 생각한 시스템, 개발 방법, 아키텍처 등을 글로 표현할 수 있어야 한다. 다른 개발자가 그 글을 읽고 개발할 수 있도록 적절한 용어를 사용하고 그림이나 도표를 활용해 이해를 돕도록 한다. 무엇보다 실전에서 글 쓰는 습관을 들여 시나브로 생활화하는 것이 중요하다.

7.5 문서 작성 기술

분석 아키텍트가 지녀야 할 핵심 기술 중 하나가 문서 작성 기술이다. 문서를 오랫동안 작성해왔다고 자동으로 실력이 향상되는 것은 아니다. 문서를 잘 작성하지 못하는 사람들은 흔히 자기만 이해할 수 있게 자기 중심적으로 글을 쓴다. 그러나 문서는 남이 읽고 공유하기 위해 만드는 것이다. 자기만 읽고 이해할 수 있는 문서는 문서로서 가치가 없다.

마이크로소프트의 엑셀 팀장을 지낸, 『조엘 온 소프트웨어』 저자 조엘 스폴스키는 다음과 같이 말했다.

> "우리 회사에는 원칙이 하나 있습니다. 소프트웨어 개발자를 뽑을 때는 글을 쓸 수 있는 사람, 그것도 글을 잘 쓰는 사람을 뽑아야 한다는 것입니다. 문법 오류가 있는 이력서를 제게 한번 보내보세요. 우리 회사에는 절대 입사하지 못할 거라고 확신합니다. 소프트웨어 개발자들도 좋은 글을 많이 써서 서로 간에 대화 기술도 좋아지기를 바랍니다. 의사소통은 소프트웨어 개발에서 가장 간과되는 기술입니다."

우리가 자라온 환경에서는 글을 쓰는 능력을 발달시키기가 어려웠다. 어려서부터 수동적 주입식 교육을 받았기 때문이다. 자기 의견을 말하기보다는 선생님이 가르쳐주는 것을 듣고 그대로 받아 적고 암기하고 객관식 위주의 시험을 봤다. 그래서 대체로 자기 의견을 글로 써서 조리 있게 전달하는 데 익숙하지 않다.

또 한글은 구조적으로 문장의 의미를 명쾌하게 전달하는 데는 비교적 취약하다. 즉, 어순의 문제인데 영어는 일단 결론을 말하고 꾸미는 말이 뒤에 오지만 한글은 꾸미는 말이 앞에 오고 결론이 뒤에 나오기 때문에 문장이 복잡해진다. 그래서 이런 말이 있다. "한국말은 끝까지 들어봐야 안다."

우리나라에서는 무미건조한 구미식 전달법, 즉 결론을 말하고 이어서 근거를 대는 화법이 예의 없는 것으로 인식되기 쉽다. 특히 직장에서라면 상사에게 버릇없는 행동으로 비치기까지 한다. 전통 화법으로 대화하는 사람은 문제의 배경, 주변 정세부터 시작해 경과나 상황을 설명하면서 듣는 사람을 자신이 바라는 결론으로 잘 유도해간다. 듣는 사람은 강요당한다는 느낌을 받지 않으면서 말하는 사람의 결론을 자연스럽게 받아들인다. 하지만 이러한 화법은 문서를 작성할 때 걸림돌이 된다.

문서 작성 요령을 몇 가지 귀띔하려 한다. 그전에 일단 문서를 작성하려 한다면 가장 먼저 머릿속에 떠올리고 내내 염두에 둬야 할 것이 있다. "문서는 남이 읽게 하기 위해 작성하는 것이다. 내가 읽으려고 하는 것이 아니다." 이것 하나만 명심해도, 단어 선택이나 문장 서술이 조금은 쉬워질 것이다. 문서를 작성할 때는 다음 사항을 고려하자.

읽는 사람의 눈높이에 맞춘다

읽는 사람이 누구인지, 전문 지식이 있는지, 관련 경험이 있는지를 파악하고 이에 알맞게 작성해야 한다. 읽는 사람이 내용과 관련된 전문 지식이 풍부한 사람이라면 전문 용어를 섞어 쓰면서 깊이 있게 설명해도 된다. 그렇지 않다면 쉬운 용어와 표현을 사용해 잘 풀어 설명해야 한다. 여러 계층의 사람들을 대상으로 한다면 대중이 이해하기 쉽게 작성해야 한다.

주제를 직접적으로 명시한다

주변 상황과 부차적인 것을 설명하느라 주제와 본질을 놓쳐서는 안 된다. 친절한 글 쓰기로 예의를 차리기보다는 논리적이고 구체적으로 작성하고 목적과 목표를 명확하게 밝힌다. 또 장황하게 기술하지 말고 먼저 요지부터 말하고 세부사항을 설명하는 것이 좋다.

독자의 기대를 충족한다

독자가 기대하는 정보는 만족할 만큼 충분히 기술하고 불필요한 내용은 쓰지 않는다. 좋은 내용이지만 주제와 관계없다면 글쓴이와 읽는 이의 시간을 낭비할 뿐이다.

사실과 의견을 확실히 구분한다

사실과 의견을 혼동하면 자칫 잘못 전달할 수 있다. 확인되지 않은 사실을 기정 사실화해선 안 된다. 읽는 사람이 오해하지 않게 확실히 선을 그어 사실과 의견을 구분한다.

맞춤법에 맞게 작성한다

올바른 맞춤법은 문서의 신뢰도를 높인다. 맞춤법이 틀리거나 문법에 맞지 않은 문장은 이해하기 어렵거나 오해의 소지가 있다. 맞춤법, 외래어 표기법 등에 주의해 오류가 없도록 한다.

문서를 읽기 편하게 구성한다

적당한 여백, 읽기 편한 자간과 행간, 그림과 표의 적절한 활용으로 문서의 가독성을 높인다. 글자로만 빽빽하게 가득 찬 문서는 정말 읽기가 괴롭다.

문서 꾸미기에 시간을 낭비하지 않는다

문서를 예쁘게 장식하거나 세련되게 디자인하는 데 공을 들이지 말고 내용을 명확하게 전달하는 데 주력한다.

7.6 시뮬레이션 능력

실물을 가지고 직접 해보지 않고서 머릿속으로 설계해보고 결과를 예측하는 역량이다. 시뮬레이션을 하려면 알아야 할 것이 많다. 기술이 뛰어나야 하며, 비즈니스나 회사 경영도 기본은 알아야 한다. 자신이 정한 스펙, 설계에 따라 제품이 어떻게 동작할 것이고, 고객이 어떻게 사용할 것인지 훤히 그릴 수 있어야 한다. 동시에 그러한 과정에서 어떤 문제가 생기는지도 머릿속에서 돌려보고 예측할 수 있어야 한다.

시뮬레이션 능력은 소규모이거나 단순한 프로젝트에서는 그닥 필요하지 않지만 대규모이거나 복잡한 시스템의 스펙을 작성할 때는 중요하다. 시뮬레이션 능력은 타고난 재능과 노력, 다양한 경험이 바탕이 되어 형성된다. 선천적으로 시뮬레이션 능력이 뛰어난 사람들이 있다. 이들은 복잡한 시스템도 머릿속에서 그려보고 결과를 예측하는 능력이 월등하다. 기본적으로 이런 사람들은 분석 아키텍트나 기술 아키텍트로 성장하기에 유리하다. 하지만 아무리 타고난 능력이 뛰어나더라도 경험이 전무하다면 시뮬레이션을 하기가 막막하다. 낯선 환경과 새로운 프로젝트에서 예측하려면 어느 정도 유사한 경험이 필요하다. 그래서 뛰어난 분석 아키텍트가 되려면 타고난 재능도 필요하지만 오랜 기간 동안 분석과 설계 경험을 쌓아야 한다.

시뮬레이션은 머리로 하지만 그 결과는 모두 스펙 문서로 작성한다. 그래서 여러 사람과 시뮬레이션 과정, 결과를 공유하고 리뷰를 해야 한다. 한 사람이 예측하는 것보다 여러 사람이 예측하는 것이 훨씬 더 낫다. 한 사람의 경험은 한계가 있기 때문에 여러 분야 전문가들의 경험을 끌어모아야 한다. 촘촘한 그물망처럼 여러 사람이 시뮬레이션을 할 경우 많은 문제를 사전에 차단할 수 있다.

반대로 시뮬레이션 능력이 빈약할 경우 예측을 제대로 하지 못해 구현 과정에서 숱한 문제들이 속출하고 구현 도중에 아키텍처를 대대적으로 고쳐야 할 수도 있다. 그러면 스펙의 일관성이 떨어지고 아키텍처가 취약해진다. 물론 프로젝트 기간이 계획보다 더 길어지고 제품의 품질도 나빠진다. 회사에서 주니어 분석 아키텍트를 선발해 양성할 방침이라면 코딩 능력에 버금가는 글 쓰는 능력과 커뮤니케이션 능력을 갖춘 사람을 추천한다. 게다가 시뮬레이션 능력도 뛰어나면 금상첨화다.

7.7 문제해결 능력

스펙을 작성하는 일은 고객의 요구사항을 잘 정리하면 되는 일이 아니다. 스펙을 작성하다 보면 수많은 문제를 해결해야 한다. 그래서 분석 아키텍트는 어려운 프로젝트의 스펙을 작성하고 나면 흰머리가 많이 생겼다는 둥 얼굴이 부쩍 수척해졌다는 둥 푸념을 늘어놓곤 한다.

어려운 기술 이슈를 해결해야 하고, 기술적으로 상충하는 두 가지를 동시에 충족하기 위해 머리를 쥐어뜯어야 할 때도 있다. 대부분은 기술과 비즈니스가 충돌하는데 여러 비즈니스 요구사항이 상충하는 경우도 있다. 예를 들어 미국 시장에서는 고급 기능과 빠른 처리 속도를 요구하고, 남미 시장에서는 기본 기능만 갖춘 저사양의 PC에서 동작해야 한다고 요구할 수 있다. 서로 상반되는 요구사항들을 조율하고 최대한 요구사항을 충족하려면 단순히 받아 적는 것만으로는 안 된다.

이예 불가한 것은 포기하고 일말의 가능성이 있는 것은 창의적인 아이디어로 문제를 해결해야 한다. 그래서 분석 아키텍트에게는 뛰어난 문제해결 능력이 필요하다. 그런데 문제해결 능력이란 구체적으로 어떤 능력을 의미할까?

- 문제를 정확하게 파악하는 이해력
- 문제의 핵심을 꿰뚫어보는 직관력
- 문제해결 방향과 목표를 설정하는 능력
- 문제와 관련된 수많은 정보를 취합하고 정리하는 종합력
- 문제의 원인을 진단하는 분석력
- 해결책을 찾는 창의력
- 해결책의 결과를 예측하는 시뮬레이션 능력
- 해결책을 실행하는 추진력

그럼 문제해결 능력을 기르기 위해서는 어떻게 해야 할까? 문제해결 능력은 하루 아침에 생기지 않는다. 일상생활에서 부단히 훈련하며 힘써 길러야 한다.

- 생각을 펼쳐 상상력 키우기
- 다방면의 지식과 경험 쌓기
- 취미 활동 등 다양한 활동 하기
- 철학, 심리학, 역사 등 폭넓은 학문 접하기
- 끊임없이 'why' 질문 던지기
- 당연한 것을 의심하기. 보고, 듣고, 느낀 것은 진실이 아닐 수 있다.
- 고정관념에 갇히지 않기

문제해결 사례

사례 1. 미국 워싱턴 토머스 제퍼슨 기념관의 대리석 부식 방지하기

Q. 대리석은 왜 이렇게 빨리 부식되는 걸까?

A. 대리석을 세제로 자주 닦기 때문이다.

Q. 왜 대리석을 세제로 자주 닦아야 하는 걸까?

A. 비둘기 배설물이 많기 때문이다.

Q. 왜 기념관에 비둘기가 많은 걸까?

A. 비둘기 먹이인 거미가 많기 때문이다.

Q. 왜 기념관에 거미가 많은 걸까?

A. 거미의 먹이인 나방이 몰려들기 때문이다.

Q. 왜 나방이 유독 기념관에 많은 걸까?

A. 해가 지기 전에 주변보다 먼저 전등을 켜기 때문이다.

Q. 왜 기념관의 전등을 주변보다 먼저 켜는 걸까?

A. 기념관 직원들이 일찍 퇴근하기 때문이다.

해결책: 기념관의 전등을 늦게 켠다.

사례 2. 달 착륙선 조명으로 외부에 장착할 튼튼하고 가벼운 전구 만들기

문제 1. 달 착륙선 조명에 쓸 전구가 여러 개 필요한데 일반 전구는 착륙 시 충격을 견디지 못하고 깨져버린다.

문제 2. 튼튼하게 만들기 위해 유리를 두껍게 하면 무거워진다. 달 착륙선은 1g이라도 가볍게 만들어야 하기 때문에 무거운 전구는 안 된다.

서로 모순되는 요구사항을 해결하는 것은 그야말로 난제였다. 하지만 생각외로 해결책은 간단했다.

해결책: 달은 진공상태이기 때문에 유리로 전구를 감쌀 필요가 없었다. 유리를 제거함으로써 깨지지 않는 가벼운 전구를 만들었다.

달 착륙선

7.8 프로젝트 이해관계자

프로젝트의 이해관계자stakeholder란 소프트웨어 프로젝트와 직간접적으로 관련된 사람을 통틀어 이르는 말이다. 미국 프로젝트 관리 협회Project Management Institute(PMI)에서 발행한 프로젝트 관리를 위한 안내서 PMBOK에서는 프로젝트 이해관계자를 다음과 같이 정의한다.

"고객, 스폰서, 담당 조직 및 일반 대중과 같은 개인이나 조직으로 프로젝트에 활발히 참여하거나 프로젝트의 실행이나 완료에 따라 이윤의 영향을 긍정적 또는 부정적으로 받을 수 있는 대상. 프로젝트와 인도물에도 영향을 줄 수 있는 사람이다."

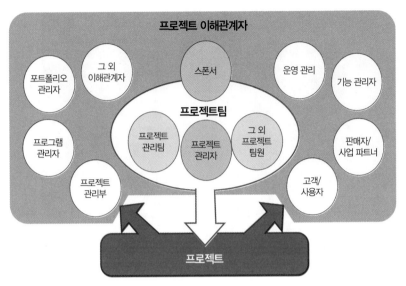

프로젝트의 이해관계자(PMBOK 참고)

프로젝트의 이해관계자는 다음과 같은 사람들이다.

프로젝트팀

- 프로젝트 관리자
- 제품 기획자
- 분석 아키텍트
- 프로젝트 리더
- 개발자
- UI 담당자
- QA 엔지니어
- 테스트 리더
- 테스터

프로젝트팀 외의 이해관계자

- 포트폴리오 관리자

- 프로덕트 관리자
- 프로그램 관리자
- 고객
- 사용자
- 영업 담당자
- 경영자
- 그 외 전문가 그룹: 법무, 특허, 보안, 재무/회계, 인사, 인증 등의 관련자

이해관계자의 범위는 프로젝트마다 다르다. 프로젝트에서 이해관계자를 빠짐없이 파악하지 못하면 구멍이 뚫린 배가 난파하는 것처럼 엉성한 스펙으로 프로젝트가 실패하고야 말 것이다. 분석 아키텍트는 이해관계자 파악에 신중해야 한다.

분석 아키텍트는 이해관계자를 파악하고자 할 때 그룹의 모든 사람들과 의사소통을 하는 것이 어려우므로 각 그룹의 대표자를 선발해야 한다. 영업부서의 대표자는 부서장이 아니라 해당 프로젝트와 가장 밀접하면서 부서의 의견을 대변할 수 있는 사람이어야 한다. 이때 대표자는 독단적으로 의견을 제시하는 것이 아니라 부서의 의견을 수렴해서 대표해야 하므로 부서 내부 의사소통을 별도로 실시해야 한다.

분석 아키텍트가 여러 이해관계자들과 의사소통을 하다 보면 많은 요구사항이 서로 충돌하게 된다. 그러면 분석 아키텍트는 이를 조정하고 의사결정을 해야 한다. 그들과 함께 의사결정을 하기도 하고 상위 의사결정권자에게 결정을 의뢰하기도 한다. 그래도 결정이 안 되는 경우 최고 의사결정권자에게 결정을 부탁해야 한다.

프로젝트 관리자의 중요한 업무 하나는 프로젝트가 끝날 때까지 이해관계자

와 원활한 소통을 유지해서 의견을 조율하는 것이다. 프로젝트 단계별로 관련된 이해관계자와 필요한 의사소통을 꾸준히 실시해야 프로젝트가 매끄럽게 진행된다.

What?

8.1 why, what, how

흔히들 스펙 문서는 what, 즉 무엇을 만들어야 하는지를 적는 것이라고 한다. 이 말은 맞는 말이면서 틀린 말이다. 스펙 문서의 최종 목표는 what을 적는 것이지만 what만 적어서는 what을 온전히 정의할 수 없기 때문이다. 스펙을 작성하면서 흔히 하는 실수는 기능 요구사항만 상세하게 적는 것이다. 설령 그것이 다 맞는 내용이라 하더라도 기능만 잔뜩 적힌 스펙 문서를 보고서는 기획자가 의도한 소프트웨어를 설계하고 만들어내지 못한다.

그래서 기획 문서는 why, 스펙 문서는 what, 설계 문서는 how를 적는 것이라는 말은 적절하지 않다. 세 문서 모두에 why, what, how를 적되 차지하는 분량의 비율이 다르다. 이유는 여러 가지지만 문서의 독자가 각각 다르다는 것도 큰 이유 중 하나다.

스펙 문서에는 what만 적고 why는 기획 문서를 보라고 하면 모든 개발자가 기획 문서를 다 읽어야 한다. 하지만 기획 문서는 소프트웨어를 만들어야 할지 말지 결정하기 위해 만드는 문서이기 때문에 개발에 대해 설명하지 않으며 개발자가 꼭 읽어야 할 문서도 아니고 개발자가 알 필요도 없는 정보가 너무나 많다. 그래서 개발자는 스펙 문서만 보고도 개발할 수 있도록 스펙 문서에도 상당량의 why를 적어야 한다.

기획, 스펙, 설계 시 포함해야 하는 why, what, how의 비율을 상징적으로 표현해봤다. 각 문서는 독자가 서로 다르고, 같은 독자라도 읽는 방법과 시간이 다르다. 그래서 같은 내용이라도 각 문서에 적는 양과 표현 방법을 적절히 달리해야 효율적이다.

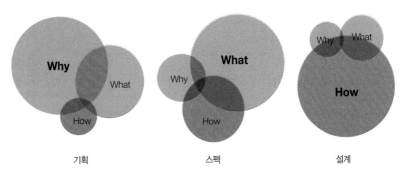

기획, 스펙, 설계 문서에서 차지하는 why, what, how의 분량

스펙을 작성하면 설계는 자연스럽게 따라온다. 설계 내용의 일부분 또는 상당 부분은 스펙 문서에 포함되기도 하고 별도의 문서에 작성되기도 한다. 스펙에 무엇을 만드는지에 대해, 즉 what만 적는다면 좋은 설계, 좋은 아키텍처를 만들 수 없다. 따라서 스펙에는 상당히 많은 'why'가 적힌다. why에 해당하는 내용을 왜 스펙 문서에 적어야 하는지를 이해하지 못하고 그저 남들을 따라 해서는 스펙의 목적을 달성하기 힘들다. 즉, 좋은 아키텍처를 설계하지 못하거나 프로젝트 도중 문제에 봉착하거나 출시 후 문제가 발생할 확률이 높다.

그럼 스펙에 적는 why, what, how에는 어떤 것이 있는지 알아보자.

- why
  - 비전
  - 비즈니스 전략
  - 비기능 요구사항
  - 컴포넌트와 인터페이스
- what
  - 기능 요구사항
  - UI 요구사항
  - 비기능 요구사항
  - 성능
  - 환경
- how
  - 비기능 요구사항
  - 컴포넌트와 인터페이스
  - 제약사항

어떤 내용은 why이면서 what이기도 하고 how이기도 하다. 또한 같은 항목에 대해서도 프로젝트에 따라 why를 많이 적기도 하고 what을 많이 적기도 한다. 프로젝트의 목표와 성격에 따라 why, what, how의 분량이 달라진다. 또 프로젝트에 따라 같은 내용이 what이 되기도 하고 how가 되기도 한다. 예를 들어 일반적인 소프트웨어 프로젝트에서 '인터페이스 요구사항'인 것이 라이브러리를 개발하는 프로젝트에서는 '기능 요구사항'으로 간주될 수 있다.

스펙에는 what뿐만 아니라 why, how도 같이 적는다. 이들을 골고루 균형 있게 기술한 스펙이 잘 작성한 스펙이다.

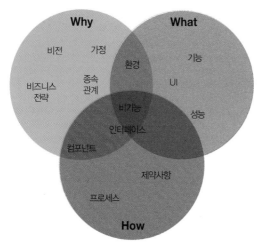

SRS에 기술하는 why, what, how의 내용

8.2 목표와 범위 정의하기

소프트웨어 스펙의 첫머리를 장식하는 목표와 범위는 프로젝트 전체의 방향을 잡는 나침반 역할을 한다. 스펙에 수많은 요구사항이 집약되는 만큼 상충하는 요구사항이 생기기 마련이다. 비즈니스 요구사항끼리, 비즈니스 요구사항과 기술 요구사항이 충돌하기도 한다. 빠른 시장 진입을 목표로 하면서 안정적인 품질과 효율적인 유지보수를 동시에 꾀할 수도 있다. 개발 효율성이 좋은 최신 기술을 적용하고 싶지만 리스크도 줄이고 싶다. 여러 주요 고객들은 서로 다른 방향으로 제품을 개발해줄 것을 원한다.

소프트웨어 스펙에서 잘 정의된 목표와 범위는 이러한 비즈니스와 기술 분야의 다양한 요구사항을 정리해 한 방향으로 이끌어준다. 그래서 경영자부터 개발자에 이르기까지 모든 관련자는 소프트웨어 스펙의 목표와 범위를 읽고 소프트웨어를 어떤 방향으로 개발해야 하는지 감을 잡는다. 경영자는 소프트웨어의 목표와 범위가 회사의 비전, 전략에 부합한지 확인해야 한다.

개발자는 설계, 구현에서 수많은 결정의 순간을 맞게 되는데 이때 모든 프로젝트 팀원이 목표와 범위를 명확히 알고 있다면 바른 결정을 하고 소프트웨어를 목표하는 방향으로 이끌 수 있다. 반면에 프로젝트 팀원이 각자 다른 목표를 가지고 있다면 소프트웨어는 일관된 방향으로 나아가지 못할 것이다. 따라서 모든 프로젝트 팀원은 프로젝트를 진행하는 내내 "당신은 무엇을 만들고 있습니까?"라는 질문에 주저함 없이 목표와 범위를 말할 수 있어야 한다.

(출처 https://bit.ly/32THnoZ)

기획자도 마찬가지다. 기획 단계부터 목표와 범위를 명확하게 정의하지 않으면 기능이 끝없이 확장되거나 경쟁사 제품의 합집합 제품을 기획하기도 한다. 개발자도 목표에 맞지 않게 기술적인 욕심을 부리거나 기능을 야금야금 추가하기도 한다. 이렇게 되면 애초 기획과 다른 제품이 개발되기도 하고 프로젝트가 지연된다. 무엇보다 가장 큰 문제는 개발된 소프트웨어가 회사의 전략에 부합하지 않는다는 것이다. 시장에 출시할 적정 시점을 놓치거나 품질에 승부가 달린 제품에서 바로 그 문제가 불거지기도 한다. 명확하게 정의된 목표와 범위는 조타수와 같다.

가끔은 소프트웨어가 한창 진행되는 중에 목표와 범위가 바뀌기도 하는데, 이런 일은 얼마든지 생길 수 있다. 이때는 스펙을 전면적으로 재검토해야 한다. 현재의 모든 스펙이 원래 목표와 범위에 맞춰져 있기 때문이다. 목표가 크게 바뀌었음에도 기능만 몇 개 추가해 개발을 지속할 경우, 이도 저도 아닌 어정쩡한 소프트웨어가 개발되어 비즈니스 목표를 달성하지 못할 것이다. 그래서 가끔은 원점으로 돌아가 완전한 재작업을 하기도 한다.

8.3 요구사항에 우선순위 부여하기

각 요구사항에 우선순위를 부여하면 프로젝트 일정을 지키기가 순조롭다. 프로젝트에 따라서 무엇보다 일정을 지켜야 하는 경우가 있고 일정이 지연되더라도 기능을 모두 구현해야 하는 경우가 있다. 일정 준수가 중요한 프로젝트라면, 후반으로 가면서 일정 지연이 감지됐을 때 우선순위가 낮은 기능을 제거함으로써 일정을 맞출 수 있다.

이를 위해서는 요구사항의 우선순위를 미리 정해놓아야 한다. 뒤늦게 우선순위를 정해서는 이런 전략을 구사할 수 없다. 요구사항 분석 단계에서 고객이나 프로젝트 이해관계자와 우선순위를 합의해 정한다. 그래야 몇 가지 기능을 제거하고도 원하는 제품을 만들 수 있다.

또 요구사항에 우선순위를 부여함으로써 고객이 원하는 바를 더 잘 알게 된다. 그러면 고객이 중요시하는 기능이 무엇인지 파악해 더 신경 써서 개발할 수 있다. 이렇게 우선순위를 부여함으로써 제품의 일정도 맞추고 원하는 기능도 제공하게 된다. 그런데 고객은 모든 요구사항에 높은 우선순위를 두려고 한다. 하지만 그런 식의 우선순위 부여는 우선순위가 없는 것과 별반 다름없다. 고객에게 우선순위를 두는 목적을 잘 설명해서 우선순위 부여에 협조하도록 해야 한다.

우선순위 부여 시 다음과 같이 숫자 또는 글로 표시할 수 있다.

- P1(높음) – 제품의 가치에 핵심적이고 빠지면 안 되는 기능
- P2(중간) – 꼭 필요하지만 상황에 따라 다음 버전으로 연기할 수 있는 기능
- P3(낮음) – 그리 중요하지 않아서 다음 버전 이후로도 연기할 수 있는 기능
- P4(매우 낮음) – 제품의 가치를 높이지 않으므로 구현할 필요가 없는 기능

요구사항에 우선순위를 부여하는 또 다른 목적은 낮은 우선순위의 요구사항을 찾아내는 것이다. 요구사항 중에서 즉시 구현하지 않아도 프로젝트 비전이나 목표에 거의 영향을 주지 않는 기능, 다른 기능으로 대체 가능한 기능에는 낮은 우선순위를 부여한다. 중요하지만 다음 버전까지 기다릴 수 있는 기능도 마찬가지다. 제품의 가치 향상에 큰 도움이 되지 않는데 가치에 비해 구현하기가 어려운 기능에도 낮은 우선순위를 부여한다. 이런 낮은 우선순위 기능은 구현하는 데 노력을 쏟아부어도 제품의 가치를 높이지 못한다.

요구사항이 추가되거나 일정이 지연될 때 무조건 일정을 고수하고 개발자들에게 야근을 강요하는 관리자들이 있다. 이는 일시적으로 효과가 있을지 모르지만, 오랜 기간의 야근으로 개발 기간을 단축하거나 효율을 높일 수는 없다.

프로젝트는 삼중 제약을 가지고 있는데 범위, 비용(자원), 일정이 바로 그것이다. 이들은 서로 트레이드오프trade-off 관계가 있어서 한쪽이 변하면 다른 쪽도 변한다. 가령 일정과 비용을 변함없이 유지하면서 범위를 늘리는 것은 불가능하다. 하지만 알다시피 우리는 불가능한 주문을 종종 받는다. 이 경우 개발팀의 선택지는 야간 작업과 주말 작업뿐이다. 이러한 일들이 지속되면 개발자의

사기와 제품의 품질이 떨어지고 이직률만 치솟을 것이다.

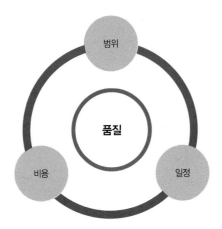

프로젝트 삼중 제약

프로젝트를 진행하다가 일정이 지연되고 있다고 판단되면 일정을 무리하게 고수하다가 프로젝트를 망치지 말고 합리적 방법으로 유연하게 해결해야 한다. 일정 지연에 대처하는 다음의 네 가지 방법을 비교해보면서 더 현명한 방법을 찾아보자.

- 방법 A – 낮은 우선순위 요구사항을 제거하거나 다음 버전으로 연기한다. 일반적으로 가장 좋은 선택지다.
- 방법 B – 개발자를 추가 투입한다. 특별한 경우를 제외하고 이 방법을 후반에 사용할 경우 별로 효과가 없고, 추가 투입된 개발자가 적응에 필요한 시간과 인력을 소모해 일정이 더 늦어지기도 한다. 따라서 실패할 확률이 높은 방법이다.
- 방법 C – 야근 등 시간 외 근무를 단기간 강제로 시킨다. 이 방법이 단기로 끝나지 않고 장기화되면 개발자들의 사기가 저하되어 제품의 품질이 떨어질 뿐만 아니라 애초 목표였던 일정도 못 지킬 수 있다.
- 방법 D – 일정을 연기해 추가된 기능을 수용한다. 출시 일정이 중요한 프로젝트라면 문제가 될 수 있는 방법이다.

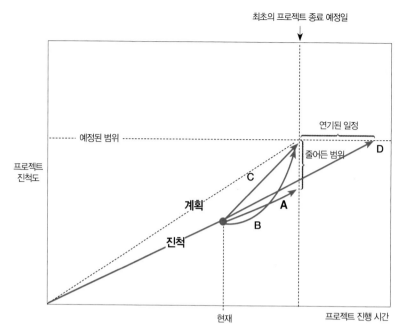

지연되고 있는 프로젝트 일정 복구 방법

8.4 외주 시 외주 업체에 전달할 문서는?

소프트웨어 회사에서 내부 인력, 시간이나 기술이 부족할 경우 외주를 준다. 하지만 외주 프로젝트는 사내에서 진행하는 프로젝트보다 더 성공적으로 수행하기가 어렵다. 특히 우리나라 SI 프로젝트는 힘들기로 악명 높다. 주된 이유는 외주 시 스펙을 제대로 전달하지 못하기 때문이다.

그럼 외주 업체에 어떤 문서를 전달하고 어떻게 진행해야 시간과 비용을 절약하면서도 소프트웨어 프로젝트를 성공적으로 이끌 수 있을까? 우리나라에서 이루어지는 외주 프로젝트의 다양한 형태를 비교하면서 분석해보자.

주먹구구식 외주

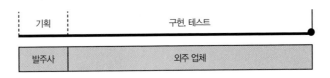

소프트웨어 개발 기획서만 작성하고 나머지 업무 일체를 외주 업체에 맡기는 형태다. 물론 이때 전달하는 기획 문서의 질적 수준은 천차만별이어서 대략적인 기능 요구사항만 나열한 것도 있고 비전 정도의 간단한 목표만 정의한 것도 있다.

발주사는 일단 개발을 시작하고 자세한 요구사항은 진행하면서 차차 알려주겠다고 하며 이런 대략의 범위를 정하고 외주 업체와 계약을 한다. 물론 계약서에 도장을 찍기도 전에 외주 업체가 개발에 착수하는 일이 빈번하다. 시간이 턱없이 부족하기 때문이다. 이미 일을 상당히 해놨으니 외주 업체는 계약이 불리하게 진행되어도 눈물을 머금고 이를 수용한다.

외주 업체 역시 이렇게 수주한 계약 프로젝트에서 일정이 촉박하다는 이유로 스펙 문서를 작성하지 않고 개발한다. 하루라도 빨리 코딩을 끝내서 프로젝트를 종료하려 하기 때문이다. 하지만 이것이 악수가 된다. 프로젝트 일정 및 자원, 비용에 대한 초기의 예측도 엉터리지만 갈수록 범위가 확대되면서 규모도 커진다. 일정이 정해졌기 때문에 개발자를 더 투입하고 야근을 반복해야 한다. 급기야 외주 업체는 손해를 보고 프로젝트는 지연되거나 실패한다. 이렇게 되면 고객과 외주 업체는 소송을 제기하고 서로 감정의 골이 깊어져 다시는 손을 잡지 않게 된다.

턴키식 SI 외주

우리나라의 턴키식 SI 외주는 외주 업체가 스펙, 설계, 구현, 테스트 전 과정을 도맡아 진행하는 형태를 말한다. 심지어는 기획의 상당 부분까지 외주 업체가 대신하기도 한다. 과거 우리나라의 공공 프로젝트는 이런 식으로 많이 진행됐다.

외국에서는 수십 년간 한 우물만 파서 전문성을 키워나가는 공무원이 많다. 하지만 우리나라에서는 공무원 보직 순환제를 시행하고 있다. 이 제도에도 일장일단이 있겠지만, 전문성 측면에서 볼 때는 단점이 더 크다. 일례로 시스템 구축 프로젝트를 외주로 진행하는데 담당 공무원이 자기 업무를 속속들이 모른다. 오히려 오랫동안 해당 부문 SI 프로젝트를 진행해온 외주 업체 개발자가 업무를 더 잘 알고 있어서 외주 업체에 의존해 프로젝트를 진행한다. 그러다 보니 스펙에서부터 개발 전 과정을 외주 업체에서 도맡게 된다.

하지만 이 경우도 문제가 심각하기는 마찬가지다. 스펙을 작성하기도 전에 전체 프로젝트를 통째로 계약했기 때문에, 뒤늦게 프로젝트를 진행하면서 처음 계약에서 얼마나 예측을 잘 못했는지를 깨닫게 된다. 일에 착수하기 전 또는 계약하기 전에 프로젝트 규모를 조금이라도 더 정확하게 예측하기 위해 온갖 방법을 동원하지만, 예상이 빗나가는 것은 매한가지다. 결국, 외주 업체는 손해를 보는 경우가 비일비재하다.

스펙 기반 외주

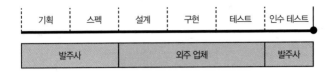

외주 개발을 성공시키려면 고객 자신이 전문가가 되어야 한다. 고객이 프로젝트의 시스템이나 업무를 빠삭하게 알고 있지만 시간이나 개발 자원이 부족해 외주를 주는 경우라면 외주 프로젝트가 성공적으로 진행될 확률이 높다. 이 경우 고객이 기획을 하고 스펙까지 작성한다. 스펙을 제대로 작성하면 프로젝트 총규모를 거의 정확하게 예측해 프로젝트의 완료 일자도 가늠하기가 쉽다.

이런 방식에서 외주 업체는 스펙을 근거로 계약을 하기 때문에 프로젝트 도중에 무리하게 기능 추가를 요구받는 일이 거의 없다. 물론 약간의 변경은 있을 수 있지만 스펙에서 크게 벗어나지 않는 범위 내에서 이루어진다. 테스트까지 외주 업체에서 진행하고 발주사는 인수 테스트acceptance test를 수행해 소프트웨어가 스펙을 만족하는지 확인한다.

이렇게 되면 프로젝트를 기간 내에 끝내며 외주 업체도 손해를 보지 않고 적절한 이익을 남긴다. 잘 끝난 프로젝트는 고객과 외주 업체의 신뢰를 공고히 다지고, 그들은 차후 프로젝트 협력을 약속하는 좋은 파트너가 된다.

스펙 작성과 개발이 분리된 별도의 외주

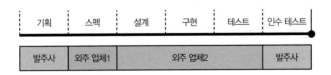

종종 스펙 작성까지 외주 업체에 넘긴다. 예를 들면 발주사에서 신형 시스템

을 구축하려고 하는데 그 시스템에 대해 잘 모르면 전문 컨설팅 업체에 스펙 작성을 의뢰하는 경우가 있다. 먼저 스펙 작성을 외주 프로젝트로 진행한 후에, 작성된 스펙을 가지고 설계와 구현을 맡을 또 다른 외주 업체와 프로젝트를 진행한다. 일단 스펙만 작성하고 나서, 사업성이 없거나 비즈니스 상황이 바뀌면 프로젝트를 폐기하거나 보류했다가 재개하기도 한다. 이 경우에도 외주 프로젝트가 작성된 스펙의 범위 내에서 무리 없이 진행되기 때문에 합리적으로 프로젝트를 수행할 수 있다.

부족한 인력을 보충하기 위한 외주

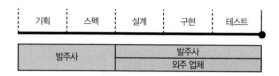

발주사가 소프트웨어 개발에 필요한 역량을 모두 갖췄지만 개발에 투입할 인력이 부족한 경우 이용하는 외주 형태다. 이 경우 프로젝트에 필요한 지식과 경험을 보유한 인력을 외주 업체에서 지원받아 발주사의 통제하에 프로젝트를 진행한다. 흔히 보디숍body shop이라고 하며 프로젝트 리스크가 가장 적은 방법이다. 또한 불규칙한 일감으로 개발자 수요가 들쑥날쑥할 때 평소에는 적정 인원을 유지하다가 단기간에 필요한 추가 인력을 외주를 통해 충원하는 유용한 방법이다.

한편 외주 업체는 프로젝트를 꾸준히 진행하면서도 이에 대한 책임을 면할 수 있어 안정적인 수익을 내게 된다. 그러나 이 경우에도 스펙을 잘 작성해야 협업을 원만하게 진행할 수 있다. 외주 개발자는 발주사에 들어와서 개발할 필요가 없고 원격으로 일할 수 있다. 언어 문제가 해결되면 다른 국가의 개발자와 협업하는 것도 가능하다.

8.5 스펙 체크리스트의 효용성

소프트웨어 스펙을 십수 년 봐왔어도 막상 스펙을 쓰려고 책상 앞에 앉으면 어떻게 써야 할지 몰라 아득하기만 하다. 그래서 스펙 작성에 도움될 체크리스트를 찾아 인터넷 검색을 하고 이런저런 책을 뒤적거린다.

실제로 체크리스트는 산업 분야 여러 곳에서 활용도가 높다. 하지만 뜻밖에도 소프트웨어 스펙을 점검하는 데는 무용지물이다. 우선 체크리스트를 만드는 것 자체가 불가능하고 설령 체크리스트를 만들었다 하더라도 엉터리일 것이다. 체크리스트를 가지고 스펙을 점검하기 시작하면 무언가 도움되는 것이 있더라도 스펙의 범위를 체크리스트 항목으로 제한하게 되어 득보다 실이 훨씬 더 크다.

예를 들어보자. 피아노 연주 체크리스트 300개, 골프 스윙 체크리스트 200개, 이런 식으로 체크리스트를 만드는 것은 무의미하다. 체크리스트로 점검한다고 해서 피아노를 잘 치는지 확인하고 실력이 더 좋아지는 것이 아니기 때문이다. 프로 골퍼는 아마추어 골퍼가 스윙하는 모습을 몇 초만 지켜보면 문제를 바로 안다. 하지만 아마추어는 체크리스트를 아무리 뚫어져라 쳐다봐도 문제를 포착하지 못한다. 스펙 역시 고려할 것이 너무 많아서 빠짐없이 나열하는 것이 불가능하다.

게다가 프로젝트마다 성격이 달라서 점검해야 할 것이 다르다. 소프트웨어 스펙을 작성하는 일은 피아노, 골프와 같이 오랜 경험과 훈련으로 축적된 것이 자연적으로 발현되는 것이다. 단순히 프로젝트를 오래했다고 저절로 생기는 것이 아니다. 분석과 설계를 제대로 하면서 프로젝트를 수십 차례 해보면 착실하게 단련한 운동 선수처럼 요구사항이 빠르게 결합되고 분석되면서 머릿속으로 설계를 거쳐 코딩까지 생각하기에 이른다. 그렇지 않은 경우 아키텍트는 더 깊이 고민하고 실마리를 찾기 위해 조사를 하거나 다른 사람에게 도움을 구한다. 또는 직접 프로토타입을 만들어보기도 한다. 이런 과정을 거쳐 프로젝트를 반복해 진행하다 보면 스펙을 작성할 때 무엇을 고려해야 할지 저절로 익히게 된다.

그래서 소프트웨어 스펙을 작성할 때는 체크리스트가 아니라 원칙을 강조한 가이드라인이 길잡이가 된다. 가이드라인은 조목조목 구체적이지는 않지만 원리를 이해하기 좋게 작성됐다. 장기적 관점에서는 체크리스트보다는 추상적이지만 가이드라인을 보면서 그 원리를 깨우치기 위해 노력하는 것이 현명하다.

How?

9.1 스펙의 재료

스펙의 재료가 되는 요구사항은 여러 곳에서 도출된다. 수많은 출처에서 나오는 많은 요구사항을 수집하고 정리하는 일은 중차대한 일인 동시에 고단한 노동이다. 그렇다고 반드시 필요한 출처를 빠뜨리거나 엉뚱한 출처에서 요구사항을 접수해 스펙을 오염시켜서는 안 된다.

요구사항을 파악하려면 해당 업무의 전문가나 요구사항 대표자부터 알아야 한다. 일일이 고객을 만나 요구사항을 물어볼 수 없기 때문에 대표자가 필요하다. 하지만 잘못 선정된 부적절한 대표자나 엉뚱한 사람에게서 요구사항을 수집한다면 잘못된 요구사항이 스펙에 포함되어 혼란을 초래할 것이다. 각 분야에서 한 사람 또는 여러 사람을 요구사항 대표자로 선발하고 그들과 인터뷰, 토론, 서면 질의 등을 하여 요구사항을 수집한다.

기존에 유사 제품에 대한 스펙이 있다면 참조하고 경쟁 제품의 소프트웨어, 매뉴얼 등이 있다면 좋은 출처이므로 활용한다. 개발자가 제안하는 기술적인 의견도 중요하며 테스트팀의 요구사항도 꼭 포함할 내용이다. 버그 관리시스템에 쌓여 있던 버그, 새 기능, 개선 요청사항도 스펙에 기술할 중요한 내용이다. 사용자 요구 파악이나 시장 조사를 위해 설문을 실시하기도 하며 인터넷에 공개된 리포트나 유료 리포트도 스펙의 좋은 출처가 된다.

작업 중인 사용자를 관찰하는 것도 좋은 방법이다. 사용자 작업에 대한 시나리오나 매뉴얼이 있다면 이 문서를 활용하는 것도 유용하다. 스펙은 수많은 출처에서 나오는데 그중 적절한 것을 선택하고 분석, 정리하는 것은 분석 아키텍트의 몫이다. 요구사항의 출처를 정리하면 다음과 같다.

- 사용자와의 인터뷰, 토론
- 프로젝트 이해관계자와의 인터뷰, 토론
- 요구사항 워크숍
- 제품 기획서 및 MRD
- 기존 제품의 스펙
- 경쟁 제품 관련 문서
- 개발자의 기술적 제안
- 테스트 요구사항
- 버그 관리시스템에 누적된 버그 및 기능 추가 개선사항
- 시장조사 자료
- 설문 및 통계 자료
- 작업 중인 사용자 관찰

이렇게 다양한 요구사항을 한 번에 수집하는 효율적인 방법은 요구사항 워크숍을 여는 것이다. 일반적으로 요구사항 관련자는 그 수가 많고 분야가 다양하다. 그래서 여러 번에 걸쳐 만나야 하는데 매번 미팅 일정을 조율하는 것이 만만치 않으며 각자 의견이 달라서 갈등이 생긴다. 그러므로 여러 이해관계자를 한자리에 모아놓고 집중적으로 요구사항을 논의하는 워크숍이 효율적이다.

하지만 요구사항 워크숍에 너무 많은 인원이 참석하면 난상토론이 되고 원하는 결과를 얻지 못하기 십상이다. 따라서 요구사항 워크숍 참석 인원은 반드시 사용자나 프로젝트 이해관계자들을 대표할 소수 인원으로 제한해야 한다. 그렇다고 핵심 인물이 불참한다면 반쪽짜리 워크숍이 되므로 최소 인원으로 하되 핵심 인물이 빠짐없이 참석하도록 한다.

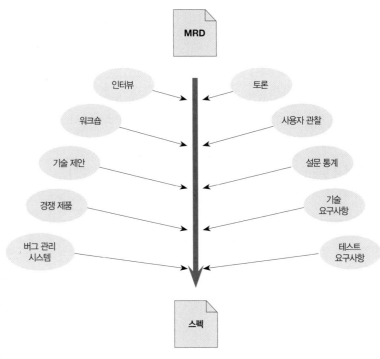

다양한 스펙 출처

요구사항 분석 초기에 요구사항 워크숍을 실시한다면 준비가 미흡해서 시간만 소모하고 별다른 성과를 얻지 못할 것이다. 요구사항 워크숍을 실속 있게 하려면 그전에 사용자들에게서 요구사항을 끌어내는 등의 물밑 작업을 해야 한다. 다양한 방법으로 상당량의 요구사항을 수집해서 분석해놓아야 하고, 필요시

UI 프로토타입을 만들어서 요구사항을 더 잘 도출하도록 해야 한다. 요구사항 워크숍은 난상토론이 되지 않도록 규칙을 만들어 절도 있게 진행한다. 곁길로 빠지지 않도록 주의하고 의견을 잘 중재해 결론에 이르도록 해야 한다.

9.2 스펙 가독성 높이기

스펙을 작성할 때 내용의 정확성에 못지않게 중요한 것이 가독성이다. 가독성이 떨어지는 문서를 읽는 것은 비효율적이다. 문서 내용을 파악하는 데 들어가는 시간만큼 회사는 비용을 지불하게 된다. 가독성이 나쁜 문서가 방대하다면 비용은 더 커진다. 문서를 한 사람만 읽는 것이 아니라 관련된 수많은 사람들이 읽기 때문이다. 따라서 가독성이 좋은 문서를 작성하는 것은 회사의 경쟁력과 연결된다. 가독성을 높이는 스펙 작성 요령은 다음과 같다

문장을 이해하기 쉽게 쓴다

개발자들이 작성한 문장을 보면 '누가 누가 어렵게 쓰나' 시합을 하는 것 같다. 가끔은 '문장 어렵게 쓰기' 학원을 다니는 것도 같다. 누가 읽어도 내용을 오해하지 않게 바른 문장으로 최대한 쉽게 쓰려는 노력을 해야 한다.

내용을 이해하기 좋게 구조화한다

잘 쓴 글은 순서를 따라 읽기만 해도 전체를 쉽게 파악하는데, 이는 글이 짜임새 있게 구조화되었기 때문이다. 즉, 부연 설명부터 장황하게 하지 않고 핵심을 먼저 간결하게 적고 부연 설명은 뒤에 하는 것이다. 이때 문장으로 길게 적지 않고 목록으로 정리하는 것도 좋은 방법이다.

- 목적
  - 목적 1
  - 목적 2
- 내용
  - 내용 1
  - 내용 2

적절한 다이어그램, 그림, 표 등을 이용한다

수백 페이지 문서가 글자만으로 빽빽하게 들어차 있으면 벌써 눈에 경련이 인다. 중간중간에 다이어그램이나 그림이 있다면 내용을 한눈에 파악하고 지루함을 더는 데 큰 도움이 된다. 내용이 많은 정보는 표 형태로 구성해 일목요연하게 내용을 전달하도록 한다.

문서가 무결해야 한다

SRS 문서는 무결해야 한다. 앞뒤 내용이 완벽하게 일치해야 하고 앞에서 한 얘기와 뒤에서 한 얘기가 조금이라도 다르면 안 된다. 그러면 독자가 혼란스러워 한다. 용어도 일치해야 한다. 비슷한 용어라고 섞어서 사용해도 안 되고 컴포넌트 이름도 문서 어디에서 사용하더라도 같아야 한다. SRS 문서는 완전 무결해야 한다.

찾기 쉬워야 한다

수백 페이지에 달하는 문서라면 필요한 내용을 바로 찾기가 어려울 수 있다. 이때 유용한 것이 바로 템플릿이다. 모든 스펙 문서가 템플릿을 이용해 동일한 구조로 짜여 있으면 원하는 내용이 어디에 있는지 금세 찾을 수 있다. 예를 들면 환경 정보를 항상 각 문서의 3장에 배치하도록 해서 환경이 궁금할 때

바로 3장을 보도록 하는 것이다.

독자의 수준과 성향에 맞게 쓴다

스펙을 읽는 사람은 여러 명, 여러 계층의 사람이다. 또 독자마다 읽는 곳이 다르다. 따라서 독자가 읽기 좋게 문장을 작성하려면 한 문서 안에서도 여러 독자층을 고려해야 한다. 경영자나 마케팅부서에서 주로 읽는 곳은 일반 용어를 사용해 작성한다. 하지만 주로 개발자들이 읽는 곳은 기술 용어를 적절히 섞어 작성하는 것이 좋다.

하향식으로 작성한다

앞부분에 굵직한 상위 개념부터 적고 뒤로 갈수록 상세하게 적는 것이 요령이다. 처음부터 서술식으로 자세히 적어 내려가면 전체를 일시에 파악하기가 어렵고 문서를 읽다가 길을 잃고 만다. 이렇게 하향식으로 적게 되면 중복되는 내용이 생긴다. 하지만 이런 중복은 전체를 쉽게 파악하기 위한 것이므로 적절히 사용하면 괜찮다.

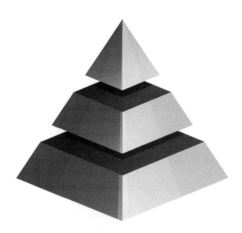

(출처 https://bit.ly/2RQpCkj)

적는 양을 최소화한다

쓸데없는 사족을 없애고 핵심만 간결하게 적기 위해 최대한 말을 아껴야 한다. 글을 쓰는 사람이 1분을 써서 읽는 사람이 30초를 벌게 해준다면, 여러 사람에게 반복적으로 읽히는 문서 하나로 결국 수십 분의 시간을 절약한 셈이다. 개발 문서를 불필요하게 많이 쓰는 것은 민폐다. 읽는 사람의 시간을 절약하기 위해 최선을 다해야 한다.

전사적으로 스펙 작성 규칙을 만들어 일관되게 적용한다

스펙을 일관된 규칙으로 작성해야 쓰기도 쉽고 읽기도 쉽다. 문서 작성 규칙은 스펙에 포함된다. 글자의 크기와 종류, 줄 간격과 문단 간격 등도 통일해야 한다. 중요한 내용을 강조해 표시하는 방법이나 수정 방법 등도 마찬가지다.

링크를 이용한다

외부에서 참조할 문서는 일부분이더라도 스펙에 기술하지 말고 링크를 연결해주는 것이 좋다. 이때 스펙 작성 후에 링크가 변경되면 곤란하니 링크에 지속적인 관심을 가져야 한다.

지루하지 않게 작성한다

기술 문서일지라도 가급적 문장을 지루하지 않게 작성한다. 스펙에 유머를 넣으면 장난치느냐고 질책하는 사람이 있다. 하지만 스펙 곳곳에서 유머가 담긴 문장은 피로를 덜어주는 청량제와 같다. 예를 들어 '이 기능은 홍길동이 절대 책임진다고 했음'과 같이 사실적이면서 분명하게 뜻을 전달하는 문장을 삽입해보자. 스펙 작성 목적은 딱딱한 법전을 만드는 것이 아니라 여러 프로젝트 이해관계자에게 빠짐없이 읽히는 것이다. 단, 외부에 제출할 공식 문서는 제외다.

9.3 문장 바르게 쓰기

스펙을 잘 적으려면 문장을 잘 써야 한다. '문장을 잘 쓴다'는 의미는 여러 가지 있지만, 여기서는 오해가 없게 명확하게 쓰는 것을 뜻한다. 이렇게 문장을 쓰는 방식은 소설이나 기사를 쓰는 방식과는 다르다. 그럼 문장을 바르게, 스펙에 알맞게 쓰는 요령을 알아보자.

스펙의 기본 문장 형태

'이 소프트웨어는 OOO를 해야 한다'가 스펙 문장의 기본형이다. 영어로는 shall, must, have to, should, would 등 여러 가지 표현이 있지만 한국어로는 '해야 한다'가 가장 적당한 표현이다. 문장을 강조해서 요구사항의 중요도를 나타낼 수도 있지만 별도로 우선순위를 표시해서 중요도를 명확하게 나타내는 것이 좋다.

수동태보다는 능동태

수동태를 즐겨 쓰는 사람이 의외로 많다. 하지만 스펙에는 능동태를 쓰는 것이 좋다. 수동태는 문장 구성 요소가 생략되어 의미 전달이 약한 경향이 있다.

수동태	능동태
주문 시 주문 내역은 즉시 기록된다.	주문 시 즉시 DB에 주문 내역을 기록해야 한다.
ABC라는 기능이 요구됐다.	김철수 부장이 ABC라는 기능을 요구했다.

간결한 문장

문장은 간결하게 작성한다. 부연 설명은 한 문장으로 길게 하는 것보다 문장을 나누어 따로 하는 것이 좋다. 그래서 한 문장에는 하나의 의미만 담는 것이 좋다.

부정문보다는 긍정문

'10개 이상은 지원하지 않는다'와 '10개까지만 지원한다' 중 어느 표현이 눈에 더 쏙 들어올까? 절대 법칙은 없지만 나는 가급적 긍정문으로 쓰기를 권한다. 긍정문으로 기능을 충분히 설명한 후에, 강조하거나 오해의 소지를 없애기 위해 부정문을 추가로 사용할 수 있다. '10개 이상은 절대로 지원하지 않는다'와 같이 표현해서 긍정문으로 나타낼 수 없는 한계를 추가로 표현할 수 있다.

이유도 적기

문장을 적을 때 이유도 적으면 문장을 이해하기가 훨씬 쉬워진다. 이유를 문장마다 적어야 하는 것은 아니고 이유를 알아야 내용을 이해할 수 있는 경우에 한해 적는다. 다음 문장을 비교해보자.

- 이 소프트웨어는 자바로 개발한다.
- 이 소프트웨어는 향후 리눅스로 포팅이 필요할 수 있으므로 자바로 개발한다.
- 우리 회사에 자바를 개발하는 개발자가 많으므로 이 소프트웨어는 자바로 개발한다.
- 이 소프트웨어는 기술적으로 자바로 개발하는 것이 가장 적합하므로 자바로 개발한다.

서술식으로 적는 것이 좋다

우리말의 특징 하나는 명사만 나열해도 말이 된다는 것이다. 평소에는 이렇게 명사 나열로 문구를 작성해도 되지만 스펙 문서에서 명사 나열식 문구는 중의적이어서 많은 오해를 불러일으킨다. 따라서 목적어, 서술어를 모두 넣어 문장을 완성하는 것이 좋다. 물론 이렇게 하면 문장이 길어진다. 하지만 길어진 노력의 대가는 거두고도 남는다.

- 로그 기록 → 서버는 로그를 파일로 기록해야 한다.
- 사용자 패스워드 암호화 → 사용자 패스워드를 암호화해서 데이터베이스에 저장해야 한다.

게다가 서술형으로 적으면 더 많은 정보를 담을 수 있다. 이 요구사항이 필수인지, 권장인지 알릴 수 있고 강조할 수도 있으며 글 쓰는 사람의 생각도 훨씬 많이 전달할 수 있다.

- ~하는 것이 좋다.
- ~해야 한다.
- ~하면 된다.
- ~하지 않으면 절대로 안 된다.

주어를 생략하지 않는다

우리말의 또 다른 특징은 주어를 생략해도 얼마든지 문장이 되고 내용도 이해할 수 있다는 것이다. 하지만 가끔은 주어가 생략되어 스펙을 잘못 이해하는 일이 벌어진다. 또 두 문장을 합치면서 주어를 생략해 오해가 생기기도 한다.

- 로그를 기록하고 확인할 수 있어야 한다. → 서버는 로그를 기록해야 하고 관리자는 로그를 확인할 수 있어야 한다.

정량적으로 적는다

스펙의 내용은 테스트가 가능해야 한다. 하지만 '빠르게', '많이', '대량으로'와 같은 뭉뚱그리는 단어를 사용하면 테스트를 할 수 없다. 수로 표현할 수 있는 것은 수량화해야 한다.

- 빠르게 저장해야 한다 → 1초에 10개의 데이터를 저장해야 한다.

애매한 표현은 삼간다

SRS에 있는 표현은 추후 제품이 개발됐을 때 검증할 수 있어야 한다. 검증할 수 없는 애매한 용어나 광범위한 표현은 개발자나 테스터에게 기준이 되지 못해 혼선을 빚으며 사용자나 마케팅팀, 영업팀의 오해를 초래한다. 그런 표현은 사람들에게 각기 다른 생각을 하게 만들어서 추후 분쟁을 일으키고, 많은 재작업을 유발한다.

SRS에서는 아래와 같은 애매한 표현을 하지 말거나 명확한 표현으로 바꿔야 한다.

- 효율적으로 동작해야 한다. → '효율적으로'라는 것이 무엇에 대해 효율적인지 명확히 정의해야 한다. 예를 들어 '메모리를 적게 쓰고 동작해야 한다'면 얼마나 적게 써야 하는지도 정의해야 한다.
- 빠르게 데이터를 저장해야 한다. → '빠르기'가 어느 정도로 빨라야 하는지 속도를 수치로 제시해야 한다. 예를 들어 '데이터를 0.1초 안에 저장해야 한다'와 같이 구체적으로 정의해야 한다.
- 카카오톡 연동을 지원해야 한다. → 지원해야 하는 대상 기능이 광범하고 모호하다. 카카오톡 연동 기능에 대한 상세 기능을 충분히 기술해야 한다. '충분히'의 정도는 개발자가 임의로 기능을 결정하지 않고 혼란 없이 제시된 기능을 개발할 수 있는 정도다.
- 여러 가지 데이터베이스를 모두 지원해야 한다. → 지원해야 할 데이터베이스를 일일이 기술해야 한다. 또한 데이터베이스의 어느 버전을 지원해야 하는지도 명확해야 한다.

- 기존의 1.0 버전과 동일하다. → 기존의 1.0 버전 문서가 있다면 링크를 걸어주고, 1.0 문서가 없다면 기존 기능에 대해 설명해줘야 한다. 그렇지 않으면 1.0 버전에 대해 잘 모르는 사람은 무슨 뜻인지 알 수 없다.

- 충분히 많은 사용자가 접속할 수 있어야 한다. → 충분하다는 것이 얼마나 많은 양이나 개수를 의미하는지 수치로 명확하게 제시해야 한다. 예를 들어 '동시에 1000명의 사용자가 접속할 수 있어야 한다'와 같이 수치로 정의해야 한다.

문장 표현의 한계

문장만 너무 많이 작성하면 장황하고 길어져서 읽기가 힘들어진다. 글자가 가득한 문서를 읽다 보면 독자는 지루해서 집중력을 잃고 핵심을 놓치게 된다. 그림, 다이어그램, 그래프 등을 적절하게 활용하면 좋다. 표현법을 표준화하는 것은 상호 의미를 효과적으로 전달하는 데 도움이 된다. 그렇다고 꼭 UML을 써야 하는 것은 아니다. UML을 써서 효과를 보기도 하지만 오히려 부담이 되는 경우도 많다. 상자와 화살표로 나타내는 다이어그램box and arrow diagram은 가장 광범위하게 사용되는 매우 효율적인 다이어그램이다. 효과적인 표현을 위해 자유롭게 그림이나 다이어그램을 그리는 것이 좋다.

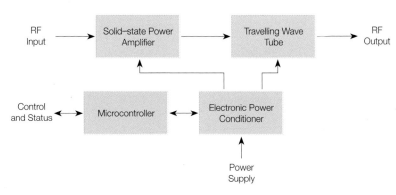

다이어그램의 예

9.4 스펙 작성 팁

스펙 작성과 관련해 알아두어야 할 몇 가지 팁을 소개한다.

TBD

TBD는 to-be-determined의 약자로 추후 결정하거나 작성하겠다는 의미다. 스펙을 적다 보면 당장 결정하지 못하는 내용이 있다. 그런 내용을 완성하기 위해 장시간 고민하거나 의논하면 시간을 빼앗긴다. 또 순차적으로 스펙을 적으면 효율적이지 못하다. 결정하지 못한 사항은 TBD로 적어놓고 다음으로 넘어가는 것이 좋다. 만약 아무런 표시를 하지 않으면 내용을 다 적은 것인지 미완성인지 구분하기 어렵다. 심지어는 본인도 나중에 헷갈린다. 그렇게 미완성된 내용이 완성된 것으로 간주되어 넘어가기도 하니 주의해야 한다.

TBD를 적을 때는 이유도 같이 적는 것이 좋다. '누가 언제까지 정보를 줄 것이다' 등의 계획도 적으면 좋다. 나중에 TBD를 검색하면서 내용을 보충하면 된다. TBD를 잘 활용하면 SRS 리뷰 시에도 시간을 효율적으로 활용하고, SRS에서 아직 결정되지 않은 내용을 바로 검색해 찾을 수 있으므로 SRS를 빠짐없이 충실하게 적을 수 있다.

스펙 리뷰 시 이슈 하나에서 논쟁이 벌어져 다른 이슈는 검토하지도 못하고 시간이 끝나기도 한다. 이럴 때 논쟁이 길어질 만한 이슈를 TBD로 표시해놓고 다음 이슈로 넘어가면 효율적으로 스펙 리뷰를 할 수 있다.

마지막으로, 이렇게 적힌 TBD는 추후 제거해나가야 하며 TBD가 없어야 스펙 작성을 종료할 수 있다.

N/A와 None

N/A는 not applicable의 약자로 '해당 사항이 없다'는 뜻이다. 그리고 None은 '해당 사항은 있지만 하지 않는다'는 뜻이다. 종종 이 두 가지를 혼동하는 것을 본다. 하지만 이를 섞어 쓰면 자칫 의미가 잘못 전달될 수 있으므로 정확하게 사용해야 한다.

N/A 또는 None으로 표시해야 할 섹션을 빈칸으로 놔두면 어떻게 될까? 물론 문서를 작성한 사람은 적을 내용이 없기 때문에 빈칸으로 놔둔 것이라고 생각할 수 있다. 하지만 문서를 읽는 사람은 왜 빈칸이 있는지 알지 못한다. 아직 작성을 못한 것인지, 몰라서 못 적은 것인지, N/A 또는 None에 해당하는 것인데 표시를 안 한 것인지 알 수 없다. 따라서 적을 것이 없더라도 빈칸으로 놔둬서는 안 된다. 독자들이 이해하기 쉽게 더 잘 적는 방법은 N/A 또는 None을 그 이유와 같이 적는 것이다. 이유를 간단히 적는 데는 30초면 충분하지만 그 효과는 매우 크다.

가끔 SRS 템플릿을 이용해 스펙을 적을 때 프로젝트에 해당 사항이 없는 섹션을 지워버리는 사람들이 있다. 이렇게 되면 다음과 같은 혼동을 초래할 수 있다.

- 템플릿의 번호 체계가 밀려서 각 챕터chapter와 섹션section의 번호 또는 레이블이 바뀐다. 템플릿을 오래 사용하면 번호만 봐도 무슨 섹션인지 바로 알 수 있는데, 이렇게 바뀌면 헷갈린다.
- 해당 항목이 N/A라서 지운 것인지 None인지 알지 못한다.
- SRS를 재활용할 경우 해당 항목을 원래 없는 것으로 오해하고 다른 프로젝트에서 해당 항목을 고려하지 못할 수 있다.

해당 사항이 없는 섹션은 반드시 N/A로 처리해야 한다.

비목표사항의 작성

흔히 SRS에는 해야 할 일만 적는다. 하지만 하지 말아야 할 일도 적어야 한다. 이는 해야 할 일 못지않게 중요한 정보다. 하지 말아야 할 일을 적어놓지 않으면 추후에 사람들이 자꾸 그 이슈를 의논하게 될 테고, 나중에는 과거의 이슈도 모르고 해야 할 일로 탈바꿈할 수 있다. 비목표사항will not do을 적을 때 이슈가 있는 항목의 경우 왜 지원하지 않아도 되는지, 왜 지원하지 않기로 결정했는지에 대한 설명도 곁들이면 금상첨화다. 때에 따라서는 비목표사항이 목표사항보다 더 중요하므로 신경 써서 작성해야 한다.

비목표사항을 작성한 예를 몇 가지 들어보자.

- 이번 프로젝트는 v1.0에서의 마이그레이션을 지원하지 않는다. 그 이유는 이번 업그레이드 제품은 v1.0과 구조가 너무 많이 바뀌어서 자동 업그레이드 모듈 개발에 비용이 많이 들고, v1.0은 고객이 3명밖에 없고 마이그레이션 요구도 없기 때문이다.
- 중국어 간체를 지원하나 번체는 지원하지 않는다. 타깃 시장이 중국 본토이므로 당장 번체는 필요하지 않다. 추후 번체 지원이 필요할 경우 큰 무리 없이 지원이 가능하다.
- 장비의 HDD가 망가질 경우에 대한 복구 대책은 제공하지 않는다. 기능을 제공하는 데 많은 개발비가 들고 장애 시 직접 방문 지원을 하는 것이 더 효과적이기 때문이다.
- 국내용이다. 국내 시장만 판매 대상으로 하며 해외 시장에는 절대로 판매하지 않을 것이다.
- 아이폰용이다. 아이폰만을 지원할 것이며 안드로이드 등 다른 모바일OS는 절대로 지원하지 않을 것이다. 1차 버전에서는 아이폰만을 지원할 것이며 안드로이드 등 다른 모바일OS는 지원하지 않을 것이다. 하지만 2차 버전부터는 모바일OS 지원 전략이 바뀔 수도 있다.

논의 과정도 기록

SRS 문서를 적으면서 흔히 하는 실수가 있다. 하나의 이슈를 가지고 한 시간 동안 치열한 논쟁을 하고 결론에 이르렀는데 간단하게 결론만 한 줄 적고 마는 것이다. 그러면 나중에 그 결론을 보고 누군가가 동일한 이슈로 또 논쟁을 할 수도 있다. 이럴 때는 그 결론에 이르게 된 과정을 적어주는 것이 좋다. 과정도 결과만큼 중요하기 때문이다. 그렇다고 SRS의 모든 항목을 이렇게 적을 필요는 없으며, 이슈가 있는 것들만 논의 과정을 적으면 된다. 적는 데 들인 몇 분의 수고는 수많은 사람들의 궁금증을 해소하고 시간을 절약하며 혼선을 방지해줄 것이다.

9.5 스펙 재사용하기

잘 작성된 소프트웨어 스펙은 지속적으로 재활용된다. 한번 작성된 스펙은 회사의 자산으로 수많은 지식과 정보를 담고 있다. 제품을 업그레이드하거나 차세대 제품을 만들 때 이전의 스펙을 재활용한다. 과거의 많은 정보와 노력이 담긴 기존 스펙을 바탕으로 업그레이드 버전이나 차세대 제품의 스펙은 훨씬 더 수월하게 짧은 시간에 완성도 있게 작성하게 된다.

또한 다른 제품을 개발할 때도 스펙은 여러 검토사항을 빠짐없이 확인할 수 있는 좋은 정보를 제공한다. 소프트웨어 스펙을 작성할 때 이전에 작성한 스펙을 참조해 많은 도움을 얻게 되므로 대부분 회사에서는 한번 작성한 스펙을 두고두고 유용하게 활용한다.

스펙 재사용 시 장점

- 요구사항 분석을 더 빠르게 할 수 있다.
- 새 프로젝트의 요구사항을 빠뜨리지 않고 꼼꼼하게 검토할 수 있다. 예를 들어 보안 요구사항이 많은 경우 바닥부터 새로 시작하기란 매우 어렵다. 또 한 회사의 프로젝트는 보통 보안 요구사항이 비슷하기 때문에 재사용이 매우 효율적이다.
- 프로젝트 일정이 단축된다.

스펙 재사용 시 주의점

- 꼼꼼하게 검토하지 못해 엉뚱한 요구사항이 포함되는 것을 경계한다.

- 추가로 필요한 요구사항이 있음에도 분석하지 않고 기존에 작성된 항목을 그대로 옮겨와 사용하는 것을 주의한다.

- 첫 버전의 스펙을 잘 작성한다. 잘못 작성된 문장이나 오해가 생길 만한 설명이 번번이 재사용되면서 지속적으로 문제를 일으킬 수 있다. 30점짜리 스펙을 계속 재사용하면 30점짜리 문서를 계속 만들어낸다. 80점, 90점짜리 문서를 만들 기회를 영원히 잃게 될 것이다.

- 재사용하려면 문서화한다. 여기저기 흩어져 있는 정보나 경험으로만 알고 있는 정보는 재사용이 불가하다.

- 동일한 의미를 프로젝트마다 다른 단어로 표현한다면 재사용 시 문제가 된다. 어떤 회사에서는 용어집을 만들어 뜻이 동일하나 표현이 다른 용어를 하나로 통일해 사용한다. 용어집은 단순히 문서보다는 데이터베이스를 이용한 시스템으로 구축하는 것이 좋다. 위키[Wiki]를 이용할 경우 구축이 용이하며 협업해 업데이트가 가능하며 검색이 편리하다. 단 회사 표준 용어는 표준을 정하는 일이기 때문에 수정 시 일정한 규칙을 따라야 한다.

  – Setting vs. Config

  – Log-in vs. Sign-in

- 워드와 같은 문서로 스펙을 작성할 경우 스타일을 적용해 모든 문서를 동일한 양식으로 작성해서 재사용 시 문제가 없게 해야 한다. 또한 템플릿의 스타일을 변경하면 나중에 재사용 시 어색한 문서가 된다.

- 템플릿을 철저히 준수한다. 각 프로젝트에서 챕터별로 내용이 다르면 재사용 시 곤란하고 내용을 찾기도 어렵다.

- 문서의 링크를 조심한다. 링크된 문서는 같은 폴더에 있거나 절대 위치에 있어야 한다. 재사용 시 문서의 링크가 깨지지 않게 주의한다.

비슷한 과거 프로젝트에서 스펙 전체를 재사용할 경우

프로젝트 B를 진행하면서 프로젝트 A의 SRS를 통째로 복사해 다른 부분을 업데이트하고 내용을 추가해 작성하는 방법이다.

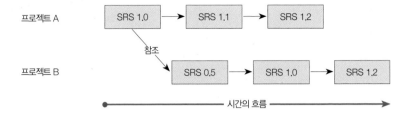

스펙 일부를 재사용할 경우

프로젝트 B를 진행하면서 프로젝트 A의 SRS 일부와 프로젝트 C의 SRS 일부를 빌려와 수정하고 다른 부분은 내용을 추가해 SRS를 작성하는 방법이다.

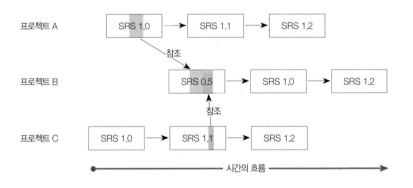

9.6 소스코드로 스펙 작성하기

소프트웨어 스펙에서 빠질 수 없는 것이 바로 인터페이스다. 스펙에서 컴포넌트를 나누고 인터페이스를 정의하고 나면 상당 부분 소스코드로 옮겨 적는 과정을 거친다. 물론 소스코드로 바로 정의할 수 없는 인터페이스도 있지만 함수 호출형 인터페이스는 거의 그대로 소스코드로 옮겨간다. 이때 쉽게 옮겨갈 수 있도록 스펙 문서에 소스코드 형태와 최대한 유사하게 인터페이스를 정의하는 것이 좋다. 마치 소스코드를 문서에 옮겨 적어놓은 것처럼 적기도 한다.

이렇게 하면 별도의 수정 없이 소스코드로 옮기기 쉬워진다.

하지만 이렇게 하다 보면 이것도 중복 작업인 것을 알게 된다. 기껏 스펙 문서에 적어놓은 것을 소스코드로 옮기는 작업을 또 해야 한다. 그런데 문제는 이게 아니다. 아무리 스펙에서 인터페이스를 잘 정했다 하더라도 구현하다 보면 인터페이스를 변경해야 하는 순간이 오게 된다. 이때 소스코드에서 인터페이스를 변경하는 것은 쉽지만, 이것을 다시 스펙 문서로 옮겨 적는 것은 여간 어려운 일이 아니다. 귀찮다고 소스코드만 수정하고 문서를 수정하지 않으면 스펙 문서는 실제 소프트웨어와는 다른 문서가 되고 만다.

이런 것을 흔히 '깨진 유리창'이라고 부른다. 유리창이 깨진 자동차에 좀도둑들이 들어와 부속품을 다 뜯어가듯이, 일단 소프트웨어와 어긋나기 시작한 SRS 문서는 점점 더 방치되어 나중에는 쓸모없는 문서가 되고 만다.

(출처 https://bit.ly/3kJ6VLF)

그러면 유지보수 개발자는 문서를 봐야 할지 소스코드를 봐야 할지 헷갈리고, 실제와 다른 문서를 보다 보면 다른 부분도 의심이 들기 시작한다. 결국 스펙 문서는 깨진 유리창이 되어 더는 업데이트하지 않게 된다. 그래서 문서는 개발이 가능한 만큼만 최소한 적어야 하며 중복은 최대한 제거해야 한다.

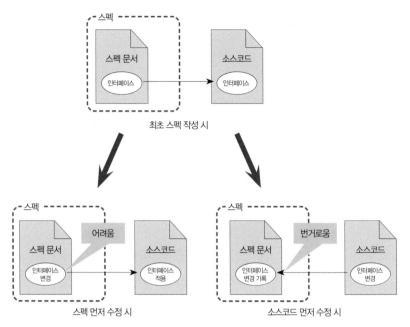

스펙 문서에 인터페이스 적기

이런 불편을 없애는 방법으로는 인터페이스를 스펙 문서에 적지 않고 바로 소스코드에 작성하는 방법이 있다. 소스코드에 인터페이스를 적기 때문에 인터페이스가 일부 바뀌어도 문서를 수동으로 다시 바꿔야 할 필요가 없다. 이때는 단순히 인터페이스의 정의만 적는 것이 아니라 자세한 설명까지 곁들인다.

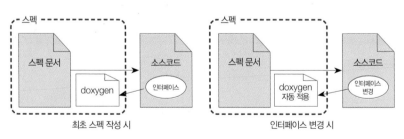

소스코드에 인터페이스 적기

이렇게 스펙을 쓸 때 작성한 소스코드는 껍데기밖에 없는 것이므로 동작하지는 않는다. 하지만 기본적으로 빌드가 가능해야 하며 일부 기능은 가짜로 동작하게 만들기도 한다. 또는 수도코드pseudocode를 작성해놓기도 한다. 수도코드를 보면 실제 코드를 어떻게 작성해야 하는지에 대해 상당한 정보를 확인할 수 있다.

문서로 상세한 정보까지 남기면 나중에 스펙이 변경될 때, 즉 소스코드가 변경될 때 문서를 바꿔줘야 한다. 그런 정보는 문서에 없는 것이 더 효율적이다. 하지만 개발자에게 정보를 제공하기 위해서는 어딘가에 적거나 말로 설명해야 한다. 이때 소스코드에 직접 적는 것도 매우 좋은 방법이다.

9.7 유닛 테스트로 스펙 작성하기

스펙의 일부를 적는 방법 중에 유닛 테스트를 적는 방법이 있다. 이렇게 유닛 테스트로 스펙을 적고 소프트웨어를 개발하는 방법을 TDD라고 부른다. 유닛 테스트를 그냥 쓰는 것과 TDD를 구분해 설명할 수도 있지만 편의상 같은 개념으로 설명하겠다.

스펙 및 설계의 한 방법인 TDD는 최종 목적인 소스코드를 작성하기 전에 소스코드를 테스트할 수 있는 코드를 먼저 작성하여 소스코드가 테스트 코드를 통과해 나가도록 진행하는 방법이다. 먼저 그림을 통해 전통적인 개발 프로세스와 TDD 개발 프로세스를 한눈에 비교해보고 그다음 TDD 개발 프로세스에 대해 자세히 알아보자.

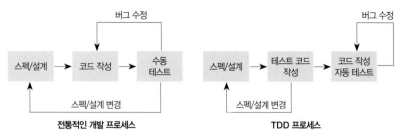

전통적인 개발과 TDD 프로세스의 비교

TDD 프로세스에서는 스펙이 완성될 때 소스코드의 껍데기와 테스트 코드까지 완성된다. 테스트 코드는 다양한 입력값과 출력값을 검증하는 코드를 담고 있어서 소스코드가 어떻게 동작해야 하는지 알려준다. 개발자는 주어진 스펙과 테스트 코드를 보며 기능을 완성해나가면 된다. 그러면 테스트 코드 통과율이 올라가면서 소프트웨어 완성도가 높아진다.

소프트웨어는 업그레이드를 하면서 점점 복잡해지고 없던 버그도 생겨난다. 이때 이전에 작성해놓은 테스트 코드들이 기존 기능의 동작이 원활한지 확인해주는 안전판 역할을 한다.

TDD의 장점

TDD의 가장 큰 장점은 소프트웨어의 품질을 향상시킨다는 것이다. 코딩 시 지속적으로 자동 테스트되므로 코드 품질을 안정적으로 유지하며 추가 요구사항이나 변경이 있어도 쉽게 적용할 수 있다. 원래 개발자가 아닌 유지보수 개발자가 개발을 하더라도 차후 변경으로 그동안 잘 동작하던 기능이 망가지는 것을 즉시 찾아낼 확률이 높다. 그래서 개발 시 효율성뿐만 아니라 유지보수 효율성도 증대된다.

TDD를 수행하다 보면 컴포넌트 설계에 자연히 신경을 쓰게 된다. 테스트 코드는 컴포넌트가 해야 할 기능을 거의 포함하기 때문에 컴포넌트를 어떻게 설계하는 것이 좋을지도 동시에 생각하게 된다. 따라서 컴포넌트를 객체지향적으로 설계하게 되고 여러 예외상황 처리에도 신경을 쓰게 된다.

또 TDD는 개발 시간을 단축해주는 효과도 있다. 처음에는 테스트 코드를 작성하느라 시간이 더 걸리는 것 같지만 디버깅 시간을 크게 줄여주고 수동 테스트에서 발견될 여러 버그를 사전에 찾아내서 고치기 때문에 전체 개발 시간이 짧아지는 효과가 있다.

TDD의 단점

테스트 코드를 먼저 작성해야 하는 것은 큰 부담이 아닐 수 없다. 거의 모든 프로젝트 일정이 빡빡해서 스펙도 대강 쓰거나 생략하는 일이 부지기수인데 익숙하지도 않은 테스트 코드를 먼저 작성하라니, TDD가 정착되기란 매우 요원해 보인다.

또 무작정 TDD를 적용한다고 될 일도 아니다. 객체지향 사고 방식과 설계 능력이 기본적으로 뒷받침되어야 TDD 효과가 크다. 시간도 없고 설계 능력도 미흡한데 TDD를 적용하자고 하면 한두 번 흉내 내다가 흐지부지될 것이다.

일단 유닛 테스트부터 조금씩 작성해가면서 유닛 테스트에 익숙해지자. 그러고 나서 작은 프로젝트부터 TDD를 적용해나가면 성공 확률이 높아진다. 시범 프로젝트를 고를 때는 유닛 테스트를 작성하기 쉬운 서버, 웹 프로그램 등과 같은 소프트웨어를 선택하는 것이 좋겠다.

9.8 중복 최소화하기

스펙을 적다 보면 많은 부분이 중복되기 마련이다. 그중 기능과 UI, 인터페이스는 더욱 그렇다. 특정 기능을 기능 관점으로 자세히 설명할 수도 있고 UI를 기반으로 설명할 수도 있으며 인터페이스를 중심으로 설명할 수도 있다. 그렇다고 기능, UI, 인터페이스 관점으로 각각 충분히 설명하자면 많은 부분이 중복되며 최악의 경우 세 배 분량을 작성하게 된다.

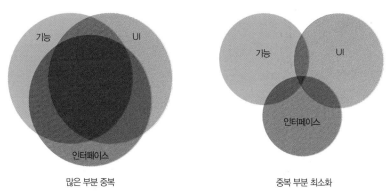

많은 부분 중복   중복 부분 최소화

SRS 중복 분량의 비교

중복을 완전히 없앨 수는 없더라도 중복을 최소화하도록 신경 써야 한다. 소프트웨어 성격에 따라 중복을 최소화하면서 기능을 잘 정의하기 위해 중점을 둬야 할 부분이 다르다. 많은 웹서비스는 UI를 중심으로 설명하면 기능에 대한 상세 설명이나 인터페이스를 생략해도 소프트웨어를 충분히 개발할 수 있다. 라이브러리나 검색 엔진을 만드는 경우라면 인터페이스를 위주로 설명하는 것이 훨씬 효율적이다. 소프트웨어 특성에 따라 중복을 최소화하는 방법을 스스로 고민해야 한다.

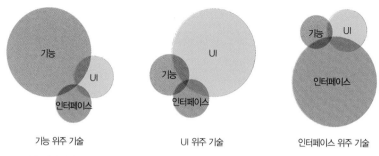

기능 위주 기술   UI 위주 기술   인터페이스 위주 기술

SRS 기술 방법 세 가지

9.9 품질 특성 명시하기

소프트웨어를 개발할 때 자주 간과되는 요구사항이 바로 품질 특성이다. 품질 특성을 고려하지 않고 기능 요구사항만 정의할 경우, 제품의 품질을 제대로 정의할 수 없고 고객의 요구사항을 충족할 수 없다. 또한 추후 유지보수나 제품 업그레이드 시 뜻밖의 난관에 부딪칠 수 있다.

만약 1.0버전에서는 윈도우만 지원하다가 2.0버전에서 리눅스도 지원할 계획이 있다면, 처음부터 이식성 항목에 이를 명확하게 기술해야 할 것이다. 이식성 항목의 2.0버전에서는 리눅스도 지원한다는 사실을 명기해야 하고, 이를 위해 필요한 요구사항을 모두 적어야 한다. 운영체제에 종속적인 코드를 어떻게 제거하고 어떤 것을 허용할지 구체화해야 한다. 그래야 추후 2.0버전을 개발할 경우 시간을 단축하고 효율적으로 프로젝트를 진행할 수 있다. 일단 이를 무시하고 제품을 다 개발한 뒤에 2.0버전에서 완전히 뜯어고치려 하면 막대한 노력과 비용이 들게 된다. 그러나 1.0버전에서 이를 고려했다면 수십 분의 일의 노력으로 해결됐을 것이다.

소프트웨어의 품질 특성 중에는 사용자를 위한 항목이 있는가 하면 사용자와는 상관없이 개발팀이 설계, 구현 시 꼭 고려해야 하는 항목도 있다. 가령 이식성, 유지보수성, 테스트성 같은 것들이다. 이처럼 소프트웨어의 품질 특성은 최종 사용자뿐만 아니라 추후 미래의 프로젝트나 유지보수를 위한 다양한 시스템 관련 항목까지 고려해야 한다. 이런 유지보수 품질 특성은 사용자들이 관심을 두지 않더라도 회사나 개발팀에게 매우 중요하다.

소프트웨어 품질 특성을 외부 품질 특성과 내부 품질 특성으로 나눠 살펴보자. 전자는 사용자 관점의 품질 특성을 말하며 후자는 개발자 관점의 품질 특성을 말한다.

외부 품질 특성

- 안전성safety: 소프트웨어를 사용하면서 발생 가능한 손실에 대해 사용자, 시스템, 데이터를 보호하기 위한 요구사항
- 보안security: 시스템과 데이터를 외부의 악의적 접근이나 수정, 파괴 의도로부터 안전하게 보호하기 위한 요구사항
- 가용성availability: 소프트웨어의 지속적인 운영 정도. 페일오버fail-over와 같은 하드웨어의 지원을 받아 가용성을 높이기도 한다.
- 신뢰성reliability: 소프트웨어의 제품 신뢰도. 소프트웨어가 중단 없이 작동할 수 있어야 하는 정도
- 정확성correctness: 기능 수행의 정확도
- 효율성efficiency: 기능 수행에 필요한 컴퓨팅 리소스와 코드의 양
- 사용성usability: 배우고 운영하는 데 필요한 노력의 정도

내부 품질 특성

- 유지보수성maintainability: 유지보수를 용이하게 할 수 있는 정도
- 이식성portability: 다른 기계나 운영체제로 쉽게 이식할 수 있는 정도
- 유연성flexibility: 소프트웨어를 쉽게 변경할 수 있는 정도
- 연동성interoperability: 다른 시스템과 연동하기 쉬운 정도

- 재사용성reusability: 다른 소프트웨어에서 쉽게 재사용할 수 있는 정도

- 테스트성testability: 의도한 대로 테스트를 수행하는 데 필요한 노력의 정도

- 확장성scalability: 소프트웨어의 지원 규모를 용이하게 확장할 수 있는 정도

품질 특성은 서로 트레이드오프 관계에 있으므로 이를 잘 고려해야 한다. 서로 상충되는 품질 특성을 무조건 요구사항으로 제시하면 모순이 되기 때문에 이를 고려해 품질 특성을 정의해야 한다.

	가용성	효율성	확장성	무결성	연동성	유지보수성	이식성	신뢰성	재사용성	견고성	테스트성	사용성
가용성								+		+		
효율성			-		-	-	-	-		-	-	-
확장성		-				+	+	+		+		
무결성		-								-		
연동성		-	+	-			+					
유지보수성	+	-	+					+			+	
이식성		-	+		+				+		+	
신뢰성	+	-	+			+				+	+	+
재사용성						-					+	
견고성	+							+				+
테스트성	+	-	+			+		+				+
사용성		-								+	-	

품질 특성 간의 트레이드오프 관계

9.10 프로토타입 만들기

스펙을 작성하다 보면 기술 검증이 필요하거나 사용자의 요구사항이 불분명해서 명확하게 파악해야 할 경우가 있다. 이럴 때 검증을 위해 간단하게 소프트웨어를 만들어보는 방법이 있는데, 바로 '프로토타입'이다. 시간이 부족하다고 불분명한 상태에서 스펙 작성자가 임의로 추측하거나 판단해 스펙을 완성했을 경우, 기술이 예상대로 개발되지 않거나 다르게 동작하고 개발 후에 사

용자로부터 원하는 UI나 기능이 아니라는 얘기를 듣기도 한다. 이 경우 재작업을 하거나 또 다른 기술을 알아보기 위해 프로젝트 시간이 더 지연되고 비용이 크게 증가한다. 따라서 적절한 프로토타입을 만들어 프로젝트의 불확실성을 줄이고 시간과 비용을 절약하는 것이 좋다.

여기서는 UI 프로토타입과 기술 검증 프로토타입, 프로토타입 개발 시 유의사항을 알아보자.

UI 프로토타입

사용자가 원하는 UI나 업무 흐름을 확인하기 위한 프로토타입이다. 일회용 프로토타입 또는 수평적 프로토타입이라고도 부른다. 실제로 기능이 동작하지는 않지만 화면상으로 버튼을 누르거나 화면이 바뀌는 등 일부가 실제로 동작하는 것처럼 보이기도 한다. 프로그램으로 만드는 방법과 UI 프로토타입 툴을 이용해 빠르게 만드는 방법이 있다.

UI 프로토타입을 이용하면 사용자는 제품의 최종 모습을 구체적으로 상상할 수 있어 요구사항을 쉽게 도출하게 된다. 또 UI 프로토타입을 잘 작성하면 프로젝트 후반의 의도치 않은 요구사항 변경을 최소화한다. UI 프로토타입은 사용자의 요구사항을 확인한 후 폐기하는 것이 원칙이지만 요즘은 잘 만들어진 UI 프로토타입 툴을 이용해 일부를 실제 개발에 사용하기도 한다.

기술 검증 프로토타입

기술 검증은 타당성 조사feasibility study 또는 예비 조사라고도 한다. 설계의 위험을 낮추기 위해 기술의 일부를 개발해보고 아키텍처를 검증하며 계획한 알고리즘 최적화가 가능한지 확인하기도 한다. 개발에 사용할 외부 라이브러리가 우리가 원하는 대로 동작하는지 간단한 프로그램을 만들어보기도 한다.

기술 검증 없이 진행하다가 구현 단계에서 기능에 문제가 발생하면 재난이 아닐 수 없다. 이미 수많은 기능이 이 기능과 연관됐을 것이며, 구현 단계에서 요구사항과 설계를 바꾸자면 많은 비용을 지불하고 일정 지연을 감수해야 하기 때문이다. 따라서 기술 검증 프로토타입은 검증 목적에 맞게 빨리 가능성만 검증할 수 있도록 최소한으로 만들면 된다. 기술 검증 후 적합하지 않다고 판단되는 기능은 요구사항에서 제거하거나 대안을 찾아야 할 것이다.

불확실한 모든 기술에 대해 프로토타입을 만들어 검증을 할 필요는 없다. 아무리 간단한 프로토타입이더라도 시간과 노력을 들여야 하기 때문에 너무 많은 프로토타입 개발은 프로젝트에 부담이 된다. 처음 구현하는 기능이더라도 검증이 필요 없는 것은 군이 프로토타입을 만들 필요가 없다. 적절한 판단하에 프로토타입 개발이 불가피한 것을 선택해야 한다.

검증용 프로토타입을 만들 때 흔히 하는 실수는 제대로 개발하려고 지나치게 공을 들이는 것이다. 보통 프로토타입은 사용 후 폐기하므로 최소화해 최대한 빨리 만들어야 한다.

프로토타입 개발 vs. 본 프로젝트 개발

프로토타입을 만드는 것은 실제 제품을 만드는 것과는 사뭇 다르다. 실제 제품을 개발할 때는 코딩 표준을 철저히 따르고 소스코드에 주석도 달며 수많은 에러도 처리하고 여러 개발자들과 리뷰도 해야 한다. 또 성능 향상을 위해 알고리즘도 최적화해야 한다. 하지만 프로토타입을 만들 때는 이러한 절차 없이 간단하게 구동되는 코드만 작성하면 된다.

따라서 이렇게 작성된 코드를 실제 제품에서 재사용하는 것은 대단히 위험하다. 특히 UI 프로토타입을 본 고객이나 영업팀은 제품이 거의 완성된 것으로 보고 코드를 그대로 써도 된다고 생각할 수 있다. 그래서 작성된 프로토타입을 그대로 사용해 빨리 제품을 만들어 달라고 주문할 수도 있다. 이러한 요구는 단호하게 거절하고 프로토타입과 최종 제품이 완전히 별개의 것임을 분명하게 설명해야 한다. 프로토타입 작성에 성공하려면 아래 내용을 명심한다.

- 프로토타입은 개발 일정의 불확실성과 위험을 줄인다.
- 개발 계획 시 프로토타입 작성도 포함한다.
- one-pager 같은 문서로 간단히 스펙을 작성하고 진행한다.
- 각 프로토타입의 용도를 명확히 한다. 예를 들어 UI 확인이 목적인지, 기능 검증이 목적인지, 성능 검증이 목적인지 확실히 한다.
- 일회용 프로토타입에 과도한 노력을 들이지 않는다.
- 프로토타입은 꼭 필요할 때만 만든다.
- 일회용 프로토타입은 SRS를 명확하게 하기 위한 용도로만 사용하고 폐기한다.
- 프로토타입도 회사의 공식 소스코드 관리시스템에서 관리한다. 그래야 회사의 지식 자산이 된다.

9.11 스펙을 적기 위해서는 why를 알아야 한다

소프트웨어 스펙의 원리를 깨우치려면 why를 알아야 한다. 스펙의 항목들이 그렇게 적힌 이유를 알아야 한다는 의미다. 소프트웨어 국제화 요구사항이 많다면 현재 또는 미래에 여러 국가에서 판매하려는 계획이 있을 것이다. O/S 이식성이 높다면 장차 다른 O/S 플랫폼을 지원할 계획이 있을 것이다.

남이 적어놓은 소프트웨어 스펙을 본다면 이런 why를 알기 어렵다. 스펙에 모든 이유를 다 적는 것이 아니기 때문이다. 그래서 남들이 적어놓은 스펙을 보고 배운다면 스펙을 작성하는 원리를 깨우치기가 어렵다. 스펙을 잘 작성하려면 잘 적은 스펙을 많이 읽기보다는 스펙을 직접 적어보고 프로젝트를 직접 수행해봐야 한다. 그래야 스펙의 why를 이해할 수 있기 때문이다.

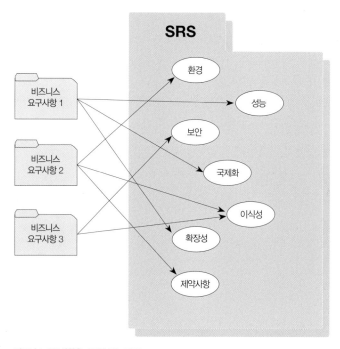

비즈니스 요구사항을 스펙에 적는 방법

9.12 훔쳐보기는 이제 그만

분석과 설계를 제대로 하지 않고 작성한 소프트웨어 아키텍처는 대개 뒤죽박죽이 된다. 이런 소프트웨어는 업그레이드를 거듭할수록 복잡도와 유지보수 비용이 불어난다. 설계 없이 개발하다가 어떤 기능이 필요해지면 소스코드를 뒤져본다. 그리고 비슷한 것을 찾으면 컴포넌트 간의 관계를 고려하지 않고 무작정 갖다 쓴다. Private 함수를 임의로 Public으로 바꿔 사용하고 라이브러리에서 공개되지 않은 내부 함수를 찾아 사용했다고 자랑하기도 한다. 이런 식으로 개발해도 소프트웨어가 동작할지 모르지만, 시스템의 결합도가 증가하고 복잡해져 나중에 어려움을 겪게 된다.

이외에 훔쳐보기에는 다음과 같은 문제가 있다.

- 미래에 폭발하고야 말 지뢰를 심은 것과 다름없다.
- 유지보수가 어려워진다.
- 아키텍처가 뒤죽박죽된다.
- 협업이 힘들어진다.
- 컴포넌트 변경 시 문제가 대거 발생한다.

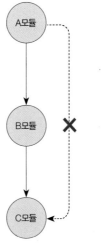

임의로 설계에서 허용되지 않는 참조를 하는 경우

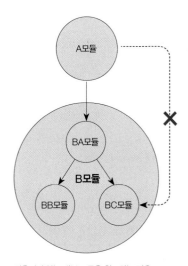

허용되지 않는 내부 모듈을 참조하는 경우

설계도에 없는 훔쳐보기에서 더 큰 문제는 순환 참조를 하는 것이다. 순환 참조는 아래와 같은 문제가 있다.

- 코드 하나의 변화가 전체 소프트웨어에 영향을 준다.
- 상위, 하위 레이어 구분이 모호해져서 소프트웨어 구조를 이해하기가 어렵다.

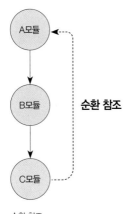

순환 참조

그럼 이런 훔쳐보기, 순환 참조의 문제를 해결할 방법은 없는가? 바로 공통 모듈이다. 두 가지 문제를 해결할 뿐만 아니라 시스템을 단순하게 만들고 유지보수를 용이하게 하기 위해서는 공통 모듈을 정의한다. 공통 모듈은 초기 분석, 설계부터 도출해 만들어야 한다.

다음 그림을 보자. 왼쪽 그림처럼 복잡했던 시스템이 공통 모듈을 사용함으로써 오른쪽 그림처럼 한결 단순해지고 시스템을 이해하기가 쉬워졌다. 그만큼 개발 및 유지보수 비용이 절약된다. 공통 모듈을 표시할 때는 일반 컴포넌트와는 다른 형태로 그려주고, 컴포넌트와 연결선을 그릴 필요는 없다.

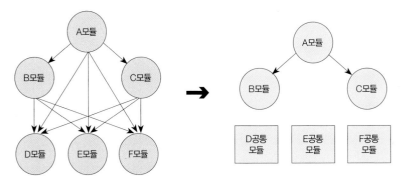

공통 모듈로 더욱 간단해진 인터페이스

9.13 인터페이스 개선하기

컴포넌트를 나누고 인터페이스를 정의하다 보면 한 번에 깔끔하게 정리되지 않는다. 각 컴포넌트 관계가 생각보다 복잡하기 때문이다. 이때 컴포넌트를 재정의하거나 인터페이스를 정리해 전체적으로 시스템을 단순화할 필요가 있다. 그래야 시스템을 이해하기도 쉽고 변경이 용이하며 문제가 생길 확률도 작아진다. 이런 과정을 일컬어 결합도 또는 복잡도를 낮춘다고 한다.

다음 그림처럼 인터페이스를 개선하면 개발 시에도 통합이 용이하고 테스트가 쉬워지며 유지보수 비용도 줄게 된다. 또 잘 정의된 컴포넌트는 타 프로젝트에서 재사용하기가 쉽다.

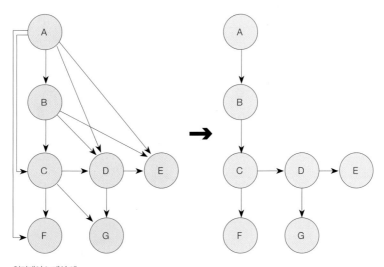

인터페이스 개선 예

이미 많은 코드를 작성해놓은 상태에서 이런 개선은 매우 어렵고 비용도 많이 든다. 따라서 인터페이스 개선은 설계 시부터 진행하는 것이 좋고 구현 초기에 개선 요구가 발생하면 가부를 결정해 빨리 실행하는 것이 좋다. 코드를 많이 작성할수록 인터페이스 개선은 어려워진다.

9.14 인터페이스 정의하기

인터페이스를 제대로 정의하려면 템플릿만 네 페이지에 달하는 내용을 채워 넣어야 한다. 템플릿에 내용을 넣으면 인터페이스 하나가 예닐곱 페이지 분량이 되기도 한다. 어떤 인터페이스는 자세히 기술해야 하지만 대부분의 인터페이스는 그럴 필요가 없다. 최소화해서 필요한 요구사항을 충족하는 인터페이스를 구현할 수 있는 정도만 정의하면 된다.

하지만 인터페이스를 정의할 때 템플릿에서 정의하는 내용을 적어야 하는지를 아는 사람은 그리 많지 않다. 그래서 모든 인터페이스를 함수 호출 정도로만 생각하고 정의하는데 그렇게 되면 중요한 인터페이스의 요구사항이 누락되어 나중에 큰 문제가 된다. 예를 들어 똑같은 인터페이스인데, 하루에 한 번 호출되는지, 일 초에 천 번 호출되는지 요구사항이 다를 수 있다. 또 인터페이스 호출에 실패하면 로그가 한 줄 안 적히는지, 사람이 생명을 잃는지 상황이 다르다. 요구사항이 다양한 만큼 함수 호출 내용만 정의해서는 인터페이스를 제대로 정의할 수 없다.

그래서 기본적인 인터페이스 속성 전체를 파악해야 한다. 그러고 나서 실전 프로젝트에서 인터페이스를 필요한 만큼 축약해 정의하면 된다. 전체를 모르고 축약한 것만 사용하다가는 인터페이스 정의의 원리를 터득할 수 없다.

9.14.1 간단한 인터페이스 정의 방법

간단한 인터페이스 정의법은 함수 호출을 정의하는 것이다.

```
A모듈 -> B모듈

// @param userID : 사용자 ID
// @return 사용자 이름, error 발생 시 "" 리턴
string getUserName(int userID);
```

9.14.2 복잡한 인터페이스 정의 방법

인터페이스는 우선 아래 여섯 가지 항목으로 정의한다.

1. 인터페이스 할당 우선순위

2. 인터페이스 타입

3. 개별 데이터에 대한 요구 특성

4. 개별 데이터의 조합에 대한 요구 특성

5. 커뮤니케이션 방법에 대한 요구 특성

6. 프로토콜에 대한 요구 특성

각 항목을 설명하면 다음과 같다.

인터페이스 할당 우선순위

인터페이스의 중요도에 따른 우선순위를 의미한다. 인터페이스 호출 실패 시 시스템에 미치는 영향을 평가해서 높음, 중간, 낮음 등으로 우선순위를 표시한다. 단순히 높음, 낮음으로 표시하지 않고 그 이유까지 같이 기술하는 것이 좋다.

인터페이스 타입

인터페이스 타입을 기술한다. 예를 들어 실시간으로 처리되는 인터페이스인

지, 배치로 처리되는 인터페이스인지 표시한다.

개별 데이터에 대한 요구 특성

이 항목은 다음과 같은 하위 항목별로 기술한다.

1. Unique ID: 고유한 ID를 부여한다. 이렇게 하면 다른 인터페이스에서 동일한 데이터를 사용할 경우 중복해 기술하지 않고 참조로 사용할 수 있다.

   예) AUTH_DATA3

2. Data Type: 데이터가 숫자인지, 문자인지, 혼합인지, URL 형태인지 등을 기술한다.

   예) 문자와 숫자의 혼합

3. Size and Format: 데이터의 크기와 형식을 적는다.

   예) 총 여덟 글자이며 상품코드(알파벳 네 글자)와 일련번호(숫자 네 글자)로 구성된다.

4. Unit of Measurement: 단위를 기술한다. 단위가 없는 데이터라면 N/A라고 적는다.

   예) microsecond, meters, dollars

5. Range or Enumeration: 데이터의 범위를 기술하거나 열거한다.

   예) −100부터 100 사이의 정수

6. Accuracy and Precision: 데이터의 정확도와 정밀도를 나타낸다.

   예) 소수점 두 자리까지 의미 있음

7. Timing: 인터페이스 발생 시기를 나타낸다.

   예) 사용자가 버튼을 누른 후 1초 안에 실행한다.

8. Frequency: 인터페이스 발생 빈도를 나타낸다.

   예) 하루에 한 번 오전 6~12시에 실행한다.

9. Volume: 데이터 총 크기를 나타낸다.

   예) 0.5MB

10. Add or Update Data: 데이터 추가나 갱신 방법을 나타낸다.

    예) 새로 전달된 데이터로 현재의 데이터를 덮어 쓴다overwrite.

11. Sequencing: 인터페이스 실행 순서를 나타낸다.

    예) 다음 순서로 연속적으로 인터페이스를 실행한다.

① AB-5010

② AC-1010

③ CE-14010

12. Security and Privacy Constraints: 보안과 정보 보호를 나타낸다.

예) 128 Bit Public Key Encryption을 사용한다.

개별 데이터의 조합에 대한 요구 특성

1. Unique ID: 고유한 ID를 부여한다.

예) CUST_DATA

2. Data Elements in the Assembly and their Structure: 데이터 조합을 구성하는 요소를 나타낸다.

예) - 개별 인터페이스는 array의 한 element를 포함한다.

- 개별 인터페이스는 보고서 각 장의 데이터에 해당된다.

- 한 번에 레코드 한 필드의 데이터를 전송한다.

3. Medium and Structure of Data Elements/Assemblies: 데이터 전송 미디어를 나타낸다.

예) - 인터넷으로 데이터를 플래튼^{flatten}해서 전송한다.

- 팩스로 보낸다.

- 전화로 데이터를 말해준다.

4. Visual and Auditory Characteristics of Displays: 데이터 표시 방법을 나타낸다.

예) 10번의 데이터가 조합됨으로써 화면 전체를 보여준다.

5. Timing: 호출 시기를 나타낸다.

예) 각 세그먼트 데이터는 연속적으로 0.1초 안에 전달되어야 한다.

6. Frequency: 호출 빈도를 나타낸다.

예) - 평균 1시간에 10,000건이 발생한다.

- 1일 최대 50,000건까지 발생할 수 있다.

7. Volume: 데이터 크기를 나타낸다.

예) - 각 세그먼트의 크기는 최소 1Kbyte, 최대 10Kbyte다.

- 조합된 전체 데이터는 최소 2Mbyte, 최대 10Mbyte다.

8. Sequencing: 호출 순서를 나타낸다.

예) – 각 세그먼트의 헤더에 있는 page/total(예, 1/5, 2/5, …) 형식으로 전달되는 데이터를 페이지 순서대로 조합한다. 순서대로 전달되어 온다는 보장은 없다.

　　　– 각 세그먼트는 field=data 형식의 데이터를 포함한다.

9. Security & Privacy: 암호와 정보 보호를 나타낸다.

예) – 각 세그먼트의 헤더는 암호화하지 않는다.

　　　– 각 세그먼트의 보디에 있는 데이터는 128bit PKI로 암호화한다.

10. Sources of Setting and Recipients: 데이터 설정(송신)과 수신자를 나타낸다.

예) – 데이터베이스를 읽는 컴포넌트에서 세그먼트로 만든다.

　　　– 최종적으로 데이터베이스에 적는 컴포넌트에서 조합한다.

　　　– 보고서를 고객에게 보고하는 사람이 조합해 고객에게 전달한다.

커뮤니케이션 방법에 대한 요구 특성

1. Unique ID: 고유한 ID를 부여한다.

예) COMM-100

2. Communication Links/Bands/Frequencies/Media and their Characteristics: 커뮤니케이션 방법을 나타낸다.

예) – 주파수 101kHz에서 통신한다.

　　　– VPN을 사용한다.

3. Message Formatting: 메시지 형식을 나타낸다.

예) – Start Indicator로 '0xFEFF'를 사용하고 Delimeter로 '$%$'를 사용한다.

　　　– 모든 커뮤니케이션 데이터는 fixed size 1024byte로 한다.

　　　– Uuencoding 방식으로 변환한다.

4. Flow Control: 흐름 제어를 나타낸다.

예) – Serial Communication의 XON/XOFF 프로토콜을 사용한다.

　　　– 5Kbyte 크기의 ring buffer를 이용한다.

5. Data Transfer Rate, Periodic/Aperiodic, Interval between Transfers: 데이터 전송 속도, 주기, 간격을 나타낸다.

예) – 9600 Baud rate로 전송한다.

　　　– 최소 3Mbps를 유지한다.

6. Routing, Addressing, Naming Conventions: 라우팅 등을 나타낸다.

　예) – multicast routing, cut–true routing, loose routing을 사용한다.

　　　– IPv4 addressing을 사용한다.

7. Transmission Service, Including Priority and Grade: 전송 서비스를 나타낸다.

　예) – 에러 확률 0.001%의 CD로 전달한다.

　　　– 0% 에러를 보장한다.

8. Safety/Security/Privacy: 안전성/보안/정보 보호를 나타낸다.

　예) – HTTPS를 사용한다.

　　　– User ID '123' Password 'xyz'로 Secure FTP를 사용한다.

프로토콜에 대한 요구 특성

1. Unique ID: 고유한 ID를 부여한다.

　예) PROTOCOL–300

2. Priority/Layer of the Protocol: 우선순위를 나타낸다.

　예) 매우 중요

3. Packaging, Including Fragmentation and Reassembly, Routing Addressing: 패키징을 나타낸다.

　예) – 데이터는 fragmentation 없이 한 번에 package해 전송한다.

　　　– 한 커넥션에서 최대 10번까지 데이터를 전송할 수 있다.

4. Legality Checks, Error Control, and Recovery Procedures: 에러 체크, 복구 절차를 나타낸다.

　예) 에러 코드 및 처리 방법

에러 코드	업데이트 수행 유무	메시지
0	O	dbcheck를 하지 않을 경우의 결괏값으로 리턴된 UpdateURL로 업데이트 수행
10	X	인증 요청한 제품 코드가 바르지 않아 실패했습니다.
20	X	인증 요청한 제품 버전이 바르지 않아 실패했습니다.

- 에러 발생 시 모두 롤백하는 인터페이스를 실행하고 주어진 인터벌로 다시 시도한다.
- 에러 발생 시 로그만 적고 계속 진행한다.

5. Synchronization, Including Connection Establishment and Maintenance Termination: 동기화를 나타낸다.

예) - 각 인터페이스 실행 후에 커넥션을 종료한다.

- 커넥션 풀에 최대 10개를 가지고 사용한다. 10개가 넘으면 커넥션이 가용될 수 있을 때까지 기다린다.

- 인터페이스가 종료한 후에도 커넥션을 유지한다.

6. Status, Identification, and Any Other Reporting Features: 상태를 나타낸다.

예) 매 프로토콜 실행 후 로그에 status와 전송시간, 전송 바이트 수를 남긴다.

9.14.3 일반적인 인터페이스 정의 방법

일반적인 인터페이스 정의법이 따로 있는 것이 아니다. 가장 복잡한 정의법에서 인터페이스의 속성과 정의 원리를 깨우치고 상황에 맞게 알맞은 방법을 사용하면 된다. 함수 호출일 때, DB 호출일 때, RESTful API를 정의할 때 각각 알맞은 방법이 다르다. 또한 시간이 흐르면서 더 효율적인 인터페이스 정의법이 나오기도 한다. 예를 들어 swagger를 이용해 RESTful API를 더 편리하게 정의하기도 한다. 이렇듯 인터페이스는 원칙에만 얽매이지 말고 더 효율적인 방법을 스스로 찾아 작성해야 한다.

도구

10.1 SRS 작성을 돕는 도구

좋은 골프채가 골프를 잘 치게 만들어주지는 않지만 골프를 잘 치려면 좋은 골프채가 필요하다. 이와 마찬가지로 SRS를 잘 작성하려면 여러 가지 분야에서 좋은 툴의 도움이 필요하다.

정보를 수집하는 툴

스펙을 작성하는 데는 오랜 시간에 걸쳐 수집된 정보가 매우 유용하게 쓰인다. 이전 버전의 제품을 사용하면서 수집된 기능 개선사항, 새 기능은 다음 버전을 개발하는 데 매우 중요한 요구사항이 된다. 또한 서비스 데스크 시스템을 통해 수집된 고객의 요구사항도 중요한 정보가 된다. 이처럼 다양한 소스에서 제품에 대한 요구사항을 수집, 관리해 SRS에 반영해야 한다.

- 이슈 관리시스템, 버그 관리시스템
- 서비스 데스크 시스템
- 위키 시스템

스펙을 작성하는 툴

전통적으로 SRS 문서는 MS 워드와 같은 워드 프로세서로 작성했다. 이 방법은 여전히 유효하다. 하지만 전통적인 방법은 공동 편집 등 협업을 하는 데는 불편한 점이 있다. Google 문서나 Office 365 시스템을 이용하면 공동 편집을 쉽게 할 수 있다. 하나의 문서를 여러 명이 동시에 편집해도 실시간으로 통합된다. 이 과정에서 문서에 댓글을 달아서 공동 작업자들이 서로 의견을 주고받으면서 문서를 작성할 수 있다.

구분	오프라인 문서 편집기	온라인 문서 편집기	위키	요구사항 관리시스템
툴	MS 워드, Pages	Google 문서, Office 365	Confluence, Dokuwiki, Mediawiki	Jama, ReqSuite, Accompa, DOORS
편집 기능	상	상, 중	하	하
협업 기능	하	상	상	상
히스토리 관리	하	중	중	상
베이스라인	하	중	중	상
리뷰 기능	하	중	중	상

리뷰를 도와주는 툴

SRS 문서는 보통 방대하기 때문에 오프라인으로는 충분히 리뷰를 할 수 없다. 일반적으로 온라인을 통해 리뷰를 진행하고 오프라인 리뷰는 별도의 협의가 필요하거나 온라인 리뷰를 확인하는 절차로 활용하는 경우가 많다.

SRS 문서를 온라인으로 리뷰할 때는 다음과 같이 리뷰를 도와주는 툴을 이용할 수 있다.

- 이슈 관리시스템 이용하기

  Jira와 같은 시스템을 이용해서 SRS의 어느 부분에 어떤 의견이 있다는 식으로 글을 남기는 것이다. 그렇게 편리하지는 않다.

- Google 문서나 Office 365의 리뷰 기능 이용하기

  문서의 리뷰 의견이 있는 곳에 직접 의견을 첨부할 수 있기 때문에 편리하게 리뷰를 하고 리뷰 의견을 문서에 반영하기가 쉽다.

- 요구사항 관리시스템 이용하기

  Jama, DOORS, ReqSuite, Accompa와 같은 요구사항 관리시스템을 이용하면 리뷰 기능을 사용할 수 있다. 리뷰 의견을 모아서 볼 수 있고 편리하게 리뷰를 진행할 수도 있다.

다이어그램을 그리는 툴

SRS를 작성하다 보면 여러 형태의 다이어그램을 그릴 필요가 있다. 과거에는 전문적인 고가의 UML 툴을 사용했으며 지금도 여전히 사용하고 있다. 하지만 요즘은 별도의 설치를 하지 않고, 간단하게 온라인으로 다이어그램을 작성하는 툴도 많이 사용한다. 인터넷을 검색하면 여러 툴이 있으며, 시간이 지나면 더 좋은 툴이 나오므로 적합한 툴을 선택하면 된다.

다이어그램을 그릴 때 주의할 점

- 다이어그램 원본 데이터를 보관해야 한다.

  다이어그램 작성 후 결과 이미지만 캡처해서 SRS에 포함하면 나중에 다이어그램을 수정할 수 없는 일이 종종 벌어진다. 따라서 다이어그램 원본을 SRS와 같이 보관하거나 온라인 툴을 이용했다면 온라인 정보를 같이 기술해놓아야 한다. 그렇지 않으면 복잡한 다이어그램을 다시 그려야 할 수 있다.

- 모든 개발자가 사용할 수 있는 툴을 사용해야 한다.

  특정인만 라이선스를 가지고 있는 툴을 사용하면 안 된다. 또한 라이선스에 문제가 있는 툴을 사용해서 미래에 사용할 수 없게 되어서도 안 된다. 전사적으로 라이선스를 가지고 있거나 사용에 문제가 없는 툴을 사용한다.

다이어그램 툴의 예

- MS 파워포인트, Apple 키노트 (설치형, WISWIG형)

  프레젠테이션 툴이지만 다이어그램을 그리는 데 부족함은 없다.

- https://www.diagrams.net (온라인형, WISWIG형)

  별도의 설치 없이 웹브라우저를 통해 온라인으로 다이어그램을 작성할 수 있다. UML 등 다양한 다이어그램을 지원하며 기능도 풍부해 SRS 작성 시 다이어그램을 그리기에 충분하다.

- https://plantuml.com/ko (온라인형, 텍스트형)

  온라인 사이트에 텍스트를 입력해서 간단하게 다이어그램을 그릴 수 있는 툴이다. 시퀀스 다이어그램, 클래스 다이어그램 등 UML의 다양한 다이어그램을 지원한다. 익숙해지면 WISWIG 툴보다 더 효율적이다.

10.2 UI 작성 방법

소프트웨어 스펙의 중요한 부분 하나가 사용자 인터페이스(UI)다. 스펙에서는 최종 소프트웨어 UI를 그대로 표현하는 것이 아니라 소프트웨어와 사용자 간의 각 인터페이스를 논리적으로 설명하는 것이기 때문에, 스펙의 UI와 최종 UI는 많이 다르다. 우리는 이것을 보통 목업이라고 하며 와이어프레임 wireframe이라고도 부른다.

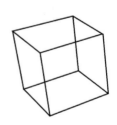

(출처 https://bit.ly/322Sbke)

목업의 사전적 의미는 다음과 같다.

"비행기, 자동차 등의 개발 단계에서 각 부의 배치를 더욱 실제적으로 검토하기
위해 제작되는 실물 크기의 모형"

자동차 목업(출처 https://bit.ly/36a3NV0)

목업은 인터페이스를 최대한 간결하고 이해하기 쉽게 작성하는 것이 좋다. 실
제와 똑같이 목업을 작성하면 이해관계자들은 소프트웨어가 이미 다 개발된
것으로 오해하기도 한다.

목업을 표현할 수 있는 툴은 다음과 같이 여러 가지이므로 특성에 맞게 사용
한다.

- Balsamiq
- WireframeSketcher
- Microsoft PowerPoint

- Photoshop
- Invision
- JustInMind
- Moqups
- Adobe XD
- Figma

특히 목업 전문 툴은 목업을 빠르게 제작하고 다양한 협업 기능을 포함하고 있어서 편리하다. 리뷰를 하거나 토론을 할 수도 있다. 또한 미리 준비된 여러 가지 도형이나 컨트롤은 빠르게 목업을 생성할 수 있게 해준다. 목업 전문 툴 중에는 버전 관리와 변경 관리 기능이 있는 것도 있다. 프로젝트의 성격과 환경에 따라 적절한 목업 툴을 선택해 사용한다. 단, 여러 프로젝트에서 서로 다른 툴을 쓰기보다는 하나의 툴을 정해 사용하는 것이 여러모로 좋다.

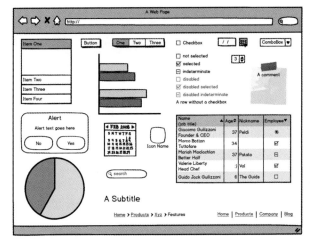

구분	오프라인 목업 툴	온라인 목업 툴	드로잉 툴	프레젠테이션 툴	손으로 작성
툴	Balsamiq, Wireframe Sketcher	Invision, JustInMind, Figma	Photoshop	PowerPoint, Keynote	종이, 칠판
작업 생산성	상	상	하	중	상
템플릿, Shape	상	상	하	하 (추가구매 가능)	하
학습 용이성	상	중	하	중	상
히스토리 관리	하	상	하	하	하
베이스라인	하	상	하	하	하
리뷰 기능	하	상	하	중	하

10.3 스펙 문서의 템플릿

가장 많이 사용되는 스펙 문서의 형태는 SRS이며 그 템플릿이 인터넷에 많이 공개됐다. SRS 템플릿은 여러 가지가 있지만 그 내용은 대동소이하다. 내가 주로 이용하는 SRS 템플릿은 아래와 같이 일곱 개의 주요한 챕터로 이루어졌다.

1. Introduction (개요)
2. Overall Description (전체 설명)
3. Environment (환경)
4. External Interface Requirements (외부 인터페이스 요구사항)
5. Performance Requirements (성능 요구사항)
6. Non-functional Requirements (기능 이외의 요구사항)

7. Functional Requirements (기능 요구사항)

다음과 같은 SRS 템플릿도 있다.

1. Introduction

2. Overall Description

3. External Interface Requirements

4. System Features

5. Non-functional Requirements

6. Other Requirements

SRS 템플릿은 어떤 것을 선택해도 상관없다. 하지만 하나를 선택해서 통일해 사용하는 것이 좋다. 사내에서 통일된 SRS 템플릿을 사용해야 작성하기도 쉽고 내용을 찾기도 쉽다. 따라서 자기 프로젝트와 상관없는 내용이라고 해서 템플릿을 임으로 수정하면 안 된다. 특히 중간에 끼워 넣는 것은 안 된다. 혹시 추가할 내용이 있다면 각 챕터의 마지막에 추가해서 기존의 챕터 번호가 바뀌지 않도록 한다. 템플릿을 변경해야 한다면 사내에서 템플릿 변경을 위한 절차를 밟고 변경 후 공지해야 한다. 그래서 이후의 프로젝트에서는 변경된 템플릿이 적용되고 이후 SRS 템플릿을 발전시켜 나가도록 한다.

2부

SRS 작성법

- 2부에서는 SRS 템플릿 순서를 따라가며 SRS 작성법을 설명한다. 템플릿은 https://www. abctech.software/download-templates에서 다운 가능하다.

- 장과 절 제목은 템플릿의 영어 제목을 그대로 사용하고 한글로 병기했다.

- 일부는 템플릿과 용어가 다를 수 있다.

Introduction
(개요)

Introduction(개요, 소개, 서문, 머리말)은 이 문서가 어떠한 문서인지를 알려준다. SRS 총분량은 적게는 몇 페이지부터 많게는 수백 페이지까지 다양하다. 문서를 처음 본 사람은 이 문서가 무엇에 관한 것인지, 어떻게 읽어야 하는지 막막하다. 물론 시간을 들여 한 글자 한 글자 읽어나가면서 문서의 내용을 파악할 수도 있겠지만 이 방법은 비효율적이다.

그래서 문서를 펼쳐 첫머리에 나오는 Introduction을 읽는 것이 좋다. 어떤 문서든지 Introduction을 보면 문서의 전반적인 내용과 작성한 목적, 대상이 되는 독자 등 문서에 대한 모든 것을 재빨리 파악하고 어떻게 읽어야 할지 안내를 받을 수 있기 때문이다. 물론 Introduction은 한두 페이지짜리 문서에는 필요 없고 분량이 많은 문서에서 요긴하다.

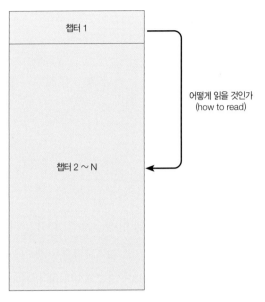

챕터 1

어떻게 읽을 것인가
(how to read)

챕터 2 ~ N

Introduction 역할

1.1 Purpose (목표)

Introduction의 앞부분을 차지하는 내용으로 이 문서가 무엇을 위해 작성된 것인지 설명한다. 보통은 소프트웨어 시스템 이름, 버전 등의 정보를 특정하며 그 외 별도의 목적을 적는다.

물론 이 문서는 소프트웨어 스펙 문서, 즉 SRS이니 어떤 프로젝트의 스펙을 작성하기 위해 만든 것이다. 그렇다고 그렇게 적어놓으면 소설 책 앞에 '이 책의 내용은 소설이다'라고 적는 것과 다를 바 없다. 틀린 것은 아니지만 있으나 마나 한 내용이다. 그럼 '스펙을 적어놓은 문서다'라는 목적 외에 어떤 목적이 있을까? 예를 들어보자.

- 이 프로젝트는 외주를 이용해 진행할 계획이다. 따라서 평소보다 더 자세히 작성해야 한다.
- 이 스펙 문서는 작성 후 프로젝트 진행뿐만 아니라 직원을 대상으로 한 스펙 작성 교육용 교재로도 사용할 예정이다. 따라서 좀 더 자세하게 작성한다. 실제 프로젝트에서도 이와 동일한 형태로 작성된다고 생각해선 안 된다.
- v2.0 프로젝트를 진행해야 하는데 시간이 워낙 촉박하다. 그래서 v1.0 개발 경험이 있는 노련한 개발자를 투입할 계획이므로 이 문서는 최대한 간단하게 작성해서 분석, 설계 시간을 대폭 단축하려 한다. 따라서 이 문서는 일반적인 프로젝트에서 SRS를 작성할 때 참고하기에는 적당하지 않다.

소프트웨어 스펙은 내부 개발이냐 외주 개발이냐에 따라 적는 내용과 상세한 정도가 다르다. 외주 개발 시에도 국내 업체냐 해외 업체냐에 따라 다르다. 또 그 외주 업체와 첫 거래냐 아니냐에 따라서도 다르다. 도메인 지식에 대한 설명, 내용을 기술하는 상세한 정도를 달리해야 한다. 물론 세부적으로 작성하면 모든 외주에 적용이 가능하겠지만 이것은 시간과 비용 낭비다.

외주를 줄 때는 외부에 공개하기에 민감한 내용을 삭제하고 SRS를 외주 업체에 전달해야 한다. 내부에서 SRS를 작성할 때는 why에 해당하는 내용을 상당히 많이 적는 편이므로 그중 회사 내부 사안과 관련된 내용을 삭제해야 한다. 예를 들면 이런 내용이다. "이번 프로젝트는 XXX기술을 적용하는 것이 YYY기술을 적용하는 것보다 다소 유리하나 우리 회사는 XXX기술이 부족해 유지보수 시 어려우므로 우리 회사 개발자에게 익숙한 YYY기술을 적용해 프로젝트를 진행해야 한다."

흔한 실수

문서의 작성 목적이 아니라 제품의 용도를 적는 것이다. 그러면서 제품의 기능을 잔뜩 나열하곤 한다. 이런 실수는 비슷한 내용을 문서 여기저기에 가득 중복해 적는 비효율을 야기한다.

잘 작성한 예

- 제품 A를 회사 내부에서 개발하기 위해 작성된 내부용 SRS다. 외주로 개발하게 될 경우 내용 보강이 필요하다.
- 이 문서는 KAIST와 공동 개발을 위해 B 소프트웨어에 대한 내용을 KAIST와 공유하기 위해 작성하는 것이다.
- 이 문서는 본사의 개발 프로세스 모범 사례best practice 문서로 작성하는 것을 목표로 한다.

잘못 작성한 예

- 이 문서의 대상자는 개발팀, 마케팅팀, 영업팀, QA팀이다.
- 이 소프트웨어는 데스크톱 제품 A를 웹서비스로 전환하기 위한 프로젝트다.

1.2 Product Scope (범위)

개발할 소프트웨어가 어떤 것인지 간략하게 적는다. 이는 대부분의 이해관계자가 빠짐없이 읽는 섹션으로 SRS에서 가장 중요한 내용 하나를 고르라고 하면 단연 이 섹션이다. 이 섹션을 읽으면 개발할 소프트웨어가 어떤 것인지, 왜 개발하는지 등 핵심을 짧은 시간에 파악할 수 있다.

프로젝트의 스폰서인 경영진은 이 섹션을 읽고 프로젝트의 진행 여부를 결정한다. 이 섹션을 작성할 때 주의할 점은 단순한 기능을 나열하는 것이 좋지 않다는 것이다. 자동차의 예를 들어보자.

- 엔진 출력이 얼마이고 차 길이와 폭이 어떻고 타이어는 어떤 것이며 최고 속도가 얼마이다.

이런 내용으로는 도대체 어떤 차를 만들고 있는 것인지 알기 어렵다. 설명을 이렇게 바꿔보자.

- 기존 자동차보다 연비를 획기적으로 개선한 그린 콘셉트의 자동차를 만들어서 그린 자동차 시장을 3년 내에 석권하려고 한다.
- 종래에 우리 시장에서 취약했던 저가형 SUV를 개발해 주로 해외 시장을 공략한다.
- 저가형 자동차에 충돌 방지 장치를 저렴한 가격으로 공급해 고객 안전을 증진하고 안전한 자동차라는 회사 이미지를 조성하기 위한 중요한 제품이다.

이런 내용은 어떤 자동차를 만드는 것인지 잘 알려준다. 프로젝트의 이해관계자들과 팀원들은 프로젝트를 진행하면서 목표가 무엇인지 정확하게 이해하고 한 방향으로 나아갈 수 있다.

Product Scope 역할 1

따라서 소프트웨어를 설명할 때 회사의 목표, 비즈니스 전략과 관련해 기술해야 한다. 전문적인 기술 용어보다는 일반적인 용어를 사용해서 이 내용을 읽을 모든 이해관계자가 이해할 수 있도록 작성해야 한다. 작성 요령을 설명하면 다음과 같다.

- 소프트웨어 이름을 명시한다.
- 소프트웨어가 지원해야 하는 것뿐만 아니라 지원하지 않는 것도 기술해야 한다.
- 지원하지 않는 것을 모두 기술하는 것은 불가능하다. 지원할 법한데 지원하지 않는 중요한 기능을 기술하는 것이 필요하다.

- 소프트웨어를 설명할 때 고객이 얻는 이익, 회사의 목표 등과 연관해 작성한다.
- SRS를 여러 개로 쪼개 작성한 경우 하위 SRS는 상위 SRS와 일관성이 있어야 한다.
- SRS가 여러 개로 쪼개진 경우 동일한 내용을 여러 곳에 복사해 넣지 말고 한 곳에만 적고 다른 곳에는 링크를 추가한다.

Product Scope 역할 2

프로젝트에서 지원할 범위를 다음과 같이 간단한 다이어그램으로 표현할 수도 있다. 모바일 게임 앱을 개발하는 예를 들어보자. 첫 번째 버전에는 Game center, Ads server, Analysis server 연동을 지원하고 Daily puzzle server 연동은 차기 버전에 지원할 때 그림과 같이 표시할 수 있다.

현재 버전뿐만 아니라 차기 버전에 대한 계획도 이미 확정된 경우, 첫 번째 버전의 분석과 설계 시 미래 버전의 계획도 반영하면 아키텍처를 한층 깔끔하게 만들 수 있다. 그렇다고 해도 미래의 모든 계획을 아키텍처에 반영하기는 어렵다. 또 현재만 보고 개발하는 것도 문제다. 적당히 예측 가능한 미래 정도까지 고려하는 것이 좋다.

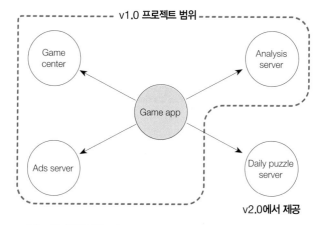

프로젝트에서 개발할 범위 표시 1

아래와 같은 다이어그램 형태로 프로젝트 범위를 표현하는 방법도 있다. 이때 프로젝트에서 우리가 개발할 범위, 개발이 완료된 범위, 미래에 개발할 범위를 구분해 표시해주면 좋다.

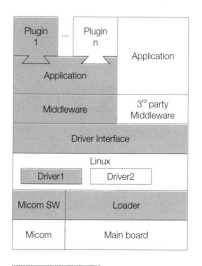

프로젝트에서 개발할 범위 표시 2

그럼 이 섹션은 어느 정도 분량으로 작성하는 것이 좋을까? 1~3분 안에 읽을 수 있게 반 페이지에서 한 페이지 정도로 작성하는 것이 좋다. 내용이 많으면 장황해져서 이해관계자들이 프로젝트에서 중요한 것이 무엇인지 서로 다르게 생각하고 잘 기억하지도 못한다. 오해 없이 모두가 같은 생각을 하고 기억하기도 좋게 적정량을 서술하되 핵심을 잘 적어야 한다.

그래서 일반적으로 개발자들이 적기 어려운 섹션이다. 제품 기획자가 주도해서 적거나 경영진과 의논해 적는 것도 한 방법이다.

흔한 실수

- 상세한 기능을 장황하게 잔뜩 나열했다.
- 개발에는 별 의미가 없는 마케팅 관련 그림이 잔뜩 들어있다.
- 지원하지 않는 것을 기술하지 않아서 이해관계자들은 그 기능을 지원하는 것으로 오해했다.

작성 예

- 개발할 소프트웨어는 현재 L사가 선점하고 있는 고가 시장을 공략하고 시장 점유율을 높여줄 기능을 반드시 탑재해야 한다.
- 소프트웨어의 새로운 아키텍처는 전력 소모량을 30% 절약해 고객의 생산성을 획기적으로 향상할 수 있다.
- 소프트웨어는 우리 회사의 주요 타깃 시장을 글로벌 마켓으로 확대하기 위한 로드맵에 중요한 제품이다. 이를 위해 새로운 아키텍처를 도입하고 소프트웨어 국제화를 제대로 적용해야 한다.
- 본 시스템은 디지털 카메라만 지원하며 아날로그 카메라는 지원하지 않는다.
- 이 소프트웨어로 유아용 애플리케이션 틈새 시장을 창출해 이를 기반으로 회사의 브랜드 이미지를 확보한다.

1.3 Document Conventions (문서 규칙)

한 회사에서 작성한 SRS에서 글자, 줄 간격, 탭, 들여쓰기 등 문단 구성 스타일이 서로 다르면 보기에도 짜임새가 없을 뿐만 아니라 내용을 참조하거나 복사해 옮겨 적을 때 조화가 깨져 엉성해진다. 스타일은 회사의 표준 문서 스타일 가이드를 만들어 통일해야 한다. 이 섹션에서는 문서 규칙으로 아래의 내용을 고려한다.

깔끔한 구성

- 문서는 글자, 줄 간격, 들여쓰기, 탭 등으로 깔끔하게 작성하고 이를 표준 템플릿으로 공유해 한 회사에서 만든 문서는 보기에도 일관성이 있도록 한다.
- 문서의 꾸밈 정보는 스타일로 구성해 누가 작성해도 구성이 일관되어야 한다.
- 문서 작성자는 스타일을 적용해 문서를 편집하며 가급적 글자, 줄 간격 등을 수동으로 직접 수정하지 않도록 한다.

우선순위 표기

- 각 기능에 우선순위를 표기하되, 그 표기법은 전사 통일해야 한다.
- 예를 들어 P1~P4로 표기할 수 있으며, 각각의 의미 또한 표준을 정해서 우선순위에 대해 모두 같은 생각을 해야 한다.
- 우선순위가 일관성이 있어야 한다.
  - P1이 P2보다 우선순위가 높은 경우, 상위 기능이 P2인데 하위 기능이 P1일 수는 없다.
  - 반대로 상위 기능이 P1인데 하위 기능이 P2인 것은 가능하다.

여러 버전의 내용 표기

- 소프트웨어를 업그레이드할 때마다 매번 SRS를 새로 작성하지 않는다.
- v1.0의 SRS를 새로 작성하고 v1.1, v1.2에 해당하는 내용은 v1.0 SRS에 덮어 쓰기도 한다. 이 경우 v1.0 내용에는 아무런 표시를 하지 않고 v1.1, v1.2 내용에만 표시하기도 한다.

커스터마이징 내용 표기

- 특정 회사에 공급하는 버전만 예외적으로 기능을 추가, 변경, 삭제하는 경우 별도로 표기한다.
- 커스터마이징 내용이 많아 문서를 알아보기 힘든 경우 문서 분리를 고려한다. 공통 부분과 그 외 부분을 분리해 작성하기도 하고 아예 별도의 문서로 작성하기도 한다.

변경 추적 기능을 켜고 끄는 규칙

- SRS 공동 작업을 원활히 하기 위해 MS 워드의 변경 추적 기능을 켜고 문서를 작성하기도 한다.
- SRS 공동 작업을 진행하다 보면 중간에 작성한 내용을 검토해야 할 때가 있다. 이처럼 이전 검토 후에 바뀐 내용만 알고 싶을 때 변경 추적 기능을 이용하면 효율적으로 검토할 수 있다. 그렇지 않으면 바뀐 내용이 뭔지 몰라서 검토가 어려워진다.
- 공식 리뷰 후에 변경내용을 모두 적용해 초기화하면, 이때부터 작성하는 내용은 변경 추적이 새로 시작되어 다음 리뷰에서는 지난번 리뷰 이후에 바뀐 내용이 무엇인지 쉽게 알 수 있다.

컬러 구분

- SRS 문서는 모니터로 보기도 하지만 인쇄해서 보는 경우가 많다. 그런데 모니터로만 본다는 가정하에 여러 색깔을 이용해 작성한다면 인쇄 시 글자가 흐릿할 수 있다.
- 예를 들어 이번에 바뀐 내용을 빨간 글씨로 작성한 경우 인쇄 시 빨간 글씨와 검정 글씨는 구분되지 않는다.
- 다이어그램을 컬러풀하게 작성한다면 인쇄 시 모두 회색으로 보여 그 의미를 알 수 없다.

작성 예

- 우선순위는 각 기능의 중요도에 따라 다음과 같은 네 가지 P(priority)로 구분한다.
  - P1: 높음, 제품의 가치에 빠져서는 안 되는 핵심 기능
  - P2: 중간, 꼭 필요하지만 상황에 따라 다음 버전에 구현 가능한 기능
  - P3: 낮음, 그리 중요하지 않아서 다음 버전 이후로도 연기할 수 있는 기능
  - P4: 매우 낮음, 제품의 가치에 영향을 주지 않으므로 구현할 필요가 없는 기능
- 우선순위 표시 방법
  - 우선순위(P2, P3, P4)가 표시되지 않은 항목은 P1으로 간주한다.

- 우선순위는 해당 항목의 문장 뒤에 (P1)과 같이 붙여 다음과 같이 표시한다.

  - 첫 번째 기능입니다. (P2)

  - 두 번째 기능입니다. (P3)

- 버전 표시 방법

  - v1.0 지원 내용은 아무 표시를 하지 않는다.

  - v1.0 이외의 버전에서 지원하는 내용은 다음과 같이 표시한다.

    - 첫 번째 기능입니다.

    - 두 번째 기능입니다. (v1.1)

    - 세 번째 기능입니다. (v1.2)

- 커스터마이징 내용 표시 방법

  - 예를 들면 다음과 같이 표시한다.

    - 첫 번째 기능입니다. (L사)

    - 두 번째 기능입니다. (H사)

    - 세 번째 기능은 제거해야 합니다. (오직 H사)

1.4 Terms and Abbreviations (정의 및 약어)

분야에 따라 같은 용어도 다른 의미로 쓰이곤 한다. 특히 약어는 서로 다르게 쓰는 경우가 많기 때문에 뜻을 풀어서 충분히 설명하는 것이 좋다. 용어를 다르게 이해하고 문서를 읽는다면 완전히 엉뚱한 결과를 가져올 수 있다. 따라서 문서에서 사용한 용어와 약어의 의미를 설명한다. 그렇다고 모든 용어를 다 설명할 필요는 없다.

이 섹션에서 용어를 기술하는 요령은 다음과 같다.

- 프로젝트 이해관계자를 기준으로 일부 사람이 알지 못할 수 있는 용어는 가능하면 모두 설명한다.

- 특정 이해관계자만 읽는 부분에 나오는 용어는 모든 이해관계자를 위해 모두 설명할 필요가 없다.
  - 개발자들만 보는 시스템 인터페이스에 나오는 특정 알고리즘 등의 용어는 영업, 마케팅 담당자가 모를 만한 용어라도 이 섹션에서 정의하지 않는다.
- 모든 이해관계자가 뻔히 다 아는 용어는 설명하지 않는다.
  - TV 제조사라면 LED의 뜻을 설명하지 않는다.
- 모두가 알 만한 용어는 설명하지 않는다.
  - TCP/IP가 무엇인지 설명하지 않는다.
- 이 섹션은 여러 프로젝트에서 여러 번 작성될 수 있다. 따라서 회사에 용어사전 시스템을 구축하고 여러 프로젝트에서 공유해 효율적으로 용어를 관리하도록 한다. 용어 사전은 위키 시스템으로 구축하면 편리하다. 또한 스펙 문서에는 해당 용어사전 링크를 달아두면 된다.

1.5 Related Documents (관련 문서)

SRS를 읽는 데 도움되는 문서들, 가령 제품 기획서, 엔지니어링 one-pager 문서, 타 프로젝트의 SRS, IRS 등을 기록하고 해당 링크를 걸어준다. 그런데 이때 다음과 같은 이유로 관련 문서를 참고하지 못하는 일이 발생한다.

- 관련 문서의 파일명을 기록했는데, 어디에서 문서 파일을 구하거나 볼 수 있는지 정보가 누락됐다.

- 문서 파일의 링크가 기록됐는데, 시간이 흘러 문서가 보관된 디렉터리명이나 파일명이 바뀌어 링크 연결이 끊어졌다.
- 해당 문서의 링크는 여전히 살아 있지만, 그동안 관련 문서가 업데이트되어 링크를 걸 당시와는 많이 바뀌었다.

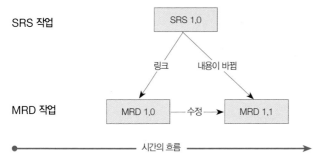

시간이 흐르면서 링크된 문서의 내용이 바뀐 경우

따라서 관련 문서의 링크를 포함할 때는 다음과 같이 하는 것이 좋다.

- 프로젝트 이해관계자라면 모두 접근 가능한 시스템에 문서를 저장하고 그 링크를 포함한다.
  - 보안 정책으로 보호되고 있는 시스템이라면 이해관계자들에게 권한을 부여해야 한다.
- 문서 링크는 시간이 흘러도 변하지 않아야 한다. 그러기 위해서는 현재 작성 중인 문서보다는 베이스라인이 설정된 문서의 링크를 기록하는 것이 좋다.
- 문서 베이스라인 설정 시 여러 가지 방법이 가능하다.
  - Subversion 등의 소스코드 관리시스템을 이용해 문서를 관리하고 베이스라인 설정 시 태깅tagging을 한다.
  - 문서를 보관하고 있는 서버에 특정 디렉터리를 만들어 문서를 복사하고 읽기전용read only으로 설정해 문서를 수정할 수 없게 한다.
  - 문서 관리 전용 시스템을 이용하고 베이스라인을 설정한다.

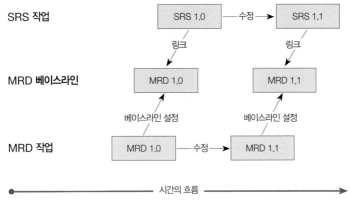

시간이 지나도 문서의 링크가 변하지 않는다

1.6 Intended Audience and Reading Suggestions (대상 및 읽는 방법)

SRS를 막상 읽으려고 하면 그 두툼한 두께에 숨이 턱 막히는 경험을 해보았을 것이다. SRS 앞에서 막막한 독자에게 이 섹션은 친절한 안내자가 된다. 프로젝트에는 분야별로 다양한 이해관계자가 있기 마련이고 이들은 문서를 읽는 부분이 제각각 다르다. 면밀하게 읽어야 하는 부분, 읽지 않아도 되는 부분, 대충 훑어봐도 충분한 부분, 암기할 정도로 꼼꼼히 반복해 읽어야 하는 부분이 다르다.

따라서 독자 계층을 프로젝트 성격에 따라 나누고 각 계층의 사람들이 어느 챕터를 어떻게 읽어야 하는지 안내해준다. 일반적인 이해관계자 계층으로 구분하기도 하고 프로젝트에 따라 특정 전문가를 나열하기도 한다.

- 이해관계자 계층
  - 개발자, 마케터, 사용자, 프로젝트 관리자, QA, 테스터, 분석가, 설계자, 경영자, 영업팀, 고객

지원팀

- 특정 전문가
  - 보안 전문가
  - DBA
  - 유럽 영업 담당자

부서별로 읽어야 하는 부분을 SRS의 하위 섹션까지 상세히 정리해 다음 표에 나타냈다. 회사마다 프로젝트마다 SRS를 읽는 방법이 다르니 상황에 맞게 정리한다.

#	챕터	PM	Sales	Mark eting	CTO	Arc hitect	Tech. Lead	Progra mmer	Build/ Release	Test	Tech. Pub.	UI Desi gner	DB Admin	SEPG
1	INTRODUCTION (개요)													
1.1	PURPOSE (목표)	2	1	2	1	1	1	1	1	1	1	1	1	
1.2	PRODUCT SCOPE (범위)	2	1	2	1	1	1	1	1	1	1	1	1	
1.3	DOCUMENT CONVENTIONS (문서 규칙)	1	1	1	1	1	1	1	1	1	1	1	1	
1.4	TERMS AND ABBREVIATIONS (정의 및 약어)	1	1	1	1	1	1	1	1	1	1	1	1	
1.5	RELATED DOCUMENTS (관련 문서)	1	1	1	1	1	1	1	1	1	1	1	1	
1.6	INTENDED AUDIENCE AND READING SUGGESTIONS (대상 및 읽는 방법)	1	1	1	1	1	1	1	1	1	1	1	1	
1.7	PROJECT OUTPUT (프로젝트 산출물)													
1.7.1	Output Format (산출물 형태)	2							2		1			
1.7.2	Output Name and Version (산출물명(기능) 및 버전)	2		1	1				2		2			
1.7.3	Patent Information (특허 출원 유무 및 내용)	2		2	2	2	2	2						
2	OVERALL DESCRIPTION (전체 설명)													
2.1	PRODUCT PERSPECTIVE (제품 조망)	1	1	1	1	1	1	1	1	1	1	1	1	
2.2	OVERALL SYSTEM CONFIGURATION (전체 시스템 구성)	1	1	1	1	1	1	1	1	1	1	1	1	
2.3	OVERALL OPERATION (전체 동작방식)	1	1	1	1	1	1	1	1	1	1	1	1	
2.4	PRODUCT FUNCTIONS (제품 주요 기능)	2	2	2	2	1	1	1	1	1	2	1	1	
2.5	USER CLASSES AND CHARACTERISTICS (사용자 계층과 특징)	1	1	1							1			
2.6	ASSUMPTIONS AND DEPENDENCIES (가정과 종속관계)	2	2	2	2	2								
2.7	APPORTIONING OF REQUIREMENTS (단계별 요구사항)	2	1	2	2	2	2	1	1	1		1	1	1.5
2.8	BACKWARD COMPATIBILITY (하위 호환성)	2	2	2	2	2	2	2	2	2		1	2	
3	ENVIRONMENT (환경)													
3.1	OPERATING ENVIRONMENT (운영 환경)	2	2	2	2	2	2	2	2	2	1.5	1.5	2	
3.2	PRODUCT INSTALLATION AND CONFIGURATION (제품 설치 및 설정)	1							2	2	2			
3.3	DISTRIBUTION ENVIRONMENT (배포 환경)													
3.3.1	Master Configuration (마스터 구성)	1							2		2			

#	항목	PM	Sales	Mark eting	CTO	Arc hitect	Tech. Lead	Progra mmer	Build/ Release	Test	Tech. Pub.	UI Desi gner	DB Admin	SEPG
3.3.2	Distribution Method (배포 방법)	1		1					2		2			
3.3.3	Patch/Update Method (패치와 업데이트 방법)	2			1	1			2		2			
3.4	CONFIGURATION MANAGEMENT (형상 관리)	1				2	2	1	2	1				2
3.5	BUGTRACK SYSTEM (버그추적 시스템)	2	2	2	2	2	2	2	2	2				2
4	EXTERNAL INTERFACE REQUIREMENTS (외부 인터페이스 요구사항)													
4.1	SYSTEM INTERFACES (시스템 인터페이스)	1		2	2	2	2	1	1	2	1			
4.2	USER INTERFACE (사용자 인터페이스)	1		2	1	1				2	2	2		
4.3	HARDWARE INTERFACE (하드웨어 인터페이스)	1		2	2	2	2	1	1	2	1			
4.4	SOFTWARE INTERFACE (소프트웨어 인터페이스)	1		2	2	2	2	1	1	2	1			
4.5	COMMUNICATION INTERFACE (통신 인터페이스)	1		2	2	2	2	1	1	2	1			
5	PERFORMANCE REQUIREMENTS (성능 요구사항)	2	2	2	2	2	2	2		2		2		
6	NON-FUNCTIONAL REQUIREMENTS (기능 이외의 요구사항)													
6.1	SAFETY REQUIREMENTS (안전성 요구사항)	1	2	2	2	1	1	1						
6.2	SECURITY REQUIREMENTS (보안 요구사항)	1	2	2	2	1	1	1		2				
6.3.1	Availability (가용성)	1	2	2	1	2				1				
6.3.2	Maintainability (유지보수성)					2	2	1						
6.3.3	Portability (이식성)					2	2	2						
6.3.4	Reliability (신뢰성)	1		2	2	2								
6.4	LOGICAL DATABASE REQUIREMENTS (데이터베이스 요구사항)	1		2	1	1	1	1	1				2	
6.5	BUSINESS RULES (비즈니스 규칙)	2	2	2	1	1				2	2	2	1	
6.6	DESIGN & IMPLEMENTATION CONSTRAINTS (설계 제한사항)	1		2	2	2		1		2	2			
6.7	MEMORY CONSTRAINTS (메모리 제한사항)	1		2	2	2		2	2					
6.8	OPERATIONS (운영 요구사항)	1		2	1	2					2			
6.9	SITE ADAPTATION REQUIREMENTS (사이트 적용 요구사항)	2	2	2	2	2			2	2		2	1	
6.10	INTERNATIONALIZATION REQUIREMENTS (다국어 지원 요구사항)	2	1	2	1	2	2	1		2	2	2	1	1
7	FUNCTIONAL REQUIREMENTS (기능 요구사항)	2	1	1	1	2	2	2		2	2	2	1	

대상과 읽는 방법: 1—읽고 이해하기, 필요 시 조회하기, 2—자세히 읽고 업무에 반영하기

1.7 Project Output (프로젝트 산출물)

프로젝트 결과물의 형태와 버전 등을 기술한다. 산출물 형태가 독립된 소프트웨어인지 라이브러리인지 또는 간단한 툴, 유틸리티인지 구분해 기술해야 한다. 산출물의 공식 명칭도 기록해야 한다. 아직 제품의 이름이 정해지지 않았다면 그 전까지 사용할 가칭을 기록한다.

흔한 실수

- 산출물이라고 하니 흔히 생각하는 프로젝트 산출 문서의 목록을 적기도 한다. 여기에는 문서 목록이 아니라 최종으로 만들어낼 소프트웨어 형태를 적어야 한다.
- 제품의 기능을 다시 설명하곤 하는데 제품의 기능은 다른 챕터에서 설명한다.

Overall Description
(전체 설명)

여기에는 완성된 프로젝트 산출물의 전체적인 구성 및 동작, 기능에 대해 간략하게 기술한다. 이 챕터부터 본격적으로 소프트웨어 내용에 대해 엔지니어링 관점의 정보를 적기 시작한다. 하지만 엔지니어가 아닌 관련자들도 관심을 갖고 보는 부분이므로 제품이 외부 시스템과 어떻게 연동되며 어떻게 동작하는지 기술 용어를 섞어 설명하되 관련자들도 충분히 이해할 수 있게 작성해야 한다.

관련자들은 이 챕터를 보면서 연결되어야 하는 외부 시스템 중 누락된 것이 없는지, 주요 동작 방식에 오류가 없는지, 핵심 기능 중 빠지거나 잘못 정의된 것이 없는지 검토한다.

2.1 Product Perspective (제품 조망)

제품을 바깥에서 바라본 모습을 기술한다. 즉 프로젝트 산출물과 회사의 기존 제품, 신규 제품 또는 외부 시스템과의 관계 및 연관성을 기술한다. 큰 시스템의 일부분이면 큰 시스템과의 인터페이스를 기술한다. 제품을 외부에서 바라본 관점에서 시스템을 인터페이스와 함께 간단한 다이어그램으로 표현하는 것이 유용하다. 이때 인터페이스를 상세하게 설명하지 말고 인터페이스의 유무 정도만 기술하면 된다.

이 섹션을 통해 우리가 개발해야 하는 시스템의 외부에는 어떠한 시스템들이 있으며 얼마나 많은 시스템과 인터페이스를 해야 하는지 알게 된다. 흔히 하는 실수는 연동해야 할 외부 시스템이 있는데도 누락하는 것이다. 이 경우 소프트웨어 구현 기간 혹은 출시 후에 누락된 인터페이스가 발견되어 낭패를 겪고 누락된 인터페이스와의 연동을 위해 소프트웨어를 수정하느라 몇 배의 노력을 들여야 한다. 그래서 이 섹션에서는 모든 이해관계자와 함께 연동해야 하는 시스템을 빠짐없이 찾아내고 혹시라도 누락된 것이 없는지 철저히 검토해야 한다.

제품 조망의 예를 몇 가지 들면 다음과 같다.

예 1. 모바일 스도쿠 게임 앱

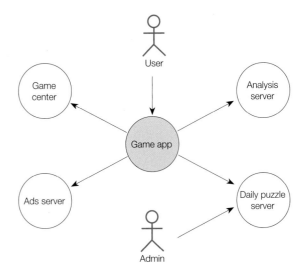

- User: 스마트폰을 통해 게임 앱을 사용하는 사람

- Admin: 데일리 퍼즐을 관리하는 사람

- Game center: 애플사의 게임 센터로 게임 스코어와 미션을 관리하는 서버

- Analysis server: 게임 앱 사용 통계를 관리하는 서버

- Ads server: 광고 출력을 위한 서버

- Daily puzzle server: 게임 사용자들이 함께 문제를 풀며 경쟁하는 데일리 퍼즐을 관리하는 서버

예 2. 스마트 냉장고

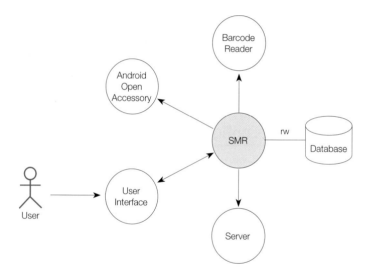

예 3. 유아용 앱

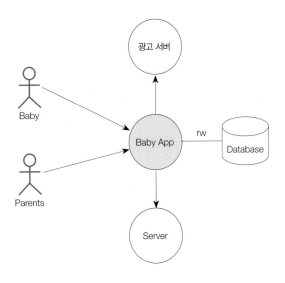

2.2 Overall System Configuration (전체 시스템 구성)

앞 섹션에서 제품을 바깥에서 바라봤다면, 이제부터는 제품의 내부 모습을 봐야 한다. 이 섹션은 시스템의 내부가 전체적으로 어떻게 구성됐는지 설명한다. 이때 시스템을 깊숙하고 자세하게 들여다보지는 않는다. 제품 내부의 주요 컴포넌트를 도출하고 그 컴포넌트들 간의 연관 관계를 설명한다. 상위 설계의 시작이라고 볼 수 있다.

시스템의 내부를 살짝 들여다본 모습

전체 시스템 구성의 예를 몇 가지 들면 다음과 같다.

예 1. 모바일 스도쿠 게임 앱

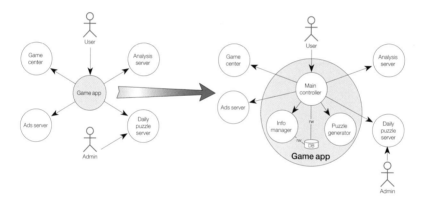

왼쪽 다이어그램은 제품을 조망한 것이다. 우리가 개발해야 할 'Game app'에서 주요 컴포넌트를 도출하면 위와 같이 세 개의 컴포넌트로 나눌 수 있다. 물론 컴포넌트를 도출하는 방법은 매우 다양하며 프로젝트의 성격과 환경, 개발자 구성 등 여러 가지 요소에 따라 다르다. 이 예에서는 기능의 독립성에 따라 주요 컴포넌트를 세 개로 나눴다.

예 2. 에어컨 제어 소프트웨어

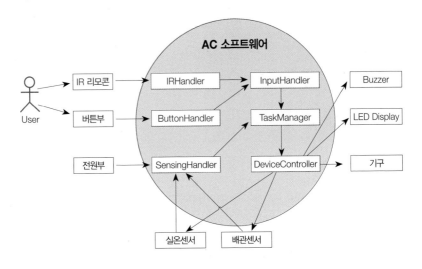

2.3 Overall Operation (전체 동작방식)

프로젝트 산출물의 전체 시스템 구성을 기준으로 동작 원리와 시나리오를 기술한다. 이 섹션에는 대략적으로 시스템이 어떻게 동작하는지 기술하는데 이때 모든 시나리오를 설명할 필요는 없다. 전체 시스템 구성에 표시된 컴포넌트들이 대체로 어떻게 동작하는지 알 수 있는 주요한 시나리오만 적으면 된다.

시나리오를 적는 방법에는 여러 가지가 있다. 컴포넌트 이름을 주어, 목적어 등으로 활용해 서술식으로 적는 방법이 있고, UML의 시퀀스 다이어그램 sequence diagram을 이용해 작성하는 방법도 있다. 각각 일장일단이 있지만 나는 서술식 작성을 선호한다. 2장까지는 일반인도 읽는 챕터라서 누구나 알 수 있는 서술식이 적당하다. 서술식으로 작성하면 적절한 설명을 덧붙이기 쉽고, 나중에 수정하기도 용이하다. 특별한 툴을 이용하지 않아도 되는 장점도 있다.

전체 동작방식의 예를 몇 가지 들면 다음과 같다.

예 1. 모바일 스도쿠 게임 앱

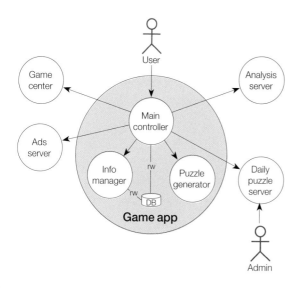

1. 스도쿠 게임 시작

① User가 스마트폰에서 스도쿠 앱을 기동하면 Main controller가 시작된다.

② Main controller는 Ads server에 광고 생성을 요청해 화면 하단에 배너 광고를 디스플레이한다.

③ Game center에서 User의 정보를 가져온다.

④ Analysis server에 앱 실행 정보를 전송한다.

⑤ 저장된 게임이 없다면 Main controller는 Puzzle generator에게 중간 난이도의 새로운 게임 생성을 요청한다.

⑥ Main controller는 화면에 게임을 디스플레이한다.

⑦ User는 게임을 시작한다.

2. 데일리 게임 시작

① User가 메뉴에서 Daily puzzle 메뉴를 연다.

② User가 오늘 이미 Daily puzzle을 실행했다면 Daily puzzle 메뉴는 회색 처리되어 선택을 못하게 한다.

③ User가 오늘 아직 Daily puzzle을 실행하지 않았다면 Daily puzzle 메뉴는 선택 가능하게 표시된다.

④ User가 Daily puzzle 메뉴를 선택하면 Main controller는 Daily puzzle server에 오늘의 퍼즐 정보를 요청한다.

⑤ Main controller는 오늘의 퍼즐 정보를 다운로드해서 게임을 구성한다.

⑥ Main controller는 화면에 게임을 디스플레이한다.

⑦ User는 오늘의 퍼즐 게임을 시작한다.

3. 게임 수행

① User는 시나리오 1, 시나리오 2 과정을 통해 시작된 게임을 수행한다.

② Main controller는 User가 숫자를 입력할 때마다 게임이 종료됐는지를 확인한다.

③ 모든 빈칸에 숫자를 입력해 게임 종료 조건이 충족되면 Main controller는 입력된 모든 숫자가 정답과 일치하는지 확인한다.

④ 오답이 있으면 Main controller는 Dialog box를 띄워서 오답의 개수를 알려준다.

⑤ 오답이 없으면 Main controller는 게임 종료 축하 Dialog box를 띄운다.

⑥ 게임 결과 정보를 DB에 기록한다.

⑦ 만약 데일리 게임을 수행한 것이라면 Main controller는 Daily puzzle server로 게임 결과를 전송한다.

4. 설정 변경

① User는 게임 수행 중 설정을 바꾸고 싶으면 화면에서 설정 메뉴를 클릭한다.

② Main controller가 Info manager 안에 있는 설정을 실행하면 화면이 설정 화면으로 바뀐다.

③ User는 설정을 수정하고 저장 버튼을 누른다.

④ Info manager는 수정된 설정 정보를 DB에 기록한다.

⑤ 설정 화면이 종료되고 게임 화면으로 복귀한다.

예 2. 시퀀스 다이어그램으로 작성

1. 스도쿠 게임 시작

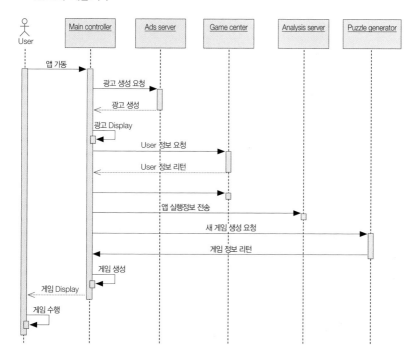

2.4 Product Functions (제품 주요 기능)

프로젝트의 주요 기능을 간략하게 기술한다. 세부 기능은 7장에 작성하므로 여기에는 상세히 기술하지 않는다. 기능은 서술형으로 작성하기보다는 목록 형태로 요약해서 읽는 사람이 기능을 일거에 파악하도록 하는 것이 좋다.

여기서 사용하는 용어와 표현법은 고객 수준에 맞춘다. 즉, 고객의 언어로 작성한다. 전문 용어를 써야 할 때도 최대한 고객 수준에 맞춰 작성한다. 그렇다고 모든 일반인이 이해할 수 있게 작성해야 하는 것은 아니다. 카메라의 스펙을 작성하는 경우, 카메라를 살 고객이 알아들을 수준으로 작성하면 되므로 카메라 전문 용어를 써도 된다. 의료 시스템의 스펙인 경우, 의사라면 알 수 있는 용어는 사용해도 된다.

그림, 사진, 다이어그램을 사용해 설명하는 것도 좋다. 하지만 이런 것의 사용은 기능을 설명하는 데 도움되는 경우로 국한해야 한다. 다이어그램이 설계의 내용을 설명하는 것은 아니다.

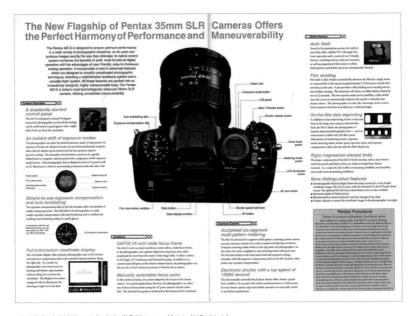

세련되게 디자인된 브로슈어의 예(출처 https://bit.ly/3jQdNqh)

요약하면 고객이나 SRS를 처음 읽는 사람도 이해할 수 있게 기능을 목록 형태로 작성한다. 예를 들어, 세련되게 디자인된 위의 브로슈어와 같이 작성하면 좋다. 내용을 읽었을 때 제품 특성을 이해하고 구매 욕구까지 생긴다면 더할 나위 없겠다.

'사용자 추가', '사용자 삭제' 등과 같이 큰 의미가 없는 소소한 기능을 일일이

나열하거나 단어로만 축약해 적는 것은 좋지 않다. 제품을 대표할 수 있는 기능을 적당한 설명과 함께 작성하는 것이 좋다.

2.5 User Classes and Characteristics (사용자 계층과 특징)

프로젝트 산출물의 사용자 계층과 각각의 특징을 기술한다. 이 제품을 사용할 것으로 예상되는 다양한 사용자 계층을 식별하는데, 이때 최종 사용자뿐만 아니라 관리자, 기술 지원 등 모든 사용자를 아우른다. 사용자 계층별로 이 제품의 사용 빈도, 주로 사용하는 기능을 기술한다. 또한 각 사용자 계층이 보유해야 할 기술이나 전문 지식, 교육 수준을 명시하고 각 사용자 계층의 중요도에 대한 설명도 할 수 있다. 사용자 계층이 식별되면 사용자 계층을 표준화하고 사용자를 위한 기능을 구성하는 데 도움된다. 또한 사용자 교육 준비에 필요한 정보를 제공할 수 있다.

사용자가 매우 광범한 경우 사용자 계층을 특정하기가 어렵다. 예를 들어 오피스 소프트웨어 같은 제품은 초등학생부터 직장인까지 온 국민이 사용하고 사용자 계층마다 필요한 기능이 다르다. 따라서 이 경우 같은 사용자라 하더라도 나이, 경험, 직업, 숙련도 등 특성별로 사용자 계층을 분류하고 각 사용자 계층의 특성을 정의해 여러 사용자 계층에서 잘 사용할 수 있게 소프트웨어를 만들기도 한다.

사용자 계층과 특징의 예를 몇 가지 들면 다음과 같다.

예 1. 웹 프레젠테이션 서비스
- 초, 중, 고등학생 / 초급자
  - 주로 학교 숙제를 위해 사용한다.

- 사용 경험 기간은 일주일 이하다.

- 기본 기능을 주로 사용하며, 별도로 배우지 않아도 기본 기능을 바로 사용할 수 있어야 한다.

- 직장인 / 숙련자

  - 주로 업무용 프레젠테이션을 위해 사용한다.

  - 사용 경험 기간은 한 달 이상이다.

  - MS 파워포인트의 기본 기능을 사용할 줄 안다.

  - 고급 기능을 거의 다 다룰 줄 안다.

  - 협업을 자주 하므로 동시 편집 기능을 수시로 사용한다.

예 2. 음료 자판기

- 음료 자판기 사용자

  - 자판기에서 음료를 구매하는 사람

  - 키 130cm 이상 사람

- 음료 자판기 관리자

  - 주기적으로 자판기에 캔 음료를 보충하는 사람

  - 2종 운전면허를 소지해야 한다.

  - 자판기 기본 정비 교육을 이수해야 한다.

예 3. 유아용 스마트폰 앱

- 부모

  - 4세 이하의 아기가 있는 부모로 제품의 주 구매자다.

  - 옵션 설정 기능을 주로 사용하고 제품을 기동하는 역할을 한다.

  - 아기가 앱을 잘 사용하는지 주로 모니터링을 한다.

  - 아기가 어려서 터치 등의 적극적인 사용자 인터랙션을 할 수 없을 경우 부모가 같이 시청하면서 해당 애플리케이션을 조작할 수 있다.

- 아기

  - 4세 이하의 영유아로 제품의 주 사용자다.

- 애플리케이션이 제공하는 시나리오를 재생해 시청하며 터치를 통한 조작을 한다.
- 인터랙티브한 인터페이스를 통해 콘텐츠를 사용할 수 있어야 하며, 30분 내지 1시간 정도의 시간 동안 집중할 수 있다.
- 터치를 통해 나오는 부가서비스(객체 정보 활성화 시 나오는 이미지 정보, 설명 정보, 효과음)를 이용하는 주 사용자가 된다.

2.6 Assumptions and Dependencies (가정과 종속관계)

프로젝트를 수행하기 위해 필요하거나 반드시 수행 또는 결정되어야 할 전제 조건, 선행되어야 할 사항을 기술하며, 그 결과가 프로젝트의 어떤 부분에 어떻게 영향을 미치는지 설명한다. 또한 통제 불가한 외부 요소의 영향을 받을 수 있는 경우, 그 요소에 대해서도 기술한다.

SRS를 작성하면서 모든 것을 확인하고 모든 불확실한 요소를 제거하면 좋겠지만 현실적으로 그렇게 할 수는 없다. 아직 정식으로 출시되지 않은 기술을 사용하기도 하고, 특정 기술을 개발할 수 있다는 가정하에 프로젝트를 진행하기도 한다. 특정 법규에 따라 프로젝트의 가치가 있기도 하고 없기도 하다. SRS에서는 이런 외부 요소를 모두 기술함으로써 리스크를 예측해 실제 프로젝트를 진행할 때 만나는 리스크에 대처하게 된다.

잘 작성한 예

- 이미지를 판독해 이상 여부를 판단하는 머신 러닝^machine learning^ 엔진이 이번 프로젝트 알파 단계 전까지 성공적으로 개발될 수 있다고 가정한다.
- 이번에 개발자 버전만 출시된 M사의 A 라이브러리는 이번 프로젝트 베타 단계 전까지 정식 버전이 출시된다고 가정한다.
- 11월에 국회를 통과할 예정인 세무 법률이 예정대로 원안의 변경 없이 국회를 통과할 것이라고 가정한다.

- 오디오 기기와의 연동을 위해 사용하는 Audio device driver는 5월 15까지 제공받아야 일정에 차질 없이 개발할 수 있다.
- 영업, 마케팅, 디자인팀이 서로 추구하는 목표가 달라서 UI 관련 세부 디자인 확정이 늦어질 수 있다.

잘못 작성한 예
- 개발 기간 내에 소프트웨어 버그를 완전히 해결하지 못하면 QA팀과 협의해 출시 여부를 결정한다.
  - 별 의미 없는 내용이다.
  - 버그가 있어도 계획된 일정에 출시하는 것이 중요하다면 SRS 1.2절에 전략을 기술하면 된다.

2.7 Apportioning of Requirements (단계별 요구사항)

소프트웨어 첫 버전을 개발할 때는 너무 많은 기능을 포함하지 않고 기본에 충실한 것이 프로젝트 성공 확률을 높인다. 그래서 이 섹션에서는 차후 버전으로 넘길 수 있는 기능을 기술한다. 차후 버전에 대한 계획 없이 첫 버전에서 모든 기능을 구현하려 하면 프로젝트 규모가 커지고 성공 확률이 낮아질 수 있다. 단계별로 소프트웨어의 개념과 기능을 정의했다 하더라도 출시 후 사용자들의 반응을 보고 제품의 방향을 바꾸는 일이 흔하다. 그래도 미래의 큰 그림을 알면 현재 버전의 아키텍처를 설계할 때 미래의 변화를 미리 고려할 수 있어서 큰 도움이 된다. 아래는 아키텍처에 영향을 주는 미래 계획의 예다.

- 당장은 국내 시장만 노리지만 내년에는 아시아, 후년에는 세계 시장을 공략하려 한다.
- 지금은 안드로이드만 지원하지만 다음 버전은 아이폰도 지원하고, 5년 안에 윈도우도 지원하며 세 개의 플랫폼에서 동일한 UI를 제공하려 한다.
- 현재 버전은 3개월 안에 데모가 가능한 수준으로 만들어 100명의 사용자만 지원해도 되지만, 1년 안에 100만 명이 쓸 수 있는 시스템으로 확장되어야 한다.

이런 미래 요구사항이 있으면 미래 전략을 수용할 수 있는 확장성이 높은 아키텍처를 고려해야 한다. 서비스인 경우 클라우드 서비스에서 확장성을 위한 만반의 준비가 됐으니 개발에 큰 어려움이 없다. 단지 확장성을 고려하기만 하면 된다. 또한 미래의 요구사항이 특정한 기술을 필요로 한다면 해당 기술을 장기적 관점에서 준비할 수 있다.

작성 예

- v1.0 (2018.8. 출시 예정)
  - 한국 시장만 공략한다.
  - 영어와 한국어만 지원한다.
  - 기본 기능에 충실한다.
- v2.0 (2019.12. 출시 예정)
  - 미국 시장 공략을 시작으로 유럽 등 전 세계 시장으로 판매를 확대한다.

2.8 Backward Compatibility (하위 호환성)

최초로 개발하는 시스템이라면 하위 호환성을 고려할 필요가 없지만 기존 시스템을 업그레이드하는 시스템이라면 여러 가지 하위 호환성을 고려해야 한다. 종래에 연동했던 시스템이나 데이터와 호환되어야 하기 때문이다. 시스템을 업그레이드했는데 기존에 작성했던 파일이 열리지 않거나 일부 기능만 동작한다면 문제가 될 것이다. 그렇다고 기존의 모든 시스템과 파일과 호환해야 한다면 시스템은 과거의 아키텍처에 묶여 더 이상 발전하기 어렵다.

따라서 이 섹션에서는 하위 호환해야 하는 외부 시스템 또는 데이터를 정의하고 하위 호환을 포기해야 하는 경우도 정의한다. 또 하위 호환을 하는 방식도 정의한다. 기존에 작성된 파일이나 데이터베이스를 마이그레이션 툴을 이용해 새로운 시스템과 호환되는 형태로 변환하기도 한다.

아래 그림은 클라이언트 서버 구조의 소프트웨어에서 클라이언트와 서버 소프트웨어의 호환성을 정의한 테이블이다. 이러한 테이블 정보는 고객지원팀에 유용하다. 아래 테이블에 따르면, 서버가 구 버전인데 클라이언트만 최신 버전을 사용할 경우 기능이 정상적으로 동작하지 않게 된다.

작성 예 1

서버 클라이언트		v1.0	v1.1	v1.2	v2.0	v2.1	v3.0	v3.1	서버 버전
		1	2	2	3	3	4	4	프로토콜 버전
v1.0	1	O	O	O	O	O	O	O	
v1.1	2	X	O	O	O	O	O	O	
v2.0	3	X	X	X	O	O	O	O	
v2.1	3	X	X	X	O	O	O	O	
v3.0	3	X	X	X	O	O	O	O	
v3.1	4	X	X	X	X	X	O	O	

클라이언트　프로토콜
　버전　　　 버전

작성 예 2

● 이 시스템은 첫 버전이기 때문에 하위 호환성을 고려할 필요가 없다.

● 이 소프트웨어는 해당 제품의 v1.0에서 저장한 파일을 모두 읽어 들일 수 있어야 한다.

Environment
(환경)

이 챕터는 소프트웨어를 개발하고 테스트하고 동작시키기 위한 환경을 다룬다. 환경에 대한 정확한 기준이 있어야 서로 동상이몽을 하지 않게 된다. 예를 들어 마케팅팀에서는 낮은 사양의 PC에서도 소프트웨어가 동작한다고 생각할 수 있고 고객은 PC 사양이 낮아서 동작이 원활하지 않는 것을 소프트웨어 문제로 생각할 수 있다. 소프트웨어가 동작하기 위해서는 특정 성능 이상의 GPU가 필수적으로 필요한데 그 정보가 누락될 수도 있다. 따라서 이 챕터에서는 그러한 혼란을 불식하기 위해 정확하게 환경을 정의한다.

3.1 Operating Environment (운영 환경)

프로젝트를 통해 개발될 산출물(소프트웨어)을 설치하고 운영할 하드웨어 환경과 소프트웨어 환경을 기술한다. 이런 정보는 매뉴얼에 수록되기도 하는데, 이에 따라 고객은 적절한 하드웨어와 소프트웨어를 구매해야 한다. 여기서는 소프트웨어 개발과 서비스 개발이라는 두 가지 경우의 예를 들어 운영 환경을 기술하는 요령을 설명한다.

- 설치형 소프트웨어 개발 시
  - 하드웨어는 최소사양, 권장사양으로 나누어 기록하는 것이 일반적이다.
  - 최소사양이란 소프트웨어가 구동되고 최소한의 기본 기능들이 동작하는 하드웨어 사양이다. 일부 기능들은 제대로 동작하지 않을 수 있으며 많은 양의 데이터를 처리하지 못할 수 있다.
  - 권장사양이란 소프트웨어가 안정적으로 구동되며 모든 기능이 원활히 동작하는 하드웨어 사양이다. 물론 이때도 너무 크거나 많은 데이터를 처리하려 하면 정상 동작하지 않을 수 있다.
  - 소프트웨어마다 최소사양과 권장사양의 의미가 다를 수 있으므로 SRS에는 그 의미를 별도로 기록한다.
  - 이 정보는 매뉴얼, 브로슈어에 더 자세히 풀어 기록한다.
  - 그렇지 않으면 최소사양에서 모든 기능이 동작하지 않는다거나 대용량 데이터를 처리하지 못한다는 항의를 받을 수 있다.
  - 이 정보를 보고 고객이 적절한 사양의 컴퓨터를 구매하거나 영업 사원이 고객에게 안내하기도 한다.
- 서비스 개발 시
  - 서비스를 구동하는 데 필요한 하드웨어 사양과 소프트웨어 사양을 정확히 기록한다.
  - 이 정보는 서비스를 구축하는 팀에게 중요한 정보가 된다. 이 정보를 기준으로 장비를 구매하거나 네트워크를 구성하기 때문이다.

운영 환경은 크게 하드웨어 환경과 소프트웨어 환경으로 나뉘고 소프트웨어 환경은 운영체제 환경과 그 외로 나뉜다. 하드웨어 환경은 프로젝트 산출물이 동작하는 데 필요한 시스템의 CPU, Memory, HDD 등을 정의하는데, 최소사양과 권장사양으로 나눠 표기하는 방법이 있다.

산출물이 여러 종류이고 여러 시스템에 설치된다면 하드웨어 환경이 여러 가지가 된다. 이 경우 SRS를 서브 시스템별로 나눠 작성하는 것이 좋다.

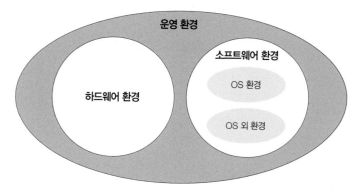

소프트웨어 환경 구성

소프트웨어 환경 중에서 OS(운영체제) 환경을 기술할 때는 산출물이 지원하는 OS의 목록을 모두 기록한다. 이때 OS는 막연하게 적지 않고 구체적으로 적어서 테스트가 가능하도록 해야 한다. 그렇다고 너무 광범하게 모든 버전의 OS를 지원한다면 막대한 테스트 비용이 들기 때문에 그 역시 바람직하지 않다. 한편 OS 외 환경으로는 웹 브라우저 등 산출물을 사용하기 위해 추가로 설치해야 하는 소프트웨어를 기록한다. 이 또한 버전을 명시하는 등 구체적으로 기술한다.

작성 예 1

- 프로세서: 1GHz 이상 프로세서
- RAM: 1GB(32비트) 또는 2GB(64비트)
- 하드 디스크 공간: 16GB(32비트 OS의 경우) 또는 20GB(64비트 OS의 경우)
- 그래픽 카드: Direct X 9 이상(WDDM 1.0 드라이버 포함)
- 디스플레이: 800 x 600

작성 예 2

구분	권장사양	최소사양
프로세서	1GHz	500MHz
운영체제	안드로이드 10	안드로이드 5.0
디스플레이	1024 x 600	400 x 240
메모리	512MB	256MB
스토리지	4GB 이상	1GB 이상
네트워크	WiFi, LTE	WiFi

3.2 Product Installation and Configuration (제품 설치 및 설정)

프로젝트 산출물의 설치 과정에서 필요한 요구사항을 기술한다. 또한 제품을 실행하는 데 필요한 기본 설정 요소와 방법에 대한 요구사항을 기술한다. InstallShield와 같은 상용 설치 툴 혹은 자체 개발한 설치 툴이 있으면 기술한다. 단, 6장의 사이트 적용 요구사항과 중복되는 부분은 기록하지 않는다.

작성 예 1

- 배포 담당자가 'Universal Binary' 소프트웨어를 이용해 묶인 bin 파일을 배포한다. 제품 설치 담당자는 bin 파일이 저절로 실행되도록 \startup 디렉터리에 위치시킨다. startup 디렉터리에 있는 파일들은 Windows CE에 의해 부팅 시 인식되어 설치된다. 즉, 설치 담당자가 할 일은 배포 파일(.bin)을 \startup에 복사하는 일이다.

작성 예 2

- 프로젝트 산출물의 제품 설치는 일반적인 안드로이드 애플리케이션 제품 설치와 동일하다.

작성 예 3

- 제품의 마스터는 USB 메모리로 제공되며 install 프로그램을 통해 설치한다. 또는 이 제품의 웹사이트에서 다운로드할 수 있다.
- 설정 방법은 세팅 다이얼로그를 통해 각 정보를 설정한다.
- OS의 사용자 계정에 따라 설치와 실행 시 이전 버전과 동일한 룰을 적용한다.

3.3 Distribution Environment (배포 환경)

3.3.1 마스터 구성

프로젝트 산출물 마스터를 어떤 형태로 구성할 것인지 기술한다. 마스터 구성 정보는 매뉴얼에도 수록되며 소프트웨어 설치를 담당하는 CS[Customer Service]팀 등에 유용한 정보가 된다.

윈도우의 경우 마스터의 내부 구성은 일반적으로 다음과 같이 구성할 수 있다 (제품마다 다름).

- Disk 1 (압축파일 폴더)
- Autorun.inf (CD 자동 실행)
- install.exe (설치)
- remove.ini (제거 정보)
- Acrobat (Acrobat Reader 프로그램 폴더)
- Manual (매뉴얼 폴더)

마스터란 소스코드를 빌드와 패키징하는 과정을 통해 만들어진 최종 결과물을 의미한다.

3.3.2 배포 방법

소프트웨어를 고객에게 어떻게 전달할지 기술한다. 설치형 소프트웨어가 아닌 서비스인 경우에는 서비스 운영자에게 마스터를 어떻게 전달할 것인지 기술하면 된다.

작성 예

- CD를 통해 소매시장retail market에서 고객에게 판매한다.
- 고객 서비스 직원이 USB 메모리에 소프트웨어 패키지를 담아 고객에게 직접 전달한다.
- 빌드팀이 사내 마스터 서버의 ABC 디렉터리에 저장하면 생산부서에서는 해당 디렉터리에서 소프트웨어 마스터를 내려받는다.

3.3.3 설치 방법

소프트웨어를 설치하는 방법을 기술한다. 웹서비스 등의 서비스는 서비스를 위한 서버에 어떻게 설치할지 기술하면 된다.

작성 예

- CD 드라이브에서 install.exe를 클릭한다.
- 설치할 디렉터리를 선택한 후 다음 버튼을 누르면 자동으로 설치된다.
- PostgreSQL 서버를 먼저 설치한 후에 메인 제품을 설치해야 한다.

3.3.4 패치, 업데이트 방법

소프트웨어를 패치하거나 업데이트하는 방법을 기술한다.

작성 예

- 인터넷을 통해 자동으로 업데이트된다. 사용자는 자동이나 수동 업데이트를 설정할 수 있다.
- USB 메모리에 abc.upgrade 파일을 담아 장비의 USB 포트에 꽂으면 자동으로 업데이트된다. 업데이트 후 장비를 리부팅하면 업그레이드가 완료된다.
- 이 제품은 패치, 업데이트를 제공하지 않는다.

3.4 Development Environment (개발 환경)

운영 환경과는 다른 개발 환경을 기술한다. 즉, 개발에 필요한 하드웨어, 운영 체제, 소프트웨어 등의 개발 툴 정보를 기록한다. 개발 환경을 미리 정해놓지 않으면 개발 도중에 개발 환경 문제로 괜한 시간을 낭비할 수 있다. 이런 식으로 낭패를 본 두 가지 사례를 살펴보자.

사례 1

스펙을 모두 작성했는데, 개발에 꼭 필요한 모바일 디바이스 30개를 미처 준비하지 못했다. 개발자 30명이 대기하고 있는데 디바이스가 없어서 구현을 시작도 하지 못하고 있다. 디바이스는 국내에서 구매할 수 없고 미국에서 판매하지만 지금 주문을 하면 약 30일 후 배송이 가능하다고 한다. 어쩔 수 없이 구현 시작 일정을 한 달 뒤로 미뤘다.

사례 2

스펙을 완성한 후에 개발자들이 가지고 있던 개발 장비로 충분히 개발할 수 있을 것이라 생각하고 방심했다. 하지만 막상 개발해보니 과거에 개발하던 소프트웨어보다 훨씬 더 많은 데이터를 다뤄야 해서 기존 장비로는 개발 속도가 반밖에 나오지 않았다. 부랴부랴 장비를 업그레이드해야 했다. 장비를 주문하고 2주 후에 장비가 배송됐지만 개발 환경을 세팅하느라 이틀을 꼬박 낭비했다. 개발 환경에는 다음과 같은 것을 기록한다.

- 최고의 개발 성능을 낼 수 있는 가장 적절한 하드웨어 환경
- OS 정보와 필요한 개발 툴 목록

미리 이런 것들을 모두 설치해 개발자에게 공급하기도 한다. 요즘은 가상머신

이미지로 개발 환경을 제공하거나 도커^{Docker} 이미지로 제공하기도 한다. 그렇게 해서 개발자들이 개발 환경을 구성하는 데 허비하는 시간을 최대한 절약한다.

AI 개발 시에는 개발 환경이 더욱 중요하다. AI 엔진의 실행은 사양이 낮은 모바일 기기에서도 가능하지만 딥러닝을 위해 수천 만원에서 수억짜리 머신러닝 전용 기계가 필요하거나 클라우드를 사용해야 할 수도 있다. 미리 개발에 필요한 장비를 마련하고 구축해놓지 않으면 AI 개발은 엄두조차 낼 수 없다.

작성 예

아래 사양에 미달하는 경우 업그레이드하거나 새로 PC 세트를 구매한다.

- CPU: Intel Core2 Duo 2.66GHz 또는 AMD 애슬론 2-X2 250
- RAM: 4GB
- 그래픽카드: 8600GT 256M 듀얼 지원
- 메인보드: Asus P5B
- 모니터: 20인치 듀얼 모니터
- 비주얼 스튜디오 2015 프로페셔널

3.5 Test Environment (테스트 환경)

테스트 환경은 운영 환경, 개발 환경과 또 다르다. 운영 환경이 20개의 윈도우 운영체제를 지원한다 해도 모든 환경에서 테스트를 하지 않을 수 있다. 이때 테스트를 수행할 모든 운영체제 목록을 기술한다.

운영 환경에서 최소사양, 권장사양을 나눠 기술한 경우, 테스트 환경은 보통 두 환경을 모두 구축한다. 테스트 계획서에서는 두 환경에서 테스트해야 할 테스트 케이스를 구분한다. 테스트에 필요한 별도의 장비나 소프트웨어를 기술한다. 오랜 기간을 두고 테스트하는 에이징 테스트를 하기도 하고 과도한 부하를 테스트하는 스트레스 테스트를 하기도 한다. 이런 테스트를 도와주는 전문 장비가 있지만 보통 고가이기 때문에 미리 준비해두지 않으면 안 된다. 그 외에 테스트 자동화를 위한 툴을 정의하고 테스트 관리 툴로 무엇을 쓸지도 기록한다.

네트워크 성능 분석 장비인 Spirent 사의 SmartBits

3.6 Configuration Management (형상 관리)

프로젝트의 베이스라인에 포함되는 문서, 소스코드를 어떻게 관리할지 결정한다. 이 섹션에는 아래 항목들을 기술한다.

- 사용할 형상 관리시스템
- 베이스라인에 포함될 산출물
- 형상 관리 프로세스
- 브랜치 머지 정책 및 프로세스
- 베이스라인 설정, 즉 태깅 정책 및 프로세스
- 소스코드 디렉터리 구조
- 담당자별 디렉터리 접근 권한

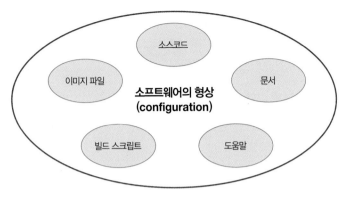

소프트웨어의 형상 구성요소

보통 회사에서는 단 하나의 형상 관리시스템(소스코드 관리시스템)을 사용해야 한다. 하지만 프로젝트 특성에 따라 일부 프로젝트는 다른 시스템을 쓰기도 한다. 예를 들어 특정 프로젝트가 분산된 환경에서 개발해야 한다면 분산 소스코드 관리시스템인 Git를 혼합해 사용하기도 한다.

3.7 Bugtrack System (버그트래킹 시스템)

프로젝트를 진행하면서 버그를 등록하고 관리할 버그트래킹 시스템 정보를 기술한다. 만약 프로젝트를 외주로 개발하거나 원거리에 떨어져 있는 팀원들이 협업해야 한다면 온라인으로 정보를 주고받는 것은 필수다. 따라서 버그트래킹 주소, 프로젝트 이름 등의 정보를 공유한다. 또 버그트래킹 시스템 사용 프로세스와 정책이 있다면 이것도 기술한다.

작성 예

- 버그트래킹 시스템 주소 http://jira.abctech.com/projects/SUDOKU

External Interface Requirements
(외부 인터페이스 요구사항)

시스템을 한 덩어리로 보는 것보다는 효율적으로 나누는 것이 좋다. 시스템을 적절히 여러 컴포넌트로 나누면 아키텍처가 깔끔해지고 여러 팀이 용이하게 나눠 개발할 수 있기 때문에 프로젝트의 복잡도가 줄어든다.

어느 정도까지 컴포넌트를 나눌 것인지는 프로젝트와 상황에 따라 다르다. 각 컴포넌트는 독립성이 높을수록 좋다. 그럴수록 복잡도가 줄어 나중에 문제가 발생할 확률이 줄게 된다. 그렇다고 컴포넌트를 너무 잘게 나누면 시스템을 이해하기 어려워지므로 적절하게 나누는 것이 좋다.

소프트웨어의 아키텍처를 설계하려면 가장 먼저 개발하고 있는 시스템과 상호작용하는 외부 시스템을 모두 파악해야 한다. 이 작업은 엄밀히 말하면 요구분석 단계부터 시작된다. 제품의 외부 인터페이스가 요구사항에 해당하는 항목이기 때문이다. 이렇게 SRS에서 정의된 외부 인터페이스는 설계에서 아주 중요한 역할을 하게 된다.

이해를 돕기 위해 예를 들어보자. 항공모함 부품 중에서 내가 엔진을 개발한다고 할 때 엔진이 어떻게 주위 부품들과 맞물려 작동할지를 미리 정한다고 생각하면 된다.

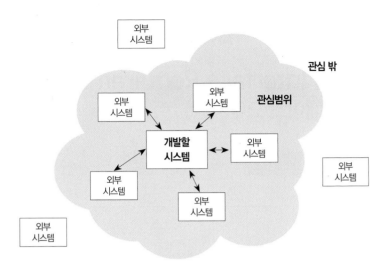

외부 인터페이스 찾기

SRS를 여러 개로 나눠서 쓸 경우 최상위 SRS에서는 외부 시스템과 인터페이스만 외부 인터페이스이고 내부 컴포넌트 간의 인터페이스는 내부 인터페이스가 된다. 하지만 동일한 인터페이스라도 하위 SRS에서는 외부 인터페이스가 될 수 있다. 따라서 SRS에 따라 내부 인터페이스와 외부 인터페이스를 보는 관점이 달라질 수 있다.

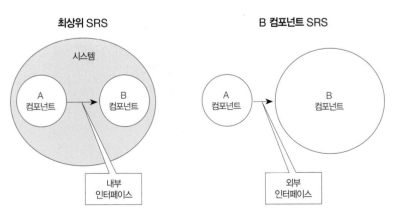

관점에 따라 내부 인터페이스가 외부 인터페이스가 된다

4.1 System Interface (시스템 인터페이스)

이 시스템이 연동해야 할 외부 시스템과의 인터페이스를 기술한다. 예를 들어 비즈니스 소프트웨어를 만든다면 기존에 존재하는 급여 시스템과의 인터페이스를 정의하는 것이다.

시스템을 컴포넌트로 나눈다면 컴포넌트 간의 인터페이스도 정의할 수 있기 때문에 자연스럽게 내부 인터페이스도 정의하게 된다. 이런 내부 인터페이스를 하위 SRS에서 정의하기도 하지만 상위 SRS에서 모두 정의하거나 IRS^{Interface Requirements Specification}라는 문서에 별도로 정리하기도 한다. 인터페이스 요구사항은 양이 많기 때문에 별도의 문서로 작성하면 SRS를 관리하기가 용이하다.

각 인터페이스를 정의할 때는 아래와 같은 내용을 포함한다.

- 인터페이스 우선순위
- 인터페이스 데이터 타입
- 인터페이스 데이터 크기 및 형식
- 인터페이스 데이터 단위
- 인터페이스 데이터 범위
- 인터페이스 발생 시간
- 인터페이스 발생 빈도
- 인터페이스 발생 순서
- 인터페이스 데이터 보안 등
- 각 인터페이스의 조합
- 통신 방법
- 프로토콜
- 에러 처리 방법

위와 같이 인터페이스를 상세히 기술하기도 하지만, 인터페이스는 외부에 표준 문서가 있거나 이미 정의된 문서가 있으면 링크를 걸어 참조하게 할 수 있다. 외부 라이브러리나 내부에서 개발한 컴포넌트의 함수 호출이면 함수의 이름과 호출 방법을 설명하면 된다. 중요한 것은 인터페이스 정의를 보고 개발자가 문제없이 구현할 수 있어야 한다는 것이다.

이들 내용 중 우선순위나 발생 빈도만 보더라도 평소에 간과하기 쉬운 인터페이스의 속성이 있다. 또 모든 인터페이스에 위 속성을 다 기술하는 것은 시간 낭비다. 상황에 맞게 적절히 개발자에게 필요한 정보를 모두 기술해야 한다.

작성 예

다음 그림과 같이 인터페이스를 나눠가면 하위 컴포넌트까지 식별하고 정의할 수 있다. 최상위 컴포넌트에서 시작해 하위 컴포넌트까지 정의해가면 스펙에서 자연스럽게 설계로 넘어가게 된다. 어느 정도의 설계 정보를 SRS에 포함할지 여부는 프로젝트 성격과 개발팀의 구성에 따라 다르다. 다음 다이어그램은 이 섹션을 작성하는 방법을 설명하기 위해 개념적으로 작성한 간단한 예다.

실제 프로젝트는 훨씬 복잡하니 예는 참고만 하자. 컴포넌트를 잘 나누고 인터페이스를 효과적으로 정의하는 방법은 책 한 권으로도 부족할 만큼 내용이 방대하다. 코치가 가장 필요한 영역이기도 하다.

다음 그림은 시스템의 외부 인터페이스를 도식화한 것이다. 이 섹션에서는 기본적으로 외부 인터페이스를 모두 식별해 정의해야 한다. 이 시스템에는 UI를 제외하고 네 개의 외부 시스템과 인터페이스가 있는데 이때 인터페이스 방향과 인터페이스 개수를 조사하고 정리해야 한다.

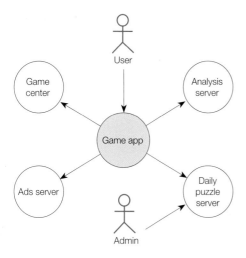

최상위 다이어그램(top level diagram)

다이어그램에는 화살표가 하나로 그려지지만 그 안에는 인터페이스가 여러 개 존재할 수 있다. 문서에는 식별된 여러 개의 인터페이스 모두를 정의해야 한다.

외부 인터페이스 정의에 그치지 않고 시스템의 내부 컴포넌트와 인터페이스를 정의하면 아래와 같이 더 상세화할 수 있다. 그중에서 인터페이스 몇 개를 설명하겠다. 좀 더 자세한 인터페이스 정의 방법은 1부 9.14절을 참고하기 바란다.

- Game app → Game center
  - 게임 센터로 점수 전송하기: 아래 URL을 참조해 구현한다.
    https://developer.apple.com/library/content/documentation/
    NetworkingInternet/Conceptual/GameKit_Guide/Achievements/Achievements.
    html#//apple_ref/doc/uid/TP40008304-CH7-SW19
  - 게임 저장하기: 아래 URL을 참조해 구현한다.
    https://developer.apple.com/library/archive/documentation/Networking
    Internet/Conceptual/GameKit_Guide/SavedGames/SavedGames.html

- Game app → Daily puzzle server
  - 오늘의 퍼즐 요청하기
    - Request

      http://[Server]/sudoku?act=getdailypuzzle&userid=[userid]&date=[date]

      [Server]: 서버 주소. 추후 서버가 정해지면 확정한다.

      [userid]: 사용자 등록 시 부여받은 일련번호

      [date]: YYYYMMDD 형식의 8자리 숫자로 오늘 날짜다.

    - Response

      아래와 같이 내용을 JSON 형식으로 받는다.

      ```
      { "result":"[result]", "errorcode":[errorcode] }
      ```

      [result]: 퍼즐 데이터를 string으로 저장한다. 퍼즐 데이터 형식은 … 와 같다. 에러가 발생하면 ""를 넘겨준다.

      [errorcode]: 0 또는 음수. 0은 성공을 의미하며 실패 시 음수를 리턴한다.

      -1: userid를 찾을 수 없습니다.

      -2: 날짜가 오늘 날짜와 다릅니다.

      …

  - 게임 결과 전송하기
    - Request

      http://[Server]/sudoku?act=addresult&userid=[userid]&score=[score]

      [Server]: 서버 주소. 추후 서버가 정해지면 확정한다.

      [userid]: 사용자 등록 시 부여받은 일련번호

      [score]: 게임 결과 점수

    - Response

      아래와 같이 내용을 JSON 형식으로 받는다.

      ```
      { "errorcode":[errorcode] }
      ```

      [errorcode]: 0 또는 음수. 0은 성공을 의미하며 실패 시 음수를 리턴한다.

- Game app → Ads server
  - 게임에 표시할 광고를 요청한다.
    - [인터페이스를 정의한다]

- Game app → Analysis server
  - 앱 실행 정보를 전송한다.
    - [인터페이스를 정의한다]

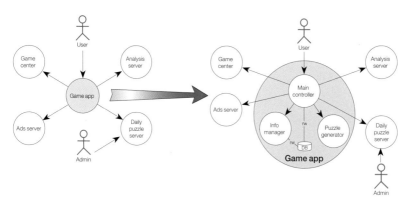

Game app의 내부 컴포넌트 다이어그램

외부 인터페이스의 정의에만 그치지 않고 내부 컴포넌트와 인터페이스를 정의할 수 있다. 인터페이스를 정의하는 방법은 인터페이스 타입에 따라 다양하다.

- Main controller → Info manager
  - 인터페이스 목록을 기술하고 각 인터페이스의 정의를 기록한다.
- Main controller → Puzzle generator
  - 인터페이스 목록을 기술하고 각 인터페이스의 정의를 기록한다.

더 나아가 내부 컴포넌트를 세분화하면 다음과 같이 정의할 수 있다. 이렇게 식별된 인터페이스를 같은 방식으로 정의하면 된다.

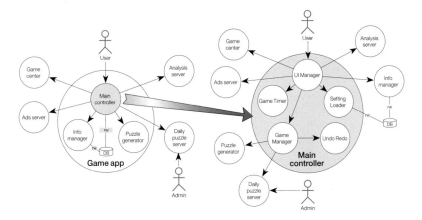

Main controller의 내부 컴포넌트 다이어그램

이제부터 슬슬 설계 영역으로 넘어가는 것 같지만, 별도의 설계를 작성할 것이 아니라면 SRS에 작성하는 것도 좋은 방법이다. SRS에서 컴포넌트를 어느정도 깊이까지 나눌지는 프로젝트 성격에 따라서 잘 판단한다. 작은 규모의 소프트웨어인 경우 1, 2단계 깊이까지 컴포넌트를 나누기도 하지만 규모가 커지면 3, 4단계 이상의 깊이로 컴포넌트를 점점 break down해가면서 하위 컴포넌트로 나눈다. 이러한 과정은 설계 과정과 상당히 중첩되며 예술적인 아키텍처링 능력이 요구된다. 보통은 그렸다 지웠다를 반복하면서 가장 간결하고 아름다운 아키텍처를 찾아간다. 이렇게 컴포넌트가 여러 개로 나눠지고 인터페이스가 정해져야 여러 개발자 또는 여러 팀이 나눠서 동시에 빠르게 개발할 수 있다.

다음 그림은 다른 형태로 인터페이스를 정의한 예다. 이 경우 인터페이스마다 고유한 ID를 부여하여 설명해 나중에 설계, 구현 시 인터페이스 식별을 용이하게 한다. 이와 같이 인터페이스를 정의하는 방법은 여러 가지가 있으므로 개발하려는 시스템의 성격에 맞게 효율적인 방법을 적용하는 것이 좋다.

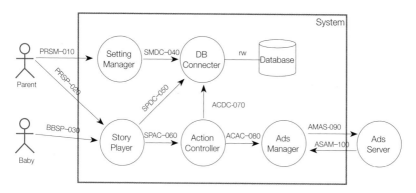

유아용 앱의 시스템 인터페이스 예

4.2 User Interface (사용자 인터페이스)

시스템과 사용자가 어떻게 상호작용하는지 기술한다. 즉, 소프트웨어와 사용자 간 각 인터페이스의 논리적 특징을 설명하면 된다. 단순히 글로 적기보다는 화면 이미지, UI 목업, 와이어프레임, UI 스타일 가이드, 화면 레이아웃 등다양한 방법으로 표현하는 것이 좋다.

소프트웨어 특징에 따라 적절한 표현법이 다르다. GUI 소프트웨어 외에 커맨드 라인 인터페이스를 제공하는 소프트웨어도 있다. UI를 정의할 때는 ADA^American with Disabilities Act와 같은 제약사항도 고려해야 한다. 즉, 장애인도 소프트웨어를 사용할 수 있도록 고려한다.

사용자 인터페이스의 예를 몇 가지 들면 다음과 같다.

예 1. 모바일 스도쿠 게임 앱

게임 메인 화면   메뉴 화면

예 2. 모바일 식당 찾기 앱

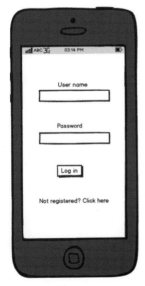 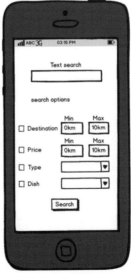

로그인 페이지   검색 화면

4.3 Hardware Interface (하드웨어 인터페이스)

프로젝트 산출물과 하드웨어 시스템 간의 인터페이스를 정의한다. '이 프로그램은 4GB RAM의 Mac에서 실행되어야 합니다'와 같은 하드웨어 요구사항을 설명하는 곳이 아니다. 이런 정보는 챕터 3 '환경'에 작성해야 한다. 여기에는 소프트웨어와 상호작용하고 제어해야 할 실제 하드웨어 장치를 자세히 설명한다. 예를 들어 카메라 센서를 가동하기 위해 필요한 인터페이스를 기술하는 것이다.

설계자는 이 섹션을 보고 설계 시 고려해야 할 하드웨어를 알 수 있어야 한다. 많은 응용 프로그램에는 하드웨어 인터페이스가 없다. 이 경우 '시스템에 하드웨어 인터페이스 요구사항이 없습니다'라고 적으면 된다. 빈칸으로 놔두면 아직 적지 않은 것인지 인터페이스 요구사항이 없는 것인지 알 수가 없다.

종종 하드웨어 인터페이스로 정의할지 시스템 인터페이스로 정의할지 헷갈리는 경우가 있다. 하드웨어와 인터페이스를 하기는 하지만 하드웨어 업체에서 제공하는 SDK나 라이브러리를 이용해 이 소프트웨어에서는 함수만 호출해야 하기도 한다. 이렇게 이미 하드웨어와 연동하는 방법이 소프트웨어적으로 제공된다면 시스템 인터페이스로 작성해도 무방하다.

(출처 https://bit.ly/2EVe5NU)

4.4 Software Interface (소프트웨어 인터페이스)

이 제품과 데이터베이스, 운영체제, 도구, 라이브러리 등과 같은 외부 소프트웨어 구성요소와의 인터페이스를 기술한다. 또 시스템으로 들어오는 데이터나 메시지의 목적 및 필요한 서비스와 커뮤니케이션 성격을 기술해야 한다. 외부 소프트웨어 구성요소와 공유할 데이터를 식별해야 한다. 데이터 공유 메커니즘을 특정 방식(예, 멀티태스킹 운영체제에서 전역 데이터 영역 사용)으로 구현해야 하는 경우 이를 구현상의 제약사항으로 지정한다. 이 섹션은 기술 리더의 도움을 받아 작성하는 것이 좋다.

외부 소프트웨어 구성요소를 정의할 때는 다음 같은 내용을 포함해서 정확히 식별해야 한다.

- 구성요소 이름
- 사양 번호
- 버전 번호
- 출처

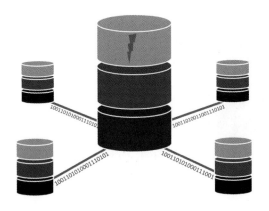

4.5 Communication Interface (통신 인터페이스)

제품에 필요한 전자 우편, 웹 브라우저, 네트워크 서버 통신 프로토콜, 전자 양식 등 통신 기능과 관련된 요구사항을 기술한다. FTP, HTTP와 같은 통신에 사용될 표준을 식별해 정리한다. 통신 보안 또는 암호화 문제, 데이터 전송속도 및 동기화 메커니즘을 정의해야 한다.

사용자 정의 프로토콜을 사용해 시스템 간에 통신하는 경우 설계자가 설계할수 있도록 해당 프로토콜을 문서화해야 한다. 표준 프로토콜을 사용한다면 기존 문서 또는 RFC를 참조할 수 있다. 4.1 '시스템 인터페이스'와 통합해 작성하기도 한다.

작성 예

- 이 시스템은 HTTP 서버와 연결해야 하므로 80포트가 방화벽에서 열려 있어야 한다.
- 이 시스템은 매월 말일에 결산 정보를 관리자에게 이메일로 전송해야 한다.

Performance Requirements
(성능 요구사항)

프로젝트 목표 제품의 성능 요구사항을 기술한다. 시장의 요구 수준, 목표, 검증된 성능을 적기도 한다. 프로젝트 성격에 따라 기술할 요구사항이 다르다. 성능 요구사항은 비기능 요구사항 중 하나로 모든 소프트웨어에서 중요하게 다루는 항목이므로 SRS에서도 별도로 다룬다.

소프트웨어의 성능은 운영 환경에 따라 제각각이기 때문에 성능 요구사항을 기술할 때는 성능 요구사항의 기준이 되는 환경을 정의해야 한다. SRS 3.1 '운영 환경'에서 기술한 환경이 성능 요구사항의 기준이 되곤 한다.

다양한 상황에서 제품에 대한 성능 요구사항이 있다면 여기에 기술하고 개발자가 충분히 이해할 수 있고 적합한 설계를 할 수 있도록 설명한다. 성능 요구사항은 테스트가 가능하도록 구체적이고 정량적으로 설명한다.

5.1 Throughput (작업 처리량)

작업 처리량이란 초당 작업 처리 속도를 의미하며 다음과 같이 작성한다.

- 웹 서버의 초당 데이터 처리 속도(MB/sec)

- 동영상 인코딩 시스템의 초당 처리 프레임 또는 데이터 크기(Frames/sec, MB/sec)

- 파일 시스템의 초당 파일 복사 처리량(MB/sec)

- 암호화 시스템의 초당 암호화 속도(MB/sec)

- CPU의 초당 클럭 수

- 데이터베이스의 초당 데이터 추가 레코드 수(records/sec)

- 데이터베이스의 초당 데이터 삭제 레코드 수(records/sec)

작업 처리량을 표시할 때는 환경이 되는 표준 시스템을 챕터 3에 정의해야 한다. 환경이 다르면 작업 처리량이 달라지기 때문이다.

작성 예

- 300개 카메라에서 전송되는 데이터를 실시간으로 모두 처리할 수 있어야 한다.
  - Data rate: 1.2Gbps (Maximum)

- USB 메모리를 통해 데이터를 10MB/sec 속도 이상으로 쓸 수 있어야 한다.

- HDD(SATA) read/write throughput은 500Mbps 이상 지원해야 한다.

- 초당 3000건의 거래를 처리할 수 있어야 한다.

댐 방류

5.2 Concurrent Session (동시 세션)

동시에 얼마나 많은 세션을 연결해 처리할 수 있는지 기술한다. 시스템이나 컴포넌트 간에 연결된 곳으로 동시 접속이 많다면 동시에 연결 가능한 세션의 수를 기록하는 것이 좋다.

작성 예

- 동시에 300개 채널을 레코딩할 수 있어야 한다.
- 동시에 9개 채널의 비디오를 디코딩하고 플레이할 수 있어야 한다.
- 게임 서버에 5000명이 동시에 접속할 수 있어야 한다.

광케이블(출처 https://bit.ly/358fQ4N)

5.3 Response Time (대응 시간)

시스템이 얼마나 빨리 반응해야 하는지 기준을 정의한다. 사용자 또는 외부 시스템 각각의 요청에 시스템이 대응해야 하는 시간을 정리한다. 각 기능이나 요청에 따라 대응 시간이 다르기 때문에 따로 정리해야 한다. 모든 기능이나 요청에 따른 대응 시간을 기록해야 하는 것은 아니다. 대응 시간이 특히 중요한 민감한 요청이나 기능에 대한 대응 시간을 정리하면 된다. 예를 들어 실시간 반응이 매우 중요한 게임 서버라면 대응 시간이 매우 중요하므로 여러 가지 요청에 따라 민감하게 대응 시간을 정의한다. 증권 거래 시스템도 대응 시간이 매우 중요하다.

때로는 요구되는 대응 시간에 따라 시스템의 아키텍처가 완전히 바뀌어야 하기 때문에 스펙에 잘 정의해야 한다. 요구되는 대응 시간이 기술적으로 가능한지 여부를 프로토타입을 만들어 검증할 필요가 있을 수도 있다.

작성 예

- 전원 인가 시 10초 안에 레코드 및 플레이가 진행되어야 한다.
- 사용자가 거래 버튼을 누르면 0.3초 안에 거래를 처리해야 한다.
- 게임 서버는 사용자의 커맨드를 0.05초 안에 처리해야 한다.
- 트랜잭션의 95%를 1초 안에 처리해야 한다.

(출처 https://bit.ly/3bw3hS0)

5.4 Performance Dependency (성능 종속관계)

각각의 성능 요구사항은 동시에 만족하기 어려울 수 있다. 각각의 성능 요구사항이 트레이드오프 관계에 있기 때문이다. 따라서 이런 트레이드오프 관계의 성능 요구사항을 기술해야 한다. 성능이 다른 외부 환경의 영향을 받는다면 이 또한 기술한다.

작성 예

- 동시 세션이 5000개를 넘으면 대응 시간이 급격히 떨어진다.
- 동시 세션과 최대 작업 처리량은 반비례한다.

5.5 Other Performance Requirements (그 외 성능 요구사항)

소프트웨어 특성에 따라 앞에서 정의한 항목 외의 성능 요구사항이 있을 수 있다. AI 소프트웨어인 경우에는 다음과 같은 성능 요구사항이 필요할 수 있다. 이와 같이 프로젝트에 따른 별도의 성능 요구사항이 있다면 여기에 기술한다.

작성 예. 피부암 진단 엔진

- 대응 시간$^{response\ time}$: 1초
  - 피부암 의심 이미지를 전달하면 1초 이내에 진단 결과를 반환해야 한다.
- 정확도^{precision}: 70%
  - 피부암으로 진단한 이미지 중에서 실제 피부암이 70% 이상이어야 한다.
- 리콜^{recall}: 90%
  - 피부암 의심 이미지 중에서 실제 피부암의 90% 이상을 찾아내야 한다.
- 성능 측정 방법
  - 개발팀에 공개되지 않은 피부암과 정상 이미지 1000장을 별도 보관해 성능 측정용으로 사용한다.

Non-functional Requirements
(비기능 요구사항)

SRS를 작성하면서 흔히 하는 실수는 기능 요구사항으로 문서를 채우는 것이다. 기능 요구사항이 SRS의 중요한 요소인 것은 맞다. 하지만 비기능 요구사항도 누락되면 프로젝트에 미치는 영향이 만만하지 않다. 비기능 요구사항 누락이 뒤늦게 발견될 경우 시스템 전반에 영향을 주고 상당 부분 재개발을 해야 할 수도 있다.

비기능 요구사항은 외부에서 모두 접수되지 않는다. 주로 여러 요구사항을 분석하면서 경험 많은 개발자가 찾아낸다. 또한 소프트웨어 아키텍처에 많은 영향을 끼치므로 나중에 바꾸기가 어렵다. 기능 요구사항을 하나 추가하는 것보다 비기능 요구사항의 추가와 변경이 훨씬 더 어려울 수 있다. 따라서 SRS 작성 시 꼼꼼하게 비기능 요구사항을 찾아내고 작성해야 한다.

6.1 Safety (안전성 요구사항)

시스템 사용으로 발생할 수 있는 손실, 손해 또는 상해와 관련된 요구사항을 기술해야 한다. 제품의 정상적인 사용이나 비정상적인 종료로 발생하는 안전상의 요구사항을 모두 설명해야 한다. 사람이 부상을 당하거나 생명을 잃거나 재산상의 손해를 입는 것을 모두 기록한다.

우리가 흔히 쓰는 사무용 소프트웨어나 드로잉 소프트웨어에서는 안전성 요구사항에 신경 쓸 것이 많지 않다. 하지만 원자력 발전소 제어 소프트웨어, 비행기 자동 항법 소프트웨어, 의료용 CT 장비의 제어 소프트웨어, 은행의 거래 관리 소프트웨어, 화학공장의 압력 탱크 제어 소프트웨어, 자동차 제어 소프트웨어 등은 사용자의 건강, 생명, 재산에 해로운 영향을 미칠 수 있다.

안전성은 그러한 피해를 방지하기 위해 별도의 기능을 추가하는 조치를 취하거나 불가피하게 피해를 감수할 수밖에 없는 경우에도 명확히 기술한다. 안전 요구사항은 정부나 협회 등의 법률이나 규칙을 따라야 하는 경우가 많고, 인증 요구사항을 준수해야 하기도 한다. 이때는 충족해야 하는 법률, 인증 요구사항을 기술하고 그에 따른 요구사항을 추가로 기술한다.

원자력 발전소(출처 https://bit.ly/3jPY6iW)

안전성 요구사항을 도출할 때는 아래와 같은 관점으로 생각해본다.

- 정상 또는 비정상적인 시스템의 동작으로 사용자가 건강, 생명, 재산상의 피해를 입을 수 있는가?
- 정상 또는 비정상적인 시스템의 동작이 피해를 줄 확률이 얼마나 되는가?
- 어떠한 비정상적인 종료나 장애가 있을 수 있는가?
- 사용자의 실수로 손실이 발생할 수 있을까?
- 비정상적인 시스템 종료 시 피할 수 없는 피해는 무엇인가?

작성 예

- 프레스 장비 제어 소프트웨어는 항상 양손의 스위치를 동시에 눌렀을 때에만 압축을 시작해야 한다.
- 원자로 온도가 표준 온도보다 10도 이상 상승하면 제어 소프트웨어는 제어봉 투입 명령을 실행해야 하며 제어실에 경고음을 울려야 한다.
- 자동차 제어 소프트웨어는 입력 신호에 이상이 있을 경우 운전자가 빨리 알아챌 수 있도록 경고음을 크게 울리고 1초 이내에 수동 운전으로 전환해야 한다. 이때 사용자가 자동차의 제어권을 획득하지 않으면 자동차는 즉시 정지해야 한다.
- 사용자 계좌 정보 저장소가 화재로 소실되는 것을 대비해 항상 지리적으로 떨어진 장소에 실시간으로 백업해둬야 한다.
- 평소 사용자가 주문하는 평균 금액의 100배 이상 주문하는 경우 금액이 맞는지 추가로 한 번 더 확인해야 한다.
- 자동차 내비게이션 소프트웨어는 실제 지형과 지도가 다를 경우 사용자가 실제 지형을 우선시해야 하며 그 판단에 따른 결과에 대한 책임이 사용자에게 있음을 소프트웨어 구동 시 고지해야 한다.
- 운전 중 자동차 내비게이션 조작은 교통사고의 위험이 있음을 사용자에게 고지해야 한다.
- 로그 서버와의 연결이 비정상적으로 종료됐을 경우 재연결에 성공하기 전까지는 로그가 저장되지 않는다. (매뉴얼에 이를 고지해야 한다.)
- 이 시스템은 쇼트 시 장비 손상과 화재를 방지하기 위해 전원이 자동으로 차단되어야 한다.

- 자율주행 자동차의 안전에 대한 책임은 운전자에게 있으며 비정상 작동 시 운전자가 개입해 직접 사고를 회피해야 한다.

구글의 자율주행 시험 자동차(출처 https://bit.ly/3i2RKMp)

잘못 작성한 예

- 자동차 제어 소프트웨어는 항상 정상 동작해야 한다.
  - 당연하거나 불가능하거나 의미 없는 내용이다.
- 운석이 떨어져 데이터가 없어지는 경우에는 어쩔 수 없다.
  - 가능성이 너무 희박한 상황을 고려할 필요는 없다.

6.2 Security (보안 요구사항)

제품에서 사용하거나 작성한 데이터의 보호와 관련된 보안 요구사항 또는 개인 정보 보호와 관련된 요구사항을 기술한다. 즉, 악의적인 접속, 사용, 수정, 공격 등으로부터 소프트웨어를 보호하는 요구사항을 정의한다. 다음과 같은 사항을 포함한다.

- 특정 암호화 기술 사용
- 특정 로그 또는 기록된 데이터 유지
- 특정 기능을 다른 모듈에 할당
- 프로그램의 일부 영역 간 통신 제한
- 중요한 데이터에 대한 무결성 검사
- 사용자 인증 요구사항
- 제품에 영향을 미치는 외부 정책 및 규정
- 보안, 개인 정보 보호 인증

(출처 https://bit.ly/3i3P559)

보안 요구사항은 보험과 비슷하다. 문제가 생기기 전까지는 그 필요를 실감하지 못한다. 그래서 간과하기 쉽다. 또한 보안 요구사항에는 여러 산업 분야에서 인증 요구사항이 있으므로 소프트웨어 특성에 따라 인증 요구사항을 충족해야 한다. 보안 요구사항을 과도하게 요구할 경우 편리성이나 사용성이 줄기 때문에 꼭 필요한 보안 요구사항을 기술하고 적절한 수준을 유지해야 한다. 외부 요구사항이 아니더라도 스스로 소프트웨어 특성에 맞는 보안 요구사항을 분석해 정의해야 한다.

보안과 편리는 트레이드오프 관계

일반적으로 보안 요구사항을 분석할 때는 아래 항목을 점검한다.

- authentication (인증)
- authorization (권한부여)
- access control (접근 제어)
- non repudiation (부인 방지)
- confidentiality (기밀유지)
- integrity (무결성)
- secure coding (보안 코딩)
- web vulnerabilities (웹 취약점)

작성 예

- 사용자가 10분 이내에 연속으로 5번 로그인에 실패했다면 10분간 로그인을 못 하게 해야 한다.
- 시스템의 세팅 정보 수정에 대한 모든 로그를 기록해야 한다.

잘못 작성한 예

- 사용자 암호는 암호화해서 보관해야 한다. (모호함)

6.3 System Attributes (소프트웨어 시스템 특성)

소프트웨어 시스템 특성은 여러 가지가 있으며 대표적인 것이 SRS 템플릿에 포함된다. SRS 템플릿에 없는 것이라 하더라도 소프트웨어 종류에 따라 특별히 요구되는 시스템 특성이 있다면 추가로 기술하면 된다.

6.3.1 Availability (가용성)

가용성은 시스템이 가동되는 정도를 나타내는 특성을 말한다. 가동과 가동 중단의 비율을 수치로 나타내기도 하고 서술식으로 표현할 수도 있다. 여기에는 이 시스템이 어느 정도의 가용성 수준을 보장해야 하는지 기술한다. 가용성은 신뢰성과도 관련이 있다.

시스템의 가용성 속성에는 다음과 같은 것이 있다.

- 24/7 가동해야 하는 시스템
- 99.9% 가용성을 보장해야 하는 시스템
- 99.999% 가용성을 보장해야 하는 시스템
- MS 워드와 같이 사용자가 필요할 때마다 실행하고 사용 후 즉시 종료하는 시스템
- 쇼핑몰 사이트처럼 연중 무휴, 24시간 운영되어야 하는 시스템

가용성 요구사항은 설계에 큰 영향을 준다. 높은 가용성을 보장하기 위해 별도의 시스템을 도입하고 장애로부터 즉각 복구할 수 있는 시스템을 사용하기도 한다.

작성 예

- 시스템은 스탠바이 모드로 항상 작동해야 한다.
- 서버는 0시 30분부터 24시까지 하루에 23시간 30분 동작해야 한다. 0시부터 0시 30분까지는 서버 패치 및 업데이트를 수행해야 한다.

- 소프트웨어는 사용자가 필요시 실행하며 사용이 끝나면 즉시 종료한다. 일반적으로 3시간 이상 사용하지는 않는다.
- 로그 서버는 크래시 발생 시 1초 안에 재실행되어야 한다.

6.3.2 Maintainability (유지보수성)

소프트웨어 자체를 얼마나 쉽게 유지보수할 수 있어야 하는지 그 정도를 나타내는 요구사항이다. 모든 소프트웨어의 유지보수가 쉬우면 좋겠지만 그렇게 하기 위해서는 비용이 들어간다. 또 모든 소프트웨어에 유지보수 문제가 있는 것도 아니다. 따라서 프로젝트 상황이나 향후 유지보수 계획에 따라 유지보수가 얼마나 용이해야 하는지 결정해야 한다.

단순히 유지보수가 쉬워야 한다고 정의하기보다는 유지보수성을 보장하기 위해 도입해야 할 기술이나 요구사항을 기술한다. 시스템을 얼마나 잘 모듈화하고 인터페이스 정의를 잘 해야 하는지 기술하고 복잡도에 대한 요구사항을 기록할 수도 있다.

작성 예
- 사용자가 본 제품 사용 시 크래시가 발생할 경우 Breakpad를 통해 크래시 리포트를 수집해 버그 수정을 쉽게 해야 한다.
- 다양한 응용 서비스는 플러그인이 가능한 형태로 개발되어 독립적인 개발 및 수정이 가능해야 한다.
- 소프트웨어 원격 지원 기능을 포함해 사용자가 원격 지원 요청 시 즉시 대응할 수 있어야 한다.

6.3.3 Portability (이식성)

소프트웨어를 다른 종류의 시스템 또는 운영체제로 이식하는 것과 관련된 요구사항을 기술한다. 이식성 요구사항에는 다음과 같은 내용이 포함된다.

- 호스트 종속된 컴포넌트의 비율
- 호스트 종속된 코드의 비율
- 이식이 용이한 개발 언어 사용
- 특정 컴파일러 사용
- 특정 운영체제 사용
- 특정 CPU 사용 (Big Endian vs. Little Endian)

작성 예

- 지금은 안드로이드만 지원하지만 내년에는 iOS도 지원해야 하므로 추후 iOS 지원이 용이해야 한다. 따라서 크로스 플랫폼 지원 프레임워크를 사용해야 한다.
- QT를 사용해 향후 맥OS 지원을 용이하게 한다.
- 윈도우 종속된 코드는 1% 미만으로 유지해 향후 타 운영체제로의 이식을 용이하게 한다.
- 윈도우 10 기반의 태블릿 PC와 같이 공급하는 소프트웨어로 미래에 다른 운영체제를 지원할 계획이 없으므로 운영체제 이식성은 고려하지 않는다.

6.3.4 Reliability (신뢰성)

소프트웨어가 확보해야 할 신뢰성 요구사항을 기술한다. MTBF^Mean Time Between Failures 요구사항이 있다면 여기에 기록하면 된다. 신뢰성이 높은 것이 소프트웨어에 크래시가 발생하지 않는 것을 의미하는 것은 아니다.

MTBF는 소프트웨어뿐만 아니라 여러 시스템에서 사용하는 용어다. MTBF는 시스템이 정상 작동하는 평균 시간을 의미하며 계산 공식은 다음과 같다. 식에서 downtime은 시스템의 고장 시작 시간, uptime은 시스템이 복구되어 운영된 시간, number of failures는 고장 난 횟수를 나타낸다. 따라서 MTBF가 높다는 것은 시스템에 크래시 등의 심각한 문제가 발생할 확률이 낮다는 것을 의미한다.

$$\text{MTBF} = \frac{\Sigma(\text{downtime} - \text{uptime})}{\text{number of failures}}$$

MTBF 계산 공식

보통 소프트웨어는 높은 신뢰성을 요구하지 않기 때문에 신뢰성을 심각하게 고민하지 않는다. 하지만 원자력 발전소 제어 소프트웨어, 비행기 자동 비행 장치, 자율주행 자동차, 화성탐사선, 금융 시스템 등은 대개 높은 신뢰성을 요구한다. 소프트웨어에 높은 신뢰성이 필요한 경우, 신뢰성을 아키텍처 설계에 반영해야 한다. 신뢰성을 높이는 것이 자동으로 되는 것이 아니므로 소프트웨어 특성에 따라 필요한 신뢰성을 기술한다. 시스템이 여러 컴포넌트로 구성된 경우 시스템 전체의 신뢰성은 각 컴포넌트 신뢰도의 최솟값 또는 그 이하일 수 있다.

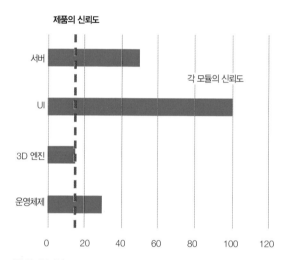

제품 신뢰성 결정 요소

작성 예

- 원자력 발전소 제어 소프트웨어는 런타임 동안 크래시가 발생하지 않아야 한다.
- 시스템은 30일 동안 정상 동작을 보장하고 30일에 한 번씩 리부팅해야 한다.

6.3.5 Remaining Attributes (나머지 특성)

시스템마다 필요한 특성이 다르기 때문에 템플릿에 모든 시스템 특성이 기술 되지는 않는다. 따라서 각 소프트웨어에 따라 필요한 특성을 여기에 별도로 기술한다. 추가로 기술할 만한 시스템 특성은 다음과 같은 것이다.

- 정확성correctness: 프로그램이 스펙을 충족하고 사용자의 목표를 달성하는 정도
- 효율성efficiency: 기능을 수행하는 데 필요한 컴퓨팅 자원 및 코드의 양
- 확장성scalability: 소프트웨어의 지원 규모를 확장하기 용이한 정도
- 연동성flexibility: 타 시스템과 연동하는 데 필요한 노력의 정도(예: EAI, 웹서비스)
- 재사용성reusability: 다른 소프트웨어에서 재사용하는 데 필요한 노력의 정도
- 테스트성testability: 의도한 대로 테스트를 수행하는 데 필요한 노력의 정도
- 사용성usability: 사용자가 시스템을 사용하기 위해 필요한 교육, 운영, 준비 등의 정도

6.4 Logical Database Requirements (데이터베이스 요구사항)

데이터베이스에 대한 논리적인 요구사항을 작성한다. 다음과 같은 내용이 포함된다.

- 다양한 기능에서 사용되는 정보의 유형
- 정보의 사용 빈도
- 정보 접근 용량
- 데이터의 엔티티와 그 관계
- 무결성 요구사항
- 데이터 보존 요구사항

고객이 데이터 모델을 제시한 경우 여기에 기술한다. ER 다이어그램은 복잡한 데이터 관계를 나타내는 데 매우 유용한 툴이다. ER 다이어그램을 작성한 경우 SRS에 링크를 추가하면 된다. 복잡하게 작성된 글보다는 잘 정리된 다이어그램이 이해하기가 훨씬 더 편하다. 프로젝트 성격과 설계자, 개발자의 구성에 따라 SRS에 기술할 정보의 깊이를 적절하게 결정해야 한다.

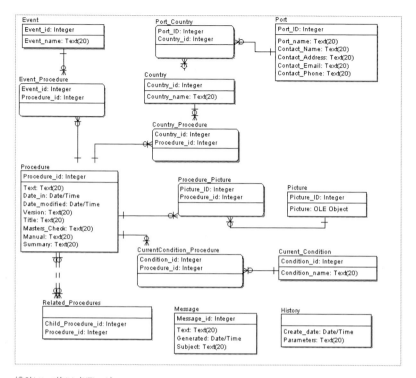

(출처 https://bit.ly/3jZkgzk)

6.5 Business Rules (비즈니스 규칙)

제품이 따라야 할 원칙을 나열해야 한다. 지켜야 할 정부 법규, 산업 표준, 내사 규칙, 지켜야 할 알고리즘 등이 해당한다. 이런 비즈니스 규칙은 그 자체가 기능 요구사항은 아니지만, 이런 규칙을 지키기 위해 특정 기능 요구사항이 추가되기도 한다.

ERP, EIS와 같은 비즈니스 애플리케이션은 많은 비즈니스 규칙을 고려해야 한다. 하지만 비즈니스와 큰 상관이 없는 툴에는 비즈니스 규칙이 없을 수도 있다. 비즈니스 규칙은 비즈니스 요구사항과는 다르다.

작성 예

- 고객이 결제 시 사용한 신용카드를 소지하지 않고 있더라도 환불이 가능해야 한다.
- 승객당 가방 두 개만 허용된다.
- 유효기간이 3개월 미만으로 남은 여권으로는 국제선 비행기 탑승을 할 수 없다.
- Admin level 이상의 사용자는 모든 트랜잭션 로그를 볼 수 있다.
- 주문 금액이 $3,000 이상이면 자동으로 5% 할인이 적용된다.

6.6 Design and Implementation Constraints (설계와 구현 제한사항)

표준이나 하드웨어 제한 등으로 영향을 받을 수 있는 설계상의 제약 조건을 지정한다.

6.6.1 Standards Compliance (표준 준수)

프로젝트에서 지켜야 할 기존의 표준이나 규정에서 파생되는 요구사항을 기술한다. 다음과 같은 것이 포함된다.

- 보고서의 형식
- 데이터의 이름 명명 규칙
- 회계 절차
- 감사 추적

예를 들어 소프트웨어의 처리 내용을 추적하는 요구사항이 포함될 수 있다. 최소한의 규제 또는 재무 표준을 충족시켜야 하는 소프트웨어도 있다. 감사 추적 요구사항의 예를 들면, 급여 데이터베이스에서 모든 변경사항은 추적 정보를 기록해야 한다고 명시할 수 있다.

작성 예

- 출퇴근 시스템의 모든 타각 기록은 삭제, 수정이 불가능해야 한다.
- 애플의 iOS UI 가이드라인을 준수해야 한다.

6.6.2 Other Constraints (기타 제한사항)

개발자가 설계나 구현 시 사용할 수 있는 옵션을 제한하는 내용을 기술한다. 다음과 같은 내용이 포함된다.

- 사용해야 하거나 피해야 할 기술, 설계 툴, 개발 툴, 개발 언어, 데이터베이스 등이 있으면 기술한다.
- 준수해야 할 개발 규칙(프로그래밍 가이드, 에러 코드, 빌드 버전 등)이나 표준(표준명 및 버전) 등이 있으면 기술한다.
- 하드웨어나 운영 환경상의 제약 조건은 챕터 3에 명시한다.

작성 예

- 본사의 코딩 컨벤션을 준수해야 한다.
- 데이터베이스는 본사의 표준인 Postgresql을 사용해야 한다.

6.7 Memory Constraints (메모리 제한사항)

메모리에 적용 가능한 특성 및 제한사항을 정의한다. 물리적으로 메모리의 제약이 큰 시스템의 스펙을 적을 때는 매우 신중해야 한다. 또한 일반 PC에서 동작하는 소프트웨어라 하더라도 대량의 메모리를 사용해야 한다면 메모리 제한사항을 잘 정의해야 한다. 특별한 메모리 제한사항이 없다면 없다는 것을 명시해야 한다.

작성 예

- 소프트웨어 크기는 16MB를 넘지 않아야 한다.
- 소프트웨어는 실행 시 64MB 이상의 메모리를 사용하지 않아야 한다.
- 소프트웨어의 기본 기능은 물리적인 메모리 1GB 미만을 사용해야 한다.

6.8 Operations (운영 요구사항)

시스템을 운영하기 위해 사용자가 해야 할 일반 및 특수 작업을 기술한다. 운영 요구사항에는 다음과 같은 것이 있다.

- 대화형으로 시스템에서 운영해야 할 것
- 무인 작업해야 할 것
- 데이터 처리와 관련된 내용
- 백업 및 복구 작업

이 내용은 때때로 4.2 '사용자 인터페이스'의 일부로 지정된다.

작성 예

- 이 시스템은 사용자의 모니터링이 전혀 없이도 구동되어야 한다.
- 사용자는 한 달에 한 번씩 로그 데이터를 백업받아야 한다.
- 사용자는 일주일에 한 번씩 감사 데이터를 점검해야 한다.
- 사용자는 한 달에 한 번씩 소프트웨어를 재기동해야 한다.
- 사용자는 6개월에 한 번씩 하드웨어를 재기동해야 한다.

6.9 Site Adaptation Requirements (사이트 적용 요구사항)

시스템을 사이트에 적용하기 위해 필요한 요구사항을 정의한다. 고객의 작업 영역을 수정해야 한다면 이곳에 기술한다.

작성 예
- 100kW 백업 발전기와 10000 BTU 공조 시스템은 소프트웨어 설치 전에 미리 사이트에 설치되어야 한다.
- 이 시스템을 위해 생성된 새로운 데이터 테이블은 회사의 기존 DB 서버에 설치되고 시스템 활성화 전에 채워져야 한다.

고객이 구매해야 하는 장비 또는 시스템이 바르게 설치되어 작동하도록 하기 위해 수행해야 하는 소프트웨어 설정은 여기에 기술한다.

6.10 Internationalization Requirements (다국어 지원 요구사항)

소프트웨어 국제화 요구사항을 기술한다. 소프트웨어 국제화를 이해하려면 다음의 세 가지 용어를 반드시 알아야 한다.

Locale

'로케일'이라고 하며 우리말로 번역하지 않는다. 영어만 하더라도 미국 영어와 호주 영어가 다르듯, 전 세계적으로 언어뿐만 아니라 숫자, 화폐 등 여러 가지가 달라서 국제화를 언어로만 구분할 수는 없다. 그래서 언어와 지역을 합쳐 부르는 것이 로케일이다. 미국 영어는 en_US, 호주 영어는 en_AU라고 부르는 식이다. 한국어의 로케일은 ko_KR이다.

i18n

'아이에잇틴엔'이라고 읽으며 internationalization의 약자다. i와 n 사이에 열여덟 글자 알파벳이 포함된다는 뜻이다. 우리말로 번역하면 '국제화'라고 할수 있다. 소프트웨어가 여러 로케일을 지원할 수 있도록 아키텍처를 만드는 것을 말한다.

L10n

'엘텐엔'이라고 읽으며 localization의 약자다. L을 대문자로 쓰는 이유는 소문자로 쓸 경우 i의 대문자와 혼동할 수 있기 때문이다. 우리말로 번역하면 '지역화'라고 할 수 있다. 소프트웨어에서 특정 로케일이 지원되도록 하는 것이다.

소프트웨어 국제화는 기본적으로 여섯 가지 카테고리를 지원하는 것이 표준이다. 그래서 거의 모든 운영체제와 프레임워크가 여섯 가지 카테고리의 국제화를 지원하므로 이것을 잘 사용하면 된다. 소프트웨어가 어떤 국제화를 지원해야 하는지는 소프트웨어 특성에 따라 결정해야 한다. 소프트웨어 국제화는 초기 버전에서 지원하지 않고 나중에 추가로 지원하려면 비용이 수백 배 더 들어간다. 그래서 처음부터 미래의 사업 계획을 잘 고려해서 국제화 아키텍처를 정해야 한다.

그럼 국제화 표준의 여섯 가지 카테고리를 알아보자.

- LC_MESSAGES: 메시지, 화면에 출력되는 문자열을 말한다.
- LC_CTYPE: 대소문자 구분
- LC_NUMERIC: 숫자 표기
- LC_TIME: 날짜, 시간 표기
- LC_COLLATE: 문자열 정렬
- LC_MONETARY: 화폐 표기

이외에도 표준은 아니지만 고려해야 할 비표준 국제화 카테고리가 많다.

- 이름 표기
- 전화번호
- 아이콘
- 키보드 배열
- 주소
- 색상의 의미
- 소리

소프트웨어 국제화는 소스코드 전반에 영향을 미치며 나중에 추가하기가 어려운 요구사항이다. 따라서 소프트웨어 최초 개발 시 반영해야 한다.

국제화가 잘된 소프트웨어를 개발하기 위해 고려해야 하는 49가지

번호	항목	설명
1	언어 구분	한 나라에서 사용하는 언어가 여러 개이기도 하고, 한 언어가 여러 나라에서 서로 다르게 쓰이기도 한다.
2	지역 구분	지역과 국가가 완전히 일치하지는 않는다. 언어와 지역 정보가 합쳐져 로케일(locale)이 된다. 소프트웨어는 로케일 단위로 지역화(L10n)한다.
3	소프트웨어의 인코딩 전략	소프트웨어가 지원해야 할 인코딩은 매우 복잡하다. Multibyte를 지원하느냐 유니코드를 지원하느냐에 따라 인코딩이 다르다. 또한 소프트웨어, 파일, 데이터베이스, 네트워크별로 다른 인코딩 전략을 사용하기도 한다.
4	현지 로케일의 인코딩으로 Export	지역에 따라 특정 인코딩을 선호하기도 하고 소프트웨어의 인코딩과 다른 인코딩으로 Export를 하기도 한다.
5	시스템에 따른 인코딩 차이	거의 모든 운영체제는 유니코드를 지원하지만 운영체제에 따라 유니코드의 인코딩이 다르다. UTF-16(UCS2) 또는 UTF-32가 그 예다.
6	로컬 요구사항의 차이	지역화 시 현재의 요구사항을 반영한다. 하나의 소스코드와 하나의 패키지로 지역 요구사항을 반영하도록 한다. 로케일별로 패키지가 달라지면 유지보수가 매우 어려워진다.
7	메시지 번역	로케일별로 번역한다.

8	메시지 번역 프로세스	소스코드에서 메시지를 추출하고 번역하고 제품에 반영한다. 소스코드가 수정되면 수정된 메시지를 쉽게 반영할 수 있는 프로세스가 필요하다. 번역을 제외한 모든 프로세스가 자동화되어야 한다.
9	메시징 기술	번역된 메시지를 소프트웨어에 적용하는 방법이다. 메시징 기술은 수도 없이 많지만 여기서 언급한 모든 것을 지원하는 메시징 기술은 별로 없다. 보통 개발 툴에서 번들로 제공하는 간단한 메시징 기술을 사용하는데, 이 정도로는 아주 간단한 소프트웨어밖에 제대로 지원하지 못한다. 개발 언어와 프레임워크에 따라 적절한 메시징 기술을 선택한다.
10	문자 인코딩 변환	소프트웨어에서는 여러 가지 인코딩을 사용하기 때문에 수시로 변환해야 한다. 인코딩 아키텍처가 잘못되면 변환 과정에서 정보가 소실되기도 한다.
11	번역에 따른 문자열 길이 변화	메시지를 번역하면 메시지 길이가 변한다. 따라서 소프트웨어에서 메시지 길이가 가변이라는 것을 고려해야 한다.
12	국제화를 고려한 UI 디자인	메시지 길이는 지역에 따라 바뀌기 때문에 이를 고려해 UI를 디자인한다.
13	단수, 복수 표현의 차이	단수, 복수가 없는 언어도 있고 영어보다 훨씬 더 복잡한 단수, 복수를 사용하는 언어도 있다. 대표적인 것이 폴란드어다. 메시징 기술은 이것을 지원해야 한다.
14	쓰기 방향 차이 (오른쪽, 왼쪽)	언어별로 쓰는 방향이 다르다. 아랍어는 오른쪽에서 왼쪽으로 쓴다.
15	커서 이동 방향 (오른쪽, 왼쪽)	오른쪽 화살표를 눌렀는데 커서가 왼쪽으로 이동하는 언어도 있다.
16	키보드 글자 배치	언어별로 키보드의 글자 배치가 다르다.
17	키보드의 단축키 차이	키보드에 따라 단축키가 다르다.
18	문자입력기(IME) 차이	언어별로 문자입력기가 다르다.
19	폰트 차이	운영체제마다 언어별로 사용하는 폰트가 다르다. 서로 다른 폰트를 고려해야 한다. 언어별로 다른 폰트를 고려하지 않으면 문제가 생길 수 있다.

20	글자 크기 차이	언어별로 기본 글자의 크기가 다르다. 특히 중국어는 영어보다 크기가 더 크다.
21	숫자 표기 방법	나라별로 숫자의 표기가 다르다. 쉼표(,)와 마침표(.)를 표시하는 방법이 다르다. 심지어는 쉼표 대신 공백을 사용하는 나라도 있다.
22	띄어쓰기 사용의 차이	영어와 한글에 띄어쓰기가 있으니 모든 언어에 띄어쓰기가 있을 것 같지만, 띄어쓰기가 아예 없는 언어도 많아서 띄어쓰기를 기준으로 단어를 분리하면 안 된다.
23	쉼표, 마침표 사용의 차이	쉼표와 마침표의 사용도 언어마다 다르다. 마침표의 모양도 언어마다 다르다. 마침표를 기준으로 문장 개수를 세는 등의 기능을 구현하면 문제가 발생한다.
24	날짜 표기법의 차이	01/02/03을 읽는 방법이 나라마다 다르다. 미국, 한국, 호주도 각각 다르다. 날짜는 입출력 시 지역화를 고려한다.
25	타임존 고려	국제화된 소프트웨어를 만들려면 타임존을 고려해야 한다.
26	서머타임 고려	서머타임을 고려해야 하는 나라가 있다.
27	대소문자 구분의 차이	언어마다 대소문자가 다르다. 대소문자가 없는 언어도 있다.
28	관사 사용법 차이	언어마다 관사가 다르다. 관사가 없는 나라도 있다.
29	맞춤법 검사 모듈	맞춤법 검사 기능이 있다면 국제화를 고려해야 한다.
30	사전 제공	사전을 제공한다면 국제화를 고려해야 한다.
31	정렬 방법 차이	문자열 순서가 언어마다 다르다. 많은 소프트웨어는 목록을 정렬해야 한다. 이때 국제화 기술을 적용해야 한다.
32	화폐 단위 차이	지역별로 화폐 단위 및 그 표기법이 다르다.
33	길이, 무게, 부피 단위 차이	지역별로 측정 단위가 다르다.
34	종이 크기 차이	지역별로 인쇄 시 사용하는 용지의 명칭이 다르다.
35	온도 단위 차이	지역별로 사용하는 온도 단위가 다르다.
36	주소 형식 차이	지역별로 주소 표시 형식이 다르다.
37	전화번호 등의 현지화	소프트웨어에서 전화번호를 사용한다면 지역별로 다른 형식을 지원해야 한다.

38	이름 표기법 차이	지역별로 이름 표기법이 다르다. 이름의 구성, 순서가 다르다.
39	현지 법률 및 제도 적용	현지 법률이나 제도와 표준을 지원해야 한다.
40	문화에 따른 아이콘 차이	동일한 아이콘이라 하더라도 문화에 따라 완전히 다르게 인식할 수 있고 금기시되는 이미지도 있다.
41	알파벳을 형상화한 아이콘	아이콘 중에는 알파벳을 형상화한 것이 있는데 이는 언어에 따라 바뀌어야 한다. 대표적인 것이 Bold 아이콘인 'B'다. 언어에 따라 Bold가 'B'로 시작하지 않는다.
42	텍스트를 포함한 아이콘	아이콘에 텍스트가 포함된 경우가 있다. 이때 텍스트의 길이와 폰트의 크기 등을 고려해야 한다.
43	이모티콘 차이	나라별로 이모티콘이 다르고 지역화된 이모티콘도 있다.
44	색상의 의미 차이	나라별로 색상의 의미가 완전히 다르다. 선호 색상도 다르다.
45	O, X 등 기호 차이	언어별로 기호의 의미가 천차만별이다. X는 우리에게 틀렸다는 의미지만 영어에서는 check라는 의미가 있다.
46	유니코드 처리	국제화된 소프트웨어를 개발하려면 유니코드는 기본이다. 누구나 다 아는 유니코드지만 제대로 알려면 1, 2년으로는 부족하다.
47	외부 라이브러리의 유니코드 지원 고려	외부 라이브러리들이 유니코드를 지원하지 않는 경우가 있다. 이를 고려해야 한다.
48	파일 시스템의 지원 인코딩	운영체제별로 파일 시스템의 인코딩이 다르다. 이를 고려해야 한다.
49	다중언어^{multilingual} 고려	하나의 소프트웨어로 수많은 언어를 동시에 지원하고 바꿀 수 있어야 한다.

6.11 Unicode Support (유니코드 지원)

누구나 글자가 잔뜩 깨져서 화면에 출력된 소프트웨어를 본 적이 있을 것이다. 그 이유는 다양하지만 유니코드 지원 이슈와 관련이 있다. 유니코드는 이렇게 글자가 깨지는 문제를 없애기 위해 지구상의 모든 글자를 하나의 코드셋으로 묶은 것이다. 소프트웨어가 유니코드를 지원한다는 말은 다음과 같은 여러 가지 의미를 지닌다.

- 소프트웨어 내부에서 유니코드 문자열을 사용한다.
- 파일을 저장할 때 유니코드로 저장한다.
- 타 시스템과 통신할 때 유니코드 문자열로 주고받는다.

유니코드는 인코딩의 종류가 매우 다양하므로 용도에 따라 알맞게 선택해야 한다. 유니코드 인코딩의 종류에는 다음과 같은 것이 있다.

- UCS2
- UCS4
- UTF-1
- UTF-7
- UTF-8
- UTF-EBCDIC
- UTF-16
- UTF-32

파일을 저장하고 통신할 때 사용할 인코딩 값을 정확하게 정의해야 한다. 유니코드를 사용하더라도 어떤 인코딩을 사용해야 하는지 구체적으로 적어야 한다. UTF-8을 가장 광범위하게 사용하지만 다른 인코딩을 사용하는 경우도 종종 있다. 막연하게 유니코드를 사용한다고 하면 문제가 생길 확률이 높다.

또 너무 다양한 인코딩을 섞어 사용하면 소프트웨어 구조가 복잡해지므로 초기 설계 시 인코딩을 일관되게 정의하는 것이 좋다. 문제가 되는 경우는 기존 시스템들이 다양한 인코딩을 사용하는 경우다. 이것을 모두 지원하려면 여러 가지 인코딩 변환이 일어나는 것은 피할 수 없다.

국제화된 소프트웨어를 지향하고 있다면 EUC-KR 등의 지역적인 인코딩을 사용하지 말고 UTF-8과 같은 유니코드 인코딩을 사용하는 것이 좋다.

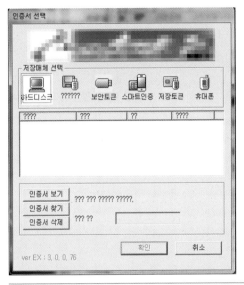

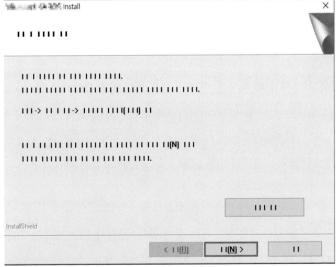

유니코드를 제대로 지원하지 못해 글자가 깨진 프로그램 예

6.12 64bit Support (64비트 지원)

현재의 PC 시스템은 대부분 64bit로 이루어져 있다. 과거 8bit, 16bit, 32bit 시스템이 발전해서 현재는 64bit 시스템이 주종을 이룬다. 현재 생산되는 CPU도 대부분 64bit 기반이다. 하지만 아직도 윈도우는 32bit와 64bit로 나뉘어 있고 32bit OS가 존재하는 한 32bit 지원 요구사항이 있을 수밖에 없다.

소프트웨어가 대용량 메모리를 필요로 하지 않거나 속도에 민감하지 않다면 32bit만 지원해도 큰 문제가 없다. 32bit 기반 소프트웨어는 64bit 운영체제에서 문제없이 동작하기 때문이다. 하지만 대용량 메모리가 필요하고 미세한 속도 차에도 민감하다면 64bit를 지원하는 것이 좋다. 이런 요구사항이 있는 소프트웨어는 64bit를 지원하거나 64bit만 지원할 필요가 있다. 소프트웨어의 요구사항에 따라 64bit 지원 방법을 기술해야 한다.

6.13 Certification (제품 인증)

프로젝트 산출물이 외부 인증을 받아야 하는지, 그렇지 않다면 어떤 인증을 받아야 하는지, 언제 어떤 방법으로 진행하며, 무엇을 준비해야 하는지, 비용이 어떻게 되는지 등을 기술한다. 마케팅팀, 인증팀과의 협의가 필요하다. 인증에 대한 요구사항을 실질적으로 파악하지 못하면 소프트웨어를 다 개발해놓고 인증 준비가 안 되어 판매하지 못하는 일이 발생한다.

예를 들어 인증에는 다음과 같은 것이 있다.

- MS Logo 인증
- Good Software 인증

- 국제공통평가기준(CC)
- FDA 인증
- CE 인증

Functional Requirements
(기능 요구사항)

제품의 기능을 상세하게 분류해 설명한다. 즉, 각 기능에 고유한 레이블label 을 부여해 구분한다. 기능을 기술하는 방법은 매우 다양해서 프로젝트 종류나 적용 개발 방법론에 따라 다르다. 기능들을 계층 구조로 조직화해 적어나갈 수도 있고, 유스케이스를 이용해 적을 수도 있다. 기능을 객체로 설명할 수도 있고, 계층으로 설명할 수도 있다. 현재 프로젝트에서 가장 적절한 방법을 사용하면 된다. 일반적으로 회사 내에서는 동일한 방법을 선택해 사용하는 것이 좋다.

기능을 설명하는 여러 가지 방법은 다음과 같다.

- 시스템 모드system mode

  일부 시스템은 작동 모드에 따라 다르게 작동한다. 예를 들어 제어 시스템은 '학습모드', '정상 모드', '비상모드'와 같은 여러 가지 모드가 있을 수 있다. 인터페이스와 성능이 시스템 모드에 따라 다를 경우 이 방법을 선택하는 것이 좋다.

- 사용자 클래스user class

  일부 시스템은 사용자 클래스에 따라 다른 세트의 기능을 제공한다. 예를 들어 엘리베이터 제어 시스템은 승객, 유지보수 담당자, 소방관에 따라 다른 기능을 제공한다. 이 경우 이 방법이 적당하다.

- 객체[objects]

  객체는 시스템과 연동되는 실제 세계의 엔티티를 의미한다. 예를 들어 환자 모니터링 시스템에서 객체는 환자, 센서, 간호사, 방, 의사, 의약품 등이 된다. 각 객체에는 속성값이 부여되고 객체에 따른 서로 다른 기능이 제공된다. 이런 기능을 서비스, 메서드 또는 프로세스라고도 한다. 이 챕터를 객체 방식으로 정리할 경우 몇몇 객체는 특성과 서비스를 공유하기도 한다. 이 경우에는 객체를 클래스로 묶을 수 있다.

- 기능[feature]

  여기서 기능은 시스템의 외부 인터페이스로 정의할 수 있다. 일련의 입력값을 주었을 때 기대하는 결괏값을 정의해야 한다. 예를 들어 전화 시스템에서는 지역 통화, 착신 전환, 콘퍼런스 콜 같은 기능이 포함된다. 각 기능은 일련의 입력(요청) 및 결과 쌍으로 설명할 수 있다.

- 자극[stimulus]

  일부 시스템은 자극 관점으로 기능을 설명하면 시스템을 잘 설명할 수 있다. 예를 들어 항공기 자동 착륙 시스템의 기능은 전력 손실, 바람 전달, 급격한 회전, 과도한 수직 속도 섹션 등으로 나눠 설명하는 것이 좋다.

- 응답[response]

  일부 시스템은 응답 생성을 지원하는 모든 기능을 설명하면서 가장 잘 정의할 수 있다. 예를 들어 인사 시스템의 기능은 월급 책정과 관련된 기능, 직원 명단과 관련된 기능 등과 같은 섹션으로 구성해 조직하는 것이 좋다.

- 기능을 계층적으로 구성[functional hierarchy]

  위의 방법들이 시스템을 설명하는 데 적합하지 않다면 전체 기능을 계층적으로 구조화해 설명할 수 있다. 기능 간의 관계를 설명하기 위해 데이터 흐름 다이어그램을 사용할 수도 있다.

- 유스케이스 시나리오[use case scenario]

  유스케이스를 시나리오 형태로 기술하는 방법이다. 유스케이스 이름 및 개요, 유스케이스를 수행하는 행위자, 선행 및 후행 조건, 유스케이스의 이벤트 흐름이 포함된다. 기능 설명이 많은 지면을 차지하지만 기능을 규격화하고 꼼꼼히 정리할 수 있는 방법이다. 무엇보다 고객이 기능을 이해하기 쉽다.

위 방법들 중 내가 자주 사용하는 방법은 기능을 계층적으로 구성하는 방법이다. 특별한 규칙에 얽매이지 않고 기능을 분류해가면서 프로젝트 성격에 따라 상세도를 조절해 작성한다. 각 기능에는 고유한 레이블을 부여해서 추후 기능을 관리하거나 추적이 용이하도록 한다.

기능 정의를 어떤 방법으로 하느냐는 중요하지 않다. 시스템을 잘 설명할 수 있는 방법이면 어떤 방법이든 상관없다. 회사에서 기능을 정의하는 고유의 방법이 있다면 그 방법을 사용해도 된다. 기능을 너무 광범위하게 정의하고 요구사항이 점점 커져서 기능을 적는 것이 오히려 부담이 되지 않도록 조심해야 한다. 또한 인터페이스, UI 정의와 중복되지 않도록 간결하게 작성하는 것이 핵심이다.

Change Management Process
(변경 관리 프로세스)

필수 챕터는 아니지만, 회사에 따라 변경 관리 프로세스를 SRS에 기술할 수 있다. 이때 회사의 변경 관리 프로세스 문서의 링크를 포함하면 된다. 또한 이번 프로젝트의 변경관리위원회(CCB)를 정의한다. 변경관리위원회 일원은 이 SRS가 변경될 때 변경사항을 검토하고 승인하는 역할을 수행해야 한다. 필수 챕터가 아니므로 변경 관리의 중요성을 강조하기 위해 필요시 추가한다.

Document Approvals
(최종 승인자)

SRS 문서가 최종 확정됐음을 확인하기 위해 이해관계자의 대표자들에게 서명을 받는다. 서명은 종이에 직접 받는 것이 좋다. 전자식으로 마우스를 클릭하는 것보다 더 강한 책임감을 느끼기 때문이다. 요구사항 관리시스템 등 별도의 툴을 이용해 전자 서명을 받을 경우 이 챕터는 생략해도 된다.

Name	Signature	Date
Name	Signature	Date
Name	Signature	Date
Name	Signature	Date

SRS 서명 양식